Herbert Bruhn
Harmonielehre als Grammatik der Musik

Fortschritte der psychologischen Forschung 3

Herausgegeben von
Professor Dr. Dieter Frey
Professor Dr. Siegfried Greif
Professor Dr. Heiner Keupp
Professor Dr. Ernst-K. Lantermann
Professor Dr. Rainer K. Silbereisen
Professor Dr. Bernd Weidenmann

Herbert Bruhn

Harmonielehre als Grammatik der Musik

Propositionale Schemata in
Musik und Sprache

Psychologie Verlags Union
München und Weinheim 1988

Anschrift des Autors

Dr. Herbert Bruhn
Kyreinstr. 8
8000 München 70

Die Reihe FORTSCHRITTE DER PSYCHOLOGISCHEN FORSCHUNG
wird herausgegeben von:

Prof. Dr. Frey, Institut für Psychologie der Universität Kiel,
Olshausenstr. 40/60, 2300 Kiel
Prof. Dr. Siegfried Greif, Universität Osnabrück, FB 8 Psychologie,
Knollstr. 15, 4500 Osnabrück
Prof. Dr. Heiner Keupp, Institut für Psychologie, Sozialpsychologie Universität München,
Leopoldstr. 13, 8000 München 40
Prof. Dr. Ernst-D. Lantermann, Gesamthochschule Kassel, FB 3,
Heinrich-Plett-Str. 40, 3500 Kassel
Prof. Dr. Rainer K. Silbereisen, Fachbereich Psychologie, Justus-Liebig-Universität Gießen,
Otto-Behaghel-Str. 10F, 6300 Gießen
Professor Dr. Bernd Weidenmann, Universität der Bundeswehr München
Fachbereich Sozialwissenschaften, Werner-Heisenberg-Weg 39, 8014 Neubiberg

Cip-Kurztitelaufnahme der Deutschen Bibliothek

> **Herbert Bruhn**
> Harmonielehre als Grammatik der Musik : propositionale
> Schemata in Musik u. Sprache / Herbert Bruhn.- München;
> Weinheim: Psychologie-Verl.-Union, 1988
> > (Fortschritte der psychologischen Forschung; Bd. 3)
> > Zugl.: München, Univ., Diss., 1987 u.d.T.: Bruhn, Herbert:
> > Ganzheitliche Verarbeitung akustischer Stimuli – musikalische
> > Akkordfolgen als propositionale Schemata
> > ISBN 3-621-27066-3
> NE:GT

Alle Rechte, auch die des Nachdrucks, der Wiedergabe in jeder Form und der Übersetzung in andere
Sprachen behalten sich Urheber und Verleger vor. Es ist ohne schriftliche Genehmigung des
Verlages nicht erlaubt, das Buch oder Teile daraus auf fotomechanischem Weg (Fotokopie,
Mikrokopie) zu vervielfältigen oder unter Verwendung elektronischer bzw. mechanischer Systeme
zu speichern, systematisch auszuwerten oder zu verbreiten (mit Ausnahme der in den §§ 53, 54 URG
ausdrücklich genannten Sonderfälle).
Umschlagentwurf: Dieter Vollendorf
Druck und Bindung: Druckhaus Beltz, 6944 Hemsbach über Weinheim
Printed in Germany
© Psychologie Verlags Union 1988
ISBN 3-621-27066-3

Dies ist bereits der dritte Band der REIHE FORTSCHRITTE DER PSYCHOLOGISCHEN FORSCHUNG, für die wir als Herausgeber die Verantwortung tragen.

Fortschritte, so die Einschätzung der Wissenschaftssoziologie, kommen häufig durch Wissenschaftler in jungen Jahren. Ihre Urheber tragen noch nicht die großen Namen und haben es deshalb oft schwer, über die Ergebnisse ihres Arbeitens anders denn in kurzen Aufsätzen zu berichten. Unsere Reihe will diesen Schwierigkeiten etwas abhelfen.

Was im konkreten Fall ein „Fortschritt" für die Psychologie und die Gesellschaft ist, kann durchaus strittig sein. Wir sind deshalb als Herausgeber bemüht, zusätzlich den Rat von Experten bei der Auswahl der Manuskripte einzuholen. Für ihre Unterstützung gilt unser Dank Reiner Bastine, Jürgen Bortz, Klaus Eyferth, Sigrun-Heide Filipp, Gisela Mohr, Michael Stadler und Jürgen Wendeler.

Die Herausgeber haben einen regelmäßigen Wechsel in der Geschäftsführung verabredet. Geschäftsführender Herausgeber 1987/88 ist Rainer K. Silbereisen.

Vorwort

Thema dieser Arbeit sind Vorgänge in der Wahrnehmung und der mentalen Verarbeitung von Musik und Sprache. Bereits lange vor Beginn meines Dirigierstudiums hat mich die Logik der Harmonielehre fasziniert. Die Entdeckung, daß sich harmonische Strukturen und sprachliche Inhalte mit gleichen theoretischen Konzepten beschreiben lassen, ist letztlich auf Anregungen meines Lehrers Sergiu Celibidache zurückzuführen, die ich Ende der siebziger Jahre in den Vorlesungen zur Musikphänomenologie erhielt. Es entstand damals der Wunsch, musiktheoretischen Konzepten mit wissenschaftlichen Methoden auf den Grund zu gehen.

Meinem Doktorvater Prof. Dr. Rolf Oerter danke ich für seine wertvollen Anregungen, die finanzielle Unterstützung und kritische Begleitung meiner Forschung. PD Dr. Reinhard Pekrun hat mir in mehreren Diskussionen wesentliche Anregungen für den Theorieteil geben können. Von Bedeutung für das Gelingen des Forschungsvorhabens war weiterhin, daß die Firma IBM (Abteilung Forschung und Lehre) für gut ein Jahr einen AT-80286 und die Firma ROLAND das benötigte MIDI-Interface zur Verfügung stellte. Beiden Firmen sei im nachhinein noch einmal gedankt.

Meine Frau Christine hat sich einmal angesichts eines anderen Buch dagegen verwahrt, im Vorwort für ihr Verständnis Dank gesagt zu bekommen. Obwohl sie insbesondere während der letzten Zeit der Arbeit an diesem Buch viel von mir erdulden mußte und sie darüber hinaus einen Großteil des Literaturverzeichnisses zusammengestellt hat, soll ihr deshalb an *dieser* Stelle nicht gedankt werden.

München, im März 1988   Herbert Bruhn

Inhalt

1. Kapitel
Einleitung 1
   1.1. Was ist Musik 2
   1.1 Gesellschaftlichkeit des Tonsystems 3
   1.3 Ausblick 5

2. Kapitel
Musik und Sprache 7
   2.1 Allgemeine Beziehungen zwischen Musik und Sprache 7
   2.2 Psycholinguistik und Musikpsychologie 9
   2.3 Objektive und subjektive Struktur in Musik und Sprache 18
   2.4 Repräsentation von Tonalität, Harmonie und Form 23
   2.5 Zusammenfassung und Ausblick 33

3. Kapitel
Menschliche Informationsverarbeitung – ein Rahmenmodell 35
   3.1 Der Schema-Begriff in der Kognitiven Psychologie 35
   3.2 Schemata und Propositionen als Bezeichnungen für die
Repräsentation von Sachverhalten 38
   3.3 Grundlegende Fragen zum Entwurf eines Rahmenmodells
menschlicher Informationsverarbeitung 46
   3.4 Ganzheitliche Repräsentation von Sachverhalten 49
   3.5 Repräsentation von Sachverhalten in verschiedenen Bereichen und
auf verschiedenen Ebenen 54
   3.6 Aktivierung von Schemata 59
   3.7 Bewußtheit und Kontrolle der Informationsverarbeitung 64
   3.8 Folgerungen 71
   3.9 Zusammenfassung 74

4. Kapitel
Ganzheitliche Repräsentation von Musik 75
   4.1 Musikstücke als reale bzw. potentielle Sachverhalte 75
   4.2 Harmonielehre als Grammatik westlich-europäischer Musik .. 76
   4.3 Tonalität als propositionales Schema 79
   4.4 Entstehung eines Tonalitäts-Schemas 87
   4.5 Wahrnehmungsantizipationen und Hörerwartungen 94
   4.6 Rekursivität und retrospektive Umdeutung von Schemata 95
   4.7 Analogie zur Sprache 103
   4.8 Zusammenfassung 106

5. Kapitel
Methodik der experimentellen Untersuchung 107
- 5.1 Hypothesen 107
- 5.2 Operationalisierung der Hypothesen 108
- 5.3 Objekte der Untersuchung 110
- 5.4 Auswahl der Versuchspersonen: Novizen und Experten 113
- 5.5 Der Experte in der psychologischen Forschung 115
- 5.6 Das Experte-Novize-Paradigma in dieser Untersuchung 119
- 5.7 Aufbau der Versuchsapparatur und Ablauf der Untersuchung 119
- 5.8 Versuchsanweisungen 121
- 5.9 Die Wahl des Meßmodells und damit verbundene Probleme 125
- 5.10 Skalenniveau des Meßmodells 127
- 5.11 Zur Frage der Validität und damit verbundener Probleme 128

6. Kapitel
Multidimensionale Ähnlichkeitsstrukturanalyse 131
- 6.1 Einleitung 131
- 6.2 Ähnlichkeitsbeurteilung und räumliche Nähe 132
- 6.3 Elementare Voraussetzungen und Algorithmus 133
- 6.4 Hypothesentest 138
- 6.5 Signifikanzprüfung 140
- 6.6 Verwendete Skalierungsprogramme 142
- 6.7 Zusammenfassung 143

7. Kapitel
Stichprobe und Versuchsablauf 145
- 7.1 Auswahl der Versuchspersonen 145
- 7.2 Zur möglichen Geschlechtsabhängigkeit der Ergebnisse 147
- 7.3 Ablauf der Versuche 149
- 7.4 Zusammenfassung 152

8. Kapitel
Auswertung der Daten aus Experiment 1 153
- 8.1 Die Variablen URTEIL und ABWEICH 153
- 8.2 Bearbeitungszeit 155
- 8.3 Reihenfolge-Effekte 156
- 8.4 Teil-Interpretationen 159

9. Kapitel
Auswertung der Daten aus Experiment 1 161
- 9.1 Bearbeitungszeit 161
- 9.2 Ratings 161
- 9.3 Korrelationen mit der Variablen ABWEICH 169
- 9.4 MDS-Darstellung der Urteilsübereinstimmungen 171
- 9.5 Vergleich mit der objektiven Struktur 175
- 9.6 Teil-Interpretationen der Ergebnisse von Experiment 2 177

10. Kapitel
Auswertung der Daten aus Experiment 3 181
    10.1 Verwendung der Tastatur für die Akkorde 181
    10.2 Verwendete und abgelehnte Akkorde 181
    10.3 Unterschiede in der Arbeitsweise 183
    10.4 Verbindungen von je 2 Akkorden 185
    10.5 Verbindungen von 3 Akkorden 198
    10.6 Teil-Interpretationen 202

Anhang 215

Literaturverzeichnis 218

Personenregister 235

1. Kapitel:

EINLEITUNG

1.1 Was ist Musik?

Auf die Frage, ob Musik als eine Art Sprache anzusehen sei, antwortete Chomsky 1979 in einer Vorlesung: *"One shouldn't be diverted by it"* (zitiert bei Roads, 1979). Auch wenn Chomsky hier eher ausweichend antwortet, abwegig war diese Frage nicht: Es gibt viele Parallelen zwischen Musik und Sprache, angefangen bei der Tatsache, daß es sich bei beiden Phänomenen um akustische Informationsverarbeitung handelt, bis hin zu der Tatsache, daß in jedem menschlichen Kulturbereich sprachliche und musikalische Fähigkeiten entwickelt wurden. Von beiden Phänomenen wird immer wieder behauptet, daß sie typisch für die Gattung Mensch überhaupt seien (vgl. zum Entwicklungsaspekt in der Musik: Rösing & Roederer, 1985, für die Sprache: Hörmann, 1977). "... ohne Menschen gibt es keine Musik" (Kneiff, 1977, S. 175). "People must remember that music essentially is a human phenomenon: its existence is structured by the limits and mysteries of human perception. As perception goes, so goes music" (Radocy, 1978, S. 53).

Musik ist jedoch nicht *"die Sprache der Welt"*. Über die Jahrtausende hinweg haben sich in der Welt eine große Zahl von unterschiedlichen Musikkulturen entwickelt, die klar voneinander abgrenzbar sind (Kuckertz, 1980; Oesch, 1984; s.a. Kapitel 2). "... there is no worldwide musical *Esperanto*. One learns the musical language of his group" (Serafine, 1986, S. 321). Auf die Frage, was denn dann eigentlich der Begriff "Musik" bedeuten könne, weist Eggebrecht insbesondere auf die Pluralität und die potentielle Vielfalt der Erscheinungsformen von Musik hin, für die es keinen absoluten, sondern lediglich eine "standortlichen Maßstab" gibt. "Aus der Sicht des Standorts kann versucht werden, gut und schlecht zu objektivieren. Doch bleibt solche Objektivation stets abhängig von der Subjektivität des Standorts, d.h. hier von den Zwecken und Bedürfnissen, aus denen heraus Musik gemacht, rezipiert und beurteilt wird" (Eggebrecht, 1984, S. 87; zur Objektivation s.a. Kapitel 3).

Einleitung

Der Standort, von dem aus Musik beurteilt werden muß, ist der Verwendungszusammenhang, die Funktionalität von Musik. Die Funktionalität wird durch den Kulturbereich, durch die Gesellschaft definiert, in der Musik produziert und gehört wird (vgl. Kaden, 1984; Eggebrecht, 1987). Dies zeigt die erste Analogie zur Sprache: "... die Sprache reflektiert und hält Realien, abstrakte Begriffe usw. fest, die in der historischen Erfahrung eines Volkes verarbeitet sind und die in ihrer Existenz den spezifischen Bedingungen der Arbeit, des gesellschaftlichen und kulturellen Lebens dieses Volkes verpflichtet sind" (Leontjev, 1971, S. 37). Auch die Musik ist Widerspiegelung gesellschaftlicher Realität. In der Entwicklung der westlich-europäischen Musik ist die Beziehung zu ihrem Verwendungszusammenhang deutlich zu sehen: Musikalische Form-Schemata stehen in direktem Zusammenhang mit den Aufführungsgelegenheiten (z.B. Messe, Suite: s. Wörner, 1972, S. 372 ff.; Sonate: s. Rosen, 1980, S. 8 ff.). Die Instrumentation der Kompositionen ist vom Vorhandensein bestimmter Instrumente (Orgel in der Kirche, kammermusikalische Besetzungen bei Hofe, kleine Instrumentalbesetzungen beim Tanz auf dem Dorf) oder von den Aufführungsorten abhängig (heute ist z.B. die Größe der Säle bestimmend, ob elektroakustische Verstärker benutzt werden können oder müssen; das trifft sogar für die traditionelle klassische Musik in Oper und Konzert zu).

Die Ansicht, daß Musik "Abbild des Kosmos" (Eggebrecht, 1985, S. 191) sei, läßt sich unter diesen Voraussetzungen nur bedingt bestätigen. "Music may be regarded as dissociable from its cultural context only in a highly abstract form" (Cross, 1985, S. 2). Es gibt verschiedene Erscheinungen, die man als kulturübergreifende objektive Strukturen identifizieren kann. Im Kapitel 2 wird näher darauf eingegangen. Es handelt sich dabei auf alle Fälle um sehr allgemeine Aspekte der Musik wie Fragen des Tonsystems. Wenn Blaukopf (1970, S. 159) dazu sagt, "das europäisch-abendländische System der Töne (habe) eine Universalität erlangt wie keines zuvor auf diesem Planeten", dann kann es sich nur um den Einfluß handeln, den die westlich-europäische Musik auf andere Musikkulturen ausübt: Nettl (1985) beschreibt, daß nahezu alle Musikkulturen der Welt sich mittlerweile unter dem Einfluß westlich-europäischer Musik zu verändern beginnen.

Auch die Frage, ob das Gefühl für Musik angeboren sei (s.a. Dowling & Harwood, 1985, S. 86 ff.; Gembris, 1987, S. 154 ff.), muß aus dieser Sicht beantwortet werden: Es ist schwer nachzuweisen, ob es sich beim Musikerleben um etwas Angeborenes handelt. Wenn angeborene Mechanismen an der Wahrnehmung von Musik maßgeblich beteiligt sind, handelt es sich wahrscheinlich eher um die Auswirkungen von *universellen Verarbeitungskapazitäten* der Menschen (auch dazu näheres in Kapitel 2 und 3). Bei der Entwicklung von den Verarbeitungskapazitäten der Menschen können jedoch *Lernprozesse* und *Umweltbedingungen* nie vollständig ausgeschlossen werden können (Bronfenbrenner, 1981). Deshalb sollte man auch bei der Analyse von Handlungen in der Wahrnehmung und Produktion von Musik besonders auf Lernprozesse und Umweltbedingungen achten und erst danach "nicht erklärbare Restvarianz möglichen Reifungs- und Anlagefaktoren zuschreiben" (Aebli, 1969, S. 168 f.).

Letztlich kristallisiert sich Musik als ein Phänomen heraus, das in wechselseitiger Beeinflussung von Individuum und Gesellschaft entsteht (Bruhn, Oerter & Rösing, 1985, S. 5). Die Gesellschaft eines Kulturbereichs reguliert das musikbezogene Verhalten seiner Mitglieder. Komponisten, Musiker und Musikhörer als Mitglieder dieser Gesellschaft lassen durch ihre Handlungen den *Wahrnehmungsgegenstand Musik* entstehen.

1.2 Gesellschaftlichkeit des Tonsystems

Obwohl deutlich ist, daß Musikwahrnehmung und Musikproduktion sehr an einen Kulturkreis, an gesellschaftliche Normen (Bruhn, Oerter & Rösing, 1985) und sogar an soziale Schichten (Kötter, 1985; Rösing & Bruhn, 1988)) gebunden ist, wurde diese Gesellschaftlichkeit in der musikpsychologischen Forschung so gut wie nicht thematisiert.

Die musikpsychologische Forschung ist ebenso alt wie psychologische Forschung. Die Einrichtung eines psychologischen Forschungslaboratoriums von Wundt in Leipzig (1879) gilt als Beginn experimenteller psychologischer Forschung. Da Wundt sich oft akustischer und musikalischer Materialien bediente, kann dieses Jahr auch als Beginn experimenteller Musikpsychologie angesehen werden (vgl. dazu Wundt, 1896, S.59 ff.). Selten wurde jedoch erwähnt, daß die eurozentrische Sichtweise musikpsychologischer Forschung nicht Ausgangspunkt für die Erforschung allgemeiner Wahrnehmungsprinzipien sein kann.

Neue Wege ging Stumpf, indem er an seinem Berliner Institut die kulturvergleichende Forschung etablierte. Zwei seiner Schüler (Otto Abraham und Erich M. von Hornbostel) versuchten über drei Jahrzehnte hinweg durch die Sammlung außereuropäischer Musik Hinweise auf übergreifende Prinzipien zu finden. Diese Forschungsrichtung ging durch die politischen Ereignisse 1933 nahezu verloren. Auch nach dem zweiten Weltkrieg hat sich eine kulturvergleichende Perspekte der Musikpsychologie im deutschsprachigen Raum nur in Ansätzen etablieren können (vgl. Födermayr & Graf, 1980).

Eine zweifelhafte Komponente von kulturübergreifendem Bezug zeigt sich in den Arbeiten von Albert Wellek (1938, S. 283; vgl. auch Wellek, 1963), indem er mit Untersuchungen zum absoluten Gehör nationalsozialistische Rassentheorien zu untermauern versuchte.

In den fünfziger und sechziger Jahren verfolgte die Musikpsychologie die Ansätze der Informationsverarbeitung (z.B. Werbik, 1971). Erst die Wende zur Kognitiven Musikpsychologie (in Deutschland Anfang der achziger Jahre; vgl. Castellano, Bharucha & Krumhansl, 1984) und die handlungstheoretisch orientierte Musikpsychologie (Oerter, 1985) bezogen gezielt kulturvergleichende und gesellschaftliche Perspektiven mit ein.

Wesentlich früher als die Musikpsychologen beschäftigten sich Soziologen mit dem Gesellschaftsbezug der Musikausübung (Weber, 1921; Blaukopf, 1970, Sommer, 1982). Die westlich-europäische Musik unterscheidet sich von den anderen Musikkulturen insbesondere durch die genaue Organisation der Mehrstimmigkeit. Keine andere Musikkultur ist so stark bestimmt von der Mehrstimmigkeit und von der Regelhaftigkeit der Akkordfortschreitungen wie die europäische. Die Harmonielehre bildet heute ein System, das von manchen Musiktheoretikern als eine Art "natürliche Ordnung" angesehen wird (maßgeblich beeinflußt z.B. von Riemann, 1882). Blaukopf (1970, S. 162) kommt zu der Überzeugung, daß es kein "natürliches" System geben kann. Es gäbe viele Möglichkeiten der Oktavteilung; die geschichtliche Entwicklung der Tonleitern sei eher die Bildung von "Idealtypen" (a.a.O.) bestimmter Systeme von Oktavteilungen. Zwar hat das Tonsystem in der westlich-europäischen Musik "eine Starrheit erreicht, die jedem Versuch der Wandlung und Erweiterung institutionellen Widerstand leistet" (ebda., S. 165). Diese Festlegung auf ein Tonsystem führt Blaukopf jedoch nicht auf physikalische oder psychologische, sondern auf gesellschaftliche Notwendigkeiten zurück. Hier beruft er sich auf Max Weber.

>Nach Weber (1921) ist die Musik unseres Kulturkreises von zwei Tendenzen bestimmt: der Tendenz zum Rationalen, die durch die Mehrstimmigkeit und das akkordharmonische System bestimmt wird, und der Tendenz, diese Rationalität zu durchbrechen. Diese Tendenz ist durch die Melodie in der Musik vertreten. "Unsere akkordharmonische Musik rationalisiert das Tonmaterial durch arithmetische bzw. harmonische Teilung der Oktave..." (Weber, 1921, S. 3). Irrational ist nach Webers Meinung das melodische Ausdrucksbedürfnis. "... überall ringen in der nicht akkordlich rationalisierten Musik irgendwie das melodische Distanz- und das harmonische Teilungsprinzip miteinander." (ebda., S. 23). In der Musik bricht die rationale Mentalität der abendländischen Gesellschaft durch, die sich "nicht nur in einem hohen Maße an Organisationskompetenz überhaupt zeigt, sondern vor allem auch in dem Bestreben, irrationale Momente durch rationale Organisation zu bewältigen" (Sommer, 1982, S. 92). Die Melodie verkörpert die Entfaltungsmöglichkeiten, die Harmonie das Streben nach einer festen Struktur. "Die Rationalität versucht, die Irrationalität durch eine bewußte Handlung in sich einzuschließen" (Sommer, 1982, S. 91).

Wenn das System westlich-europäischer Musik jedoch lediglich aus dem gesellschaftlichen Streben nach der Rationalität unseres Kulturkreises abzuleiten ist, dann ist nicht erklärbar, warum sich im Zeitalter der Massenmedien die europäische Musik in weit größerem Ausmaß als alle anderen Musikkulturen zusammengenommen über die Welt verbreitet. Will man Musik nicht als *universelles Gut*, als Teil des Kosmos angesehen und die Leichtigkeit der Ausbreitung unter anderen Musikkulturen daraus ableiten, so muß man universelle Verarbeitungsfähigkeiten im Menschen annehmen, die dem Individuum die Beschäftigung mit westlich-europäischer Musik ermöglichen, ohne daß es in unserem Kulturkreis aufgewachsen sein muß. In dieser Arbeit soll sowohl im theoretischen als auch im empirischen Teil der Ansicht nachgegangen werden, daß die Verarbeitung harmonischer Zusammenhänge in der Musik in Beziehung zur Verarbeitung von sprachlichen Zusammenhängen steht.

1.3 Ausblick

Ziel dieser Arbeit ist, Musikproduktion und Musikwahrnehmung als Prozeß menschlicher Informationsverarbeitung zu beschreiben, der in einen gesellschaftlichen Kontext eingebunden ist. Es muß betont werden, daß sich die im zweiten Teil beschrieben Experimente und auch große Teile der Theorieabschnitte ausschließlich mit westlich-europäischer Musik beschäftigen. Die Theorien sind aber so allgemein gehalten, daß sie auch auf andere Kulturbereiche übertragbar sein müßten. Es soll damit nicht vorgespiegelt werden, daß alle Probleme der Musikverarbeitung nun gelöst seien. Hier wird ein neuer Weg zur Beschreibung der Verarbeitung von Musik aufgezeigt, der naturgemäß zur Kritik reizt und zur Kritik auch herausfordern soll.

Im *Kapitel 2* werden allgemeine Parallelen zwischen Musik und Sprache untersucht und die Bedeutung der Beziehung zwischen den objektiven Strukturen von Musik und Sprache und den subjektiven Strukturen im Rezipienten herausgestellt.

Zur theoretischen Grundlegung der weiteren Ausführungen wird in *Kapitel 3* ein allgemeines Modell menschlicher Informationsverarbeitung ausgeführt. Dieses Modell versucht, die ganzheitliche Verarbeitung von musikalischen und sprachlichen Sachverhalten mittels propositionaler Schemata zu erklären.

Kapitel 4 stellt die Beziehung zwischen dem allgemeinen Modell zur Informationsverarbeitung und der musikalischen Harmonielehre her. Außerdem wird die Analogie Musik- und Sprachverstehen thematisiert.

In den *Kapiteln 5 bis 10* wird eine experimentelle Untersuchung dargestellt, deren Fragestellung ist, ob die musikalische Grammatik, die in den Regeln der Musiktheorie niedergelegt ist, psychologische Realität besitzt: Inwieweit entspricht die "objektive Struktur" der Musik der "subjektiven Struktur" des Rezipienten von Musik?

Eine abschließende Wertung der Untersuchungsergebnisse soll in *Kapitel 11* versucht werden.

2. Kapitel:

MUSIK UND SPRACHE

2.1 Allgemeine Beziehungen zwischen Musik und Sprache

Die Beziehung zwischen Musik und Sprache ist eine Frage, die die Menschheit schon lange beschäftigt. Danielou (1968, S. 8) erwähnt ein anonymes indisches Manuskript, in dem die These vertreten wird, daß musikalische Klangformen denselben Ursprung haben wie das Sanskrit, eine der ältesten Schriftsprachen: Gemeinsame Grundlage soll das "Makeshvara Sutra-s" sein, eine Vorform des Sanskrit (zur Diskussion dieses Manuskripts s. Cooper, 1977). Im europäischen Kulturbereich läßt sich aus der Entstehungszeit musikalischer Notationssysteme die Parallele zwischen der Sprache und der gregorianischen Musik aufzeigen: Bis zum Beginn der mittelalterlichen Melismatik war Musik eng an die Sprache, an das Wort gebunden (s. Petri, 1966, S. 72; vgl. auch Eggebrecht, 1984). Den Zusammenhang mit der Sprache und der Entwicklung lithurgischer Musik zeigt Georgiades (1974) auf. Die Verbindung von Musik und Gottesdienst ging soweit, daß man Musik sogar als Sprache eines höheren Wesens ansah – im europäischen Kulturbereich *Gott* (seit dem Mittelalter belegbar: s. Orlov, 1981). Im 18. Jahrhundert entwickelte sich die Vorstellung, daß Musik die Sprache der Emotionen sei. In der barocken *Affektenlehre* (vgl. Rösing, 1985) wurde der Versuch unternommen, Musikformen bestimmten Stimmungen und Affekten zuzuordnen.

Musik und Sprache sind primär akustische Erscheinungen und daher anhand analoger Parameter zu beschreiben: Klangfarbe, Rhythmus, Tonhöhenmodulation und formale Gestaltung sind Parameter, die sowohl für Sprache als auch für Musik grundlegend sind. In der Musik, insbesondere der westlich-europäischen Musik, kommt als weiterer Parameter die Mehrstimmigkeit hinzu (vgl. Tab. 2.1). Petri (1966) nimmt eine gewisse "Strukturidentität" von Musik und Sprache an. In der Gregorianischen Musik – und später wieder in der Musik der Renaissance (s. Blume, 1974a, S. 155 f., S. 163 ff.) – ist die Beziehung zwischen Musik und Sprache sehr eng: "... die Musik entsteht aus dem Wort als *imitazione della parola*" (Blume,

Musik und Sprache

Tab. 2.1: Fünf Parameter der Musik und ihre Beziehung zur Sprache.

	Musik	Sprache
Klang	intrakulturell typischer Klang durch den Gebrauch historisch entstandener Musikinstrumente – interkulturell große Unterschiede	wichtig für die Unterscheidung der Phoneme; intrakulturell relativ gleichbleibend – interkulturell hohe Variation
Rhythmus	intra- und interkulturell hohe Variabilität; unterschiedlich große Bedeutung innerhalb der Musikkulturen: in afrikanischer Musik besonders groß, in indischer Musik praktisch ohne Bedeutung	zweiter, wichtiger Parameter der Sprache, der aus der Verbindung von Phonemen entsteht; intrakulturell konstant, interkulturell variabel
Tonhöhe	in jeder Musikkultur von großer Bedeutung; die Tonsysteme sind jedoch unterschiedlich stark differenziert: extrem hoher Grad an Differenzierung in der indischen Musik	zusätzliche Vermittlung von Inhalten durch Modulation der Tonhöhe; gewisse interkulturelle Übereinstimmung (Vermittlung von Ärger, Freude, Aggressivität; Unterscheidung Frageform – Aussageform)
Mehrstimmigkeit	zum einen durch gleichzeitige Produktion von zwei Melodielinien und zum anderen durch Unterordnung einer Anzahl von Tönen unter eine Melodie (Akkordaufbau); nicht in jeder Musikkultur von Bedeutung	wird bei der Sprache aus Verständnisgründen meist vermieden
Form	zeitliche Organisation der Aufeinanderfolge von musikalischer Ereignissen: Rhythmik - Metrik, Tonhöhe – Melodie, Mehrstimmigkeit – Harmonik; Zusammenwirken aller Parameter zur Generierung der Form von Musikstücken insbesondere in der westlich-europäischen Musik	zeitliche Organisation der Aufeinanderfolge von sprachlichen Stimuli: Klänge und Rhythmus – Wörter, Tonhöhe – Sätze; Verbindung aller Parameter: Vermittlung von Sachverhalten

1974a, S. 163). Auch für andere Kulturbereiche wird diese Verbindung gefunden: Powers (1980, S. 2 ff.) zeigt anhand von Beispielen eine Entsprechung zwischen der phonologischen Struktur der indischen Sprache und Formaspekten der indischen Musik (s.a. Deshpande, 1979). "... music is a superstructure supported by and subordinated to natural language" (Orlov, 1981, S. 132 f.). Musik und Sprache werden als "autonomous and mutually complementary domains" angesehen, als *sich gegenseitig ergänzende Systeme* (ebda.).

Im kommunikationstheoretischen Sinn kann man musikalische Klangereignisse als *Zeichen* verstehen: im Sinne von *signifié* als eine übermittelte Nachricht – im Sinne von *signifiant* als das Medium für die Nachrichtenübermittlung. Im Zuge der informationstheoretischen Wende in der Musikpsychologie (vgl. dazu Rösing & Bruhn, 1985) waren beide Richtungen vertreten: Musik als Medium, als Kodierungsform einer Information (z.B. Moles, 1971) – Musik als Information (z.B. Rauhe, Reinecke & Ribke, 1975). In unserer Zeit lehnt die Semiotik der Musik (z.B. Nattiez, 1975; Ruwet, 1975) beide Richtungen als der Musik nicht angemessen ab. "Musical sound meets the definition neither of the sign nor of the icon ... It is unique and, in this sense, unidentifiable, and it stands for nothing but itself, referring to nothing but its own experienced reality" (Keiler, 1981, S. 135).

Seit den siebziger Jahren beschäftigt sich die Semiotik mit der Erforschung der Musik mittels linguistischer Methoden. Keiler (1981) sieht drei erfolgversprechende Ansätze: den *ethnomusikologischen* Ansatz; den *taxonomisch-empirischen* Ansatz (der einer musikwissenschaftlichen Analyse nahe kommt); und den Ansatz der Suche nach *analogen Verbindungen* musikalischer Muster mit linguistischen Kategorien ("analogical view and search for possible analogical connections between linguistic categories and musical pattern"; Keiler, 1981, S. 151 ff.). Im Zuge der zuletzt aufgeführten Forschungsrichtung haben sich Semiotiker und Musikpsychologen eng an die psycholinguistische Forschung im Sinne von Chomsky angelehnt.

2.2 Psycholinguistik und Musikpsychologie

Chomsky entwickelte Ende der fünfziger und Anfang der sechziger Jahren eine aufsehenerregende Theorie, die lange Zeit die Forschung zur Verarbeitung von Sprache dominierte (s. Abb. 2.1; vgl. Chomsky, 1957, 1970 a und b, 1975).

Das Wissen des Menschen ist in Form eines Lexikons in Verbindung mit Syntaxregeln gespeichert. Von diesem Wissen macht ein Individuum

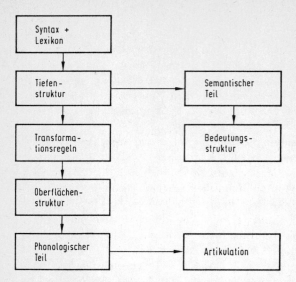

Abb. 2.1: Grammatiksystem von Chomsky (nach Grimm, 1982, S. 509).

Gebrauch, indem es zum Ausdruck einer beabsichtigten Bedeutungsstruktur (semantischer Teil der Sprache) aus Lexikon und Syntax die sogenannte Tiefenstruktur eines Satzes erstellt (s. Abb. 2.2). Aus dieser sogenannten *Tiefenstruktur* wird über Transformationsregeln die Oberflächenstruktur des Satzes hergestellt, die sich z.B. in geschriebener Sprache dokumentiert. Wird der generierte Satz ausgesprochen, so erfolgt über den phonologischen Teil der Sprachgenerierung die Artikulation des Satzes. Man spricht im Zusammenhang mit Chomskys Theorie von generativer Grammatik (generative grammar; s. Schönpflug, 1977, S. 23) oder von Transformationsgrammatik (z.B. Bruner, 1971, S. 61).

Insbesondere die Idee von der Tiefenstruktur des Satzes beschäftigte verschiedene Musikwissenschaftler und Musikpsychologen, die diesen Ansatz auf musikalische Melodien (s. Lerdahl & Jackendoff, 1977; Stoffer, 1981 und 1985) und auf harmonische Fortschreitungen (Keiler, 1978 und 1981) zu übertragen versuchten. Chomsky (1973, S. 73 ff.) glaubte, einen *angeborenen Spracherwerbsmechanismus* (language acquisition device; Chomsky, 1957) annehmen zu können, der die Generierung von Sprache überhaupt möglich macht. Dieser Spracherwerbsmechanismus sollte nach Chomsky nicht nur die anglo-amerikanische Sprache erklären können, sondern generell alle Sprachen der Menschheit: Chomsky schrieb seiner Theorie universelle

Kapitel 2

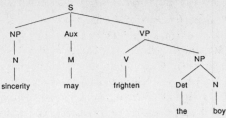

Abb. 2.2: Tiefenstruktur eines Satzes (nach Chomsky, 1973, S. 90). Zeichenerklärung für die "phrase-marker": S – sentence, NP – noun phrase, VP – verb phrase, Aux – auxilary verb.

Bedeutung bei der Erklärung von Sprachkompetenz zu (Chomsky, 1973, S. 16 ff.). In der Musikforschung stieß diese Idee auf großes Interesse, da hier meist angenommen wird, daß Phänomen "Musik" etwas Kulturübergreifendes sei (siehe z.B. Bernstein, 1976).

Ausgangspunkt für die Entwicklung dieser Forschungsrichtung in der Musikpsychologie war die Wiederentdeckung der Schenkerschen Theorie in den sechziger Jahren, die nicht unwesentlich von der Übersetzung seiner Hauptwerke (Schenker, 1954 und 1979) ins Amerikanische beeinflußt war.

Heinrich Schenker war einer der bedeutendsten Musiktheoretiker der Jahrhundertwende. Er unterrichtete in Wien an der Musikhochschule, wo es noch jetzt einen Lehrstuhl für Tonsatz nach Schenker gibt. Grundgedanke seiner Satzlehre, die er in seinem letzten Werk (1935, 2. Auflage 1956) darstellt, ist die Idee, daß jede Musik aus einem "Ursatz" (1954, S. 27 f.; s. Abb. 2.3) entsteht. Die Oberstimme nennt er *Urlinie*, die kontrapunktierende Unterstimme *Baßbrechung*. Der Ursatz bildet nach Schenker den *Hintergrund* aller Musikstücke. Das tatsächlich erklingende Musikstück nennt er *Vordergrund*. Der Vordergrund "zeigt ... die Tonalität als Summe aller Erscheinungen von den niedrigsten bis zu den umfassendsten, bis zu den scheinbaren Tonarten und den Formen" (ebda., S. 28). Die Verbindung zwischen Hintergrund und Vordergrund stellt der *Mittelgrund* her (ebda., S. 57 ff.): Im Mittelgrund entsteht aus der Urlinie des Hintergrunds durch ausgewählte *Verwandlungen* wie *Prolongation* der Baßbrechung oder der Urlinie (S. 62 ff.) der Vordergrund. Einen Überblick über den aktuellen Stand der Musikforschung nach Schenker gibt Beach (1985).

Abb. 2.3: Der "Ursatz" (Schenker 1954, Band 2, S. 1).

Die Parallelen zur generativen Grammatik von Chomsky sind offensichtlich: Der durch den Ursatz bestimmte Hintergrund der Musik könnte der Tiefenstruktur der Sprache entsprechen. Der Mittelgrund bei Schenker entspräche den Transformationsregeln bei Chomsky. Der Vordergrund, das aufführungsfähige Musikstück entspräche der Oberflächenstruktur der Sprache. Durch Aufführungsregeln bzw. Phonation werden Musik wie Sprache zum Erklingen gebracht. Gegenüber der Theorie von Chomsky, die sich zunächst in der Analyse von Sprachen mehrerer Kulturgemeinschaften als sinnvoll erwiesen hat, hat die Musiktheorie von Schenker den Nachteil, daß sie sich ausschließlich auf westlich-europäische Musikkultur bezieht. Selbst in unserem Kulturbereich ist sie nur auf tonale, Kadenz-bestimmte Musik (siehe Kapitel 4) anwendbar, nach Meinung von Rosen (1983, S. 34 f.) durch die Rigidität der Theorieentwicklung sogar auf die Komponisten Bach, Händel, Chopin und Brahms begrenzt. Dennoch sind die theoretischen Konzepte von Schenker noch in den letzten Jahren in Lehrbücher zur Musiktheorie eingegangen (siehe z.B. Tunley, 1984).

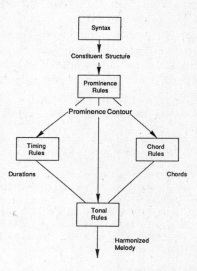

Abb. 2.4: Blockdiagramm des Modells zur Generierung von Volksliedern (Sundberg & Lindbloom, 1976, S. 105).

Lerdahl & Jackendoff (1977, 1981) versuchen, die Ideen von Chomsky und Schenker miteinander zu verbinden: Sie beschäftigen sich mit der Gruppierung von musikalischem Material in Abhängigkeit vom zeitlichen, metrischen Ablauf der musikalischen Ereignisse. Die Noten der einzelnen Taktschläge gruppieren sich auf der Ebene der Taktschwerpunkte, der Takte, der strukturellen (musikalischen) Akzente bis hin zu musikalischen Perioden. Die Theorie von Lerdahl und Jackendoff geht jedoch wenig über

Kapitel 2

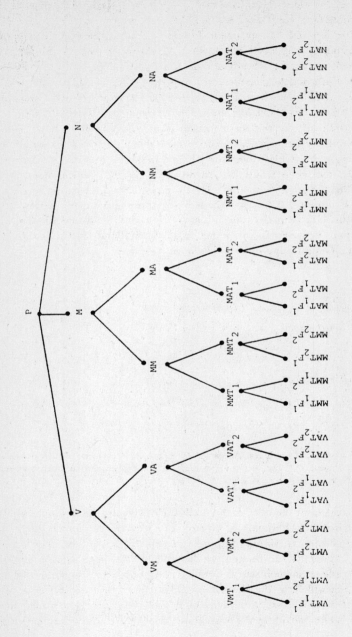

Abb. 2.5: Ausschnitt aus dem Konstituentenstrukturbaum der Volkslieder (Stoffer 1981, S. 496).

den Rahmen allgemeiner musikwissenschaftlicher Analyse hinaus, obwohl sie sich der Terminologie von Chomsky bedient.

Bereits vor Lerdahl und Jackendoff beschreiben Sundberg & Lindbloom (1976) eine generative Theorie für Musik. Aus der Analyse eines schwedischen Volkslieds leiten sie Regeln ab, die sie dann später zur Generierung von Volkslied-ähnlichen Musikstücken benutzen. Diese Arbeit schließt nicht nur metrische, sondern auch melodische und harmonische Aspekte mit ein. Abbildung 2.4 zeigt das Blockdiagramm des generativen Modells.

Eine Fortführung dieser Überlegungen ist das von Stoffer (1981, 1985) vorgestellte Modell einer "generativen, kontextabhängigen Transformationssyntax einsätziger deutscher Volks- und Kinderlieder". Aus der Analyse der Syntax von 71 deutschen Kinderliedern des 17. bis 20. Jahrhunderts zeigt Stoffer Regelmäßigkeiten auf, die sich in einem Strukturbaum darstellen lassen. In Abbildung 2.5 findet sich der Ausschnitt aus einem Konstituentenstrukturbaum, aus dem sich durch Transformationsregeln und Ersetzungsregeln Melodien generieren lassen (siehe dazu Stoffer, 1981, S. 440 ff.; Beispiel für die Generierung einer Melodie S. 491 ff.).

(a) $\|\text{F}/// | \text{B}_7/// | \text{F}/// | \text{F}_7/// | \text{B}_7/// | \text{B}_7/// | \text{F}/// | \text{F}///|$
$\|\text{Gm}_7/// | \text{C}_7/// | \text{F}/// | \text{Gm}/\text{C}_7/ \|$

(b) $\|\text{F}_7/// | \text{B}_7/// | \text{F}_7/// | \text{Cm}_7/\text{F}_7/ | \text{B}_7/// | \text{Bm}_7/// | \text{Es}_7/// | \text{D}_7///|$
$\|\text{G}_7/// | \text{C}_7/// | \text{F}/\text{D}_7/ | \text{G}_7/\text{C}_7/ :\|$

(c) $\|\text{F}/// | \text{Em}_7/\text{A}_7/ | \text{Dm}_7/\text{G}_7/ | \text{Cm}_7/\text{F}_7/ | \text{Bm}_7/\text{Es}_7/ | \text{Asm}_7/\text{Desm}, \text{Ges}, | \text{F}/\text{As}/ | \text{B}/\text{D}/|$
$\|\text{Gm}/\text{C}_7 | \text{Cism}/\text{Fis}_7/ | \text{F}/\text{As}/ | \text{Des}/\text{Ges}/\text{s}\|$

Abb. 2.6: Der klassische 12-bar-blues, Ausgangsfolge der Akkorde (a) und zwei Variationen über diese Folge (b und c). Die Notierung erfolgte in der bei Jazzern üblichen Gitarren-Bezeichnung. (Perlman & Greenblatt, 1981, S. 171).

Die Tiefenstruktur in der harmonischen Entwicklung von Blues-Improvisationen untersuchen Perlman & Greenblatt (1981). Sie finden, daß bei mehreren verschiedenen Improvisationen zu einem Stück eine bestimmte harmonische Grundstruktur immer erhalten bleibt: Aus ein- und derselben Tiefenstruktur (dem harmonischen Grundgerüst) lassen sich mehrere Oberflächenstrukturen ableiten, die denselben Inhalt haben wie die Struktur des harmonischen Grundgerüsts (als Beispiel s. Abb. 2.6: der klassische Jazz 12-bar blues). Die melodische Entwicklung der Jazz-Improvisationen wird

Abb. 2.7: Sogenannte "licks" – Stereotype, die bei der Improvisation von Jazzmelodien verwendet werden: eine aufsteigende Folge von vier Noten (a); eine Triole mit einführender Note, die zu einer betonten Note hinführt (b); eine Triolen-Arpeggio (c); ein Lauf, in den chromatische Nachbartöne einbezogen werden (d); Mordent-ähnliche Verzierungen (e) (Perlman & Greenblatt, 1981, S. 177).

nach Perlman & Greenblatt (1981, S. 175 f.) aus einer Art Lexikon gespeist: Bestimmte, häufig wiederkehrende Notenfolgen, die für den improvisierten Stil typisch waren, werden wiederholt zur Bildung der Melodien eingesetzt (vgl. Abb. 2.7: *licks* als Vokabular der Jazz-Improvisation). Außerdem bemerken die Autoren, daß man beim Jazz manche Akkorde durch andere Akkorde ersetzen kann, ohne den Sinnzusammenhang des Musikstücks zu verändern: Der Vergleich mit dem Ersatz von Phonemen oder Morphemen durch Allophone oder Allomorphe, also ähnlich klingende oder gleichbedeutende Bestandteile in der Sprache liegt nahe (ebda., S. 176 f.).

Diese Überlegungen führt Steedman (1984) weiter und gelangt zu einer generativen Grammatik für 12-bar blues Akkordsequenzen. Mithilfe von sieben Ersetzungsregeln ist Steedman in der Lage, eine relativ große Klasse von Akkordfolgen herzustellen, die als eng verwandt mit dem klassischen 12-bar blues angesehen werden.

Diagramme über die hierarchische Organisation von harmonischen Strukturen von Musikstücken versucht Keiler (1981) zu erstellen. Er unterscheidet zwei Kategorien von Strukturen: "completion" (sinngemäß: Vollendung) und "prolongation" (Verlängerung). Von Schenker beeinflußt nimmt Keiler zwei grundlegende Akkordbeziehungen an ("constituent relationships"), nämlich Tonika und Dominante. Eine "tonic completion" wird aus der Aufeinanderfolge von Dominante und Tonika gebildet. Eine "tonic prolongation" besteht aus der Tonika oder einer ihrer Vertreterakkorde (siehe dazu genauer Kapitel 4). Eine "complete syntactic structure" wird durch die Aufeinanderfolge von tonic prolongation und tonic completion gebildet (Keiler, 1981, S. 154). Abbildung 2.8 zeigt den Strukturbaum einer Courante von Händel.

Die Arbeit von Keiler ist besonders wichtig, weil hier zum ersten Mal nicht nur eine Benennung der Akkorde erfolgt (mit Stufenbezeichnungen), sondern eine Bezeichnung ihrer Funktion innerhalb des musikalischen Ablaufs. Akkordanalyse als blosses "labeling" im Sinne der Stufentheorie in der Musiktheorie bringt im Zusammenhang mit psychologischer Forschung keinen Erkenntnisgewinn. "The issue of musical coherence ... is thus simply avoided" (Keiler, 1981, S. 151). Zu kritisieren bleibt Keilers Beschränkung auf zwei harmonische Funktionen (bei Keiler: relationships): In der funktionalen Musiktheorie (basierend auf Überlegungen von Riemann, 1882, s. ausführlicher in Kapitel 4) gibt es die Subdominante, die ein grundsätzlich andere Funktion als die Dominante oder die Tonika hat. Bei komplexeren harmonischen Verbindungen fällt Keiler außerdem in Stufenbezeichnungen zurück: Die Funktion von Nebendominanten wird somit unterschlagen (vgl. Keiler, 1978, S. 219).

In der Schenker-Chomsky-Richtung sieht Meehan (1980) einen Zugang im Sinne der artificial-intelligence-Forschung (AI-Forschung). Roads (1980) beschreibt die Entwicklung in der AI-Forschung, zeigt dabei jedoch auf, daß in den Forschungsprogrammen meist Computerprogramme zur Analyse von Musikstücken entwickelt wurden (vgl. auch Alphonce, 1980). Bekannt geworden ist das LISP-Programm von Winograd (1968) zur harmonischen Analyse. Ein Programm zur Musikanalyse im Sinne von Schenker stellt Smoliar (1980) vor.

Die Simulation musikalischer Fähigkeiten wird seltener zum Thema gemacht. Rothgeb (1980) zeigt auf, daß z.B. das Aussetzen eines bezifferten Basses grundsätzlich vom Computer zu lösen wäre. Burdach (1975) generiert zu experimentellen Zwecken Melodien in einem künstlichen Tonsystem (mit zehn gleich großen Tonschritten). Holtzman (1981) entwickelt ein Programm, um Stücke im Schönbergstil zu komponieren.

Kritik an der von Chomskys Theorien inspirierten Forschungsrichtung äußern Laske & Drummand (1980, S. 82): "The assumption made in so-called generative music theories that musical competence is based on a finite set of (possibly recursive) rules has led to the unwarranted assumption that linguistic theory, more precisely generative grammar, is applicable to music as it is heard. In this Trojan horse of an assumption, the idea of well-formedness, as definable by a finite set of rules, has been introduced, and music theory has been made thoroughly syntax-centered and narrowly declarative." Dem Begriff der musikalischen Syntax liegt jedoch "nicht das strukturelle, sondern das psychologische und ästhetische Moment zugrunde " (Faltin 1979, S. 9). Spezifisch musikalische Sinnzusammenhänge lassen sich

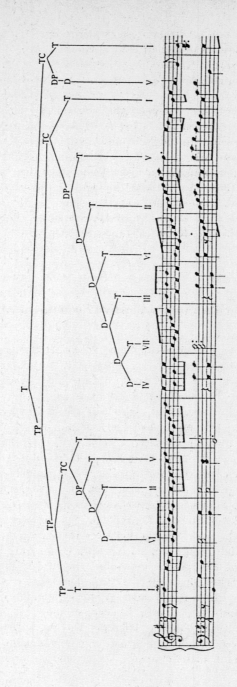

Abb. 2.8: Konstituierende Struktur des harmonischen Ablaufs aus der Courante in der Suite Nr. 14 von Händel (Takte 1-12; Keiler, 1978, S. 217).

nicht alleine auf das strukturierte Material zurückführen, auch wenn sie von dessen Struktur determiniert sind. Bastian (1982, S. 230) sieht das rezipierende Subjekt als "Katalysator, über dessen Urteil als Ausdruck des Erlebens der Sinn musikalischer Form jenseits seiner materialen Bestimmtheit analysiert werden soll."

Chomsky selbst warnte davor, seine Theorien auf andere Bereiche als auf Sprache anzuwenden: "In general, the problem of extending concepts of linguistic structure to other cognitive systems seems to me, for the moment, in not too promising a state ... " (Chomsky, 1972, S. 75). Den berühmten Dirigenten Bernstein hat es nicht davon abgehalten, bestimmte Aspekte von Chomskys Theorien auf die Musik zu übertragen (Bernstein, 1976, S. 269 ff.). Bernstein benutzt Chomskys Forschung zur Unterstützung einer naiven nativistischen Position zur Musikwahrnehmung. Eine angemessene Erwiderung findet sich bei Keiler (1978, S. 196 ff.).

2.4 Objektive und subjektive Struktur in Musik und Sprache

Der schwerwiegendste Kritikpunkt an bisherigen generativen Theorien sowohl von Musik als auch von Sprache ist die Tatsache, daß die Aussagen der Theorien aus objektiv-physikalischen, deklarativen Strukturen wie Schrift- oder Notenbild abgeleitet wurden. Von den Strukturen, die auf dem Papier sichtbar sind, wird auf die Existenz psychischer Strukturen geschlossen. Die psychologische Relevanz dieser theoretisch konzipierten Strukturen ist damit jedoch noch keineswegs bewiesen.

Im Bereich der Sprachforschung gibt es mittlerweile viele Untersuchungen zur Tiefenstruktur von Sprache. Insbesondere entwicklungspsychologische Überlegungen führten dazu, daß man Chomskys Annahmen zu einem angeborenen Spracherwerbsmechanismus als widerlegt ansehen kann.

Chomsky führte das Konzept des Spracherwerbsmechanismus ein, weil seiner Ansicht nach Sprache gelernt wird, bevor die Denkmechanismen so weit ausgebildet sind, daß sie die Spracherzeugung leiten zu können. Natürlich spielt die Sprache im Aufbau kognitiver Prozesse eine bedeutende Rolle (vgl. Schönpflug, 1977, S. 30). Die kognitiven Prozesse des Denkens sind jedoch nicht, wie z.B. auch Wygotsky annimmt, soweit mit der äußeren Sprache identisch, daß man Denken als eine Art "internalisierte Sprache" (Wygotsky, 1964) ansehen könnte. Das Verstehen der Sprache verläuft mittels anderer Mechanismen als Chomsky annahm. " There is no good reason to think that grammars like Chomsky's even characterize the functions being computed in language understanding, let alone provide the rules represented and used in those computations" (Stabler, 1984, S. 155).

Untersuchungen zur Entwicklung von Sprache bei Kindern haben gezeigt, daß der Spracherwerb nicht mit angeborenen Grammatik-Universalien zu erklären ist. Den sprachlichen Äußerungen von Kindern liegt in den ersten Entwicklungsphasen eine andere Struktur zugrunde als der Erwachsenengrammatik. Kinder orientieren sich an Tiefenstrukturen, die aus Handlungsaspekten abgeleitet sind und meist auch nur in einem Handlungszusammenhang interpretierbar sind (Grimm, 1977, S. 56 ff.; Grimm, 1982, S. 533). Man kann im Sinne Piagets vom Aufbau der Denkfähigkeiten aus dem Handeln zu sprechen (Piaget, 1975). Sprachkompetenz (nach Chomsky 1957) ist eine *Folge von Handlungskompetenz* (s.a. Aebli, 1981). In direkter Abhängigkeit zur Entwicklung der Handlungskompetenzen verändert sich das Denken und damit in der Folge die Sprachkompetenz des Kindes. Sprachverstehen und Sprechen sind Handlungen oder handlungsanaloge Leistungen (s. Hoppe-Graff & Schöler, 1981; Hoppe-Graff, 1985; weiter dazu Kapitel 4).

Die Sprachregeln eines Kulturkreises – insbesondere des westlich-europäischen – sind aus schriftlichen Dokumenten ableitbar. Ein Rückschluß auf die individuell repräsentierten Regeln ist jedoch dadurch apriori nicht möglich. Bei Sprache und Musik handelt es sich um *objektive Struktur*, um das Gesamtergebnis eines Objektivationsvorgangs in einer Gesellschaft (Leontjew, 1982). "Die objektive Struktur stellt die Ordnung aller produzierten Objekte und der mit ihnen verknüpften Handlungsmöglichkeiten dar, die es (...) gibt" (Oerter, 1979, S. 59). Der objektiven Struktur steht die *subjektive Struktur* gegenüber: Oerter (1979, S. 59 f.) definiert sie als "individuelle kognitive und Handlungsstruktur des Individuums". Es handelt sich um diejenigen Bestandteile der objektiven Struktur, die psychische Relevanz für das Individuum haben.

Die psychische Relevanz der Regeln in Sprache und Musik zeigt sich erst in der *Übereinstimmung* zwischen objektiven, d.h. gesellschaftlich vorgegebenen Erwartungen und Anforderungen einerseits und individuellen Handlungen andererseits.

Wie in der Sprache, so sind auch in der Musik des westlich-europäischen Kulturkreises die Regeln der Musiktheorie aus Dokumenten (Theoriebüchern, niedergeschriebenen Kompositionen) ableitbar. Im Verlauf der letzten drei Jahrhunderte hat sich eine Wissenschaft entwickelt, die sich die Deutung von Musikstücken und die Ableitung theoretischer Regeln zur Aufgabe gemacht hat. Die Musiktheorie wie z.B. die Harmonielehre von Riemann (1888), Maler (1967) oder de la Motte (1985) stellt gewissermaßen eine generative Theorie der Musik dar. Kompositionslehren, die die Musiktheorie vermitteln, sind aus schriftlich vorliegenden Musikstücken abgeleitet und schließlich wieder auf die Generierung neuer Musikstücke angewandt.

Einen Hinweis auf die geforderte Übereinstimmung zwischen zwischen den vorgegebenen Erwartungen (im Sinne der musiktheoretischen Regeln) und den individuellen Handlungen (Komposition von entsprechenden Musikstücken) geben Komponisten: Wenn aus den Kompositionen (z.B. des 16. Jahrhunderts) übergreifende Regeln der Harmonielehre ableitbar sind, dann müssen auch die Wahrnehmungsstrukturen der Komponisten mit den Regelstrukturen übereinstimmen.

Kann man jedoch von der Existenz regelhafter Kompositionen auf die Wahrnehmungskompetenzen von Musikliebhabern schließen, die sich ein Musikstück anhören? Die Differenzierung der Wahrnehmung, und somit der perzeptiven kognitiven Strukturen, wird im auditiven Bereich zwar vor der Differenzierung von produktiven Fähigkeiten erreicht: Kinder können Sprachstrukturen verstehen, bevor sie sprechen können (z.B. Schönpflug, 1977, S. 65). Bereits Kleinkinder im Alter von wenigen Wochen können Töne unterscheiden, bevor sie diese Töne produzieren können (Dowling, 1985, S. 217 f.). Es gibt nur Vermutungen darüber, daß die subjektive Struktur beim Musikhörer mit der objektiven Struktur des Musikstücks übereinstimmt.

Sowohl die Komposition von Musikstücken wie auch das Anhören dieser Stücke sind aktive Prozesse, Handlungen, die mit einer bestimmten Absicht und Zielgerichtetheit vorgenommen werden (Neisser, 1979; Cranach u.a., 1980; Aebli, 1981; Gibson, 1982). Die Handlungsabsicht bestimmt, welche kognitiven Strukturen benutzt werden und somit weiter differenziert werden. Haben Musikliebhaber dieselben oder vergleichbare Absichten bei der Rezeption von Musikstücken wie Komponisten bei der Komposition neuer Musikstücke?

Handlungsabsicht beim Sprechen ist die Kommunikation mit anderen Menschen. Die Verständigung gelingt nur, wenn sich der Sprecher so verhält, wie es den kognitiven Strukturen des Hörers entspricht. Da das Gelingen dieser Verständigung unter hohem sozialen Druck steht, entwickeln sich im Verlauf einer normalen Sprachentwicklung bei Kindern subjektive Strukturen, die den objektiven Strukturen der gesellschaftlich relevanten Kommunkikationssituation isomorph entsprechen (kognitive Sozialisation als Problem der Entsprechung von subjektiver und objektiver Struktur; s. Oerter, 1978, S. 142 f.). Der soziale Druck schafft *subjektive Valenz*, einen subjektiv bedeutsamen und deshalb motivierenden Wert für den Aufbau isomorpher kognitiver Strukturen.

Der Valenzbegriff soll hier im Sinne von Oerter (1978, 1983, 1985a) verstanden werden. Oerter (1983, S. 295 f.) erklärt die Valenz einer Subjekt-Objekt-Beziehung durch den Gegenstandsbezug. Drei Ebenen des Gegenstandsbezugs lassen sich unterscheiden, und somit auch drei Arten von Valenz:

(1) *Subjektive Valenz:* Individuum und Objekt sind weitgehend ungeschieden. Das Individuum nutzt den Gegenstand für seine augenblicklichen Bedürfnisse (Oerter, 1983, S. 296 f.). – Ein Musikstück besitzt subjektive Valenz, wenn der Musikhörer "einmalige unverwechselbare Eindrücke mit ihm verbindet und das Stück so einen besonderen persönlichen ("subjektiven") Wert erhält" (Oerter, 1985, S. 149).

(2) *Objektive Valenz:* Individuum und Objekt sind voneinander geschieden. Mehrere (oder alle) Mitglieder einer Gesellschaft beziehen sich auf das Objekt und benutzen es in gleicher Weise. Das Objekt überdauert eine individuelle Handlung und wird zu einem vom Individuum unabhängigen Gegenstand (Oerter, 1983, S. 302 f.). – Musikstücke gewinnen objektive Valenz, wenn ihnen eine Funktion innerhalb der Gesellschaft zugewiesen wird: Deutlich ist dies z.B. bei Nationalhymnen, Kirchenliedern (Oerter, 1985, S. 149 f.) oder bei Volksmusik/Folklore.

(3) *Abstrakte Valenz:* Individuum und Objekt sind voneinander geschieden. Das Objekt hat jedoch Geltung unabhängig von gesellschaftlichen Setzungen (Oerter, 1978, S. 147). – Musik kann abstrakte Valenz erlangen, wenn man ihr "unabhängig von Inhalt und Struktur Wert zuweist (Musik als Kunst, als nicht mehr hinterfragter Wert) oder aber, wenn der Inhalt Nebensache wird" (Oerter, 1985, S. 150). Oerter gibt hier als Beispiel an, daß Musik abstrakte Valenz erlangt, wenn Hifi-Fans weniger auf Form oder Aussage der Musik achten als auf die vollkommene Wiedergabe des Musikstücks auf ihrem Wiedergabegerät.

Das Erlernen des Umgangs mit Musik – also die Wahrnehmung und Produktion von Musik – steht in unserem Kulturkreis unter wesentlich geringerem sozialen Druck als das Erlernen von Sprechen und Sprache (das ist in außereuropäischen Kulturkreisen z.T. anders; s. Shuter-Dyson, 1985, S. 196). Es ist nicht kontrollierbar, ob ein Musikhörer die musikimmanenten Strukturen adäquat hört (z.B. im Sinne des *Expertenhörers*, s. Adorno, 1968, S. 15 ff.), ob Hörerwartung und Wahrnehmung gesellschaftlich determiniert sind (Bimberg, 1985) oder ob sich eine vollständig individuelle Art der Konsumtion von Musik unabhängig von der objektiven Struktur (den musiktheoretischen Regeln, nach denen das Stück komponiert wurde) entwickelt hat. Wenn keine subjektive Valenz für den Aufbau entsprechender kognitiver Strukturen zur Wahrnehmung von Musik besteht, so können theoretisch beliebige Arten der Wahrnehmung von Musik entstehen.

Musiktheoretischen Regeln kommt mit Sicherheit *objektive Valenz* zu: Die Regeln, nach denen Musikstücke gefertigt werden) besitzen eine vom erzeugenden Subjekt (dem Komponisten bzw. dem Musikhörer) unabhängige und fortdauernde Existenz (Oerter, 1978, S. 146). Seit dem Mittelalter wird Musiktheorie schriftlich fixiert (s. Besseler, 1983) und innerhalb jeder Musikkultur als Kulturgut weitervermittelt (Pratt, 1985). Formschemata wie z.B. die Messe, die Suite (s. Wörner, 1972, S. 372 ff.) oder die Sonate (s. Rosen, 1980, S. 8 ff.) entwickelten sich aus gesellschaftlichen Bedürfnissen und zum gesellschaftlichen Gebrauch. Die Melodien jeder Musikepoche waren von bestimmten Wendungen, Tonarten und Harmonisierungen gekennzeichnet. Die Instrumentation der Kompositionen war abhängig vom Vorhandensein bestimmter Musikinstrumente bei bestimmten Aufführungsgelegenheiten (z.B. Orgel in der Kirche, kammermusikalische Besetzungen bei Hofe, bestimmte Instrumentenkombinationen beim Tanz auf dem Dorf). Das Abweichen der Komponisten von den Regeln der jeweiligen Zeit wurde meist mit heftiger Kritik verfolgt (vgl. z.B. die Kritik an Beethovens Kompositionen in der "Allgemeinen Musikalischen Zeitung" zwischen 1798 und 1810).

Über *subjektive Valenz* von musiktheoretischen Regeln läßt sich nichts aussagen. Bei der Untersuchung subjektiver Strukturen könnte es sich als außerordentlich wissenswert herausstellen, ob musikalisch nicht ausgebildete Individuen (Novizen) aufgrund fehlender objektiver Valenz andere Regelsysteme kognitiv repräsentiert haben als Experten.

Kulturübergreifende Erkenntnisse aus ethnomusikologischen Untersuchungen im Bereich der Tonalität geben Hinweise auf Übereinstimmungen zwischen subjektiver und objektiver Struktur:

(1) So benutzen die meisten bisher untersuchten Musikkulturen Klangereignisse mit voneinander abgegrenzten Tonhöhen. Untermengen dieser Klangereignisse werden benutzt, um sogenannte Tonleitern, zu erstellen. Jede Tonleiter besteht aus einer festgelegten Anzahl von Tönen, die in bestimmten Relationen zueinander stehen (für die westlich-europäische Musikkultur s.a. Kapitel 4).

(2) Ohne daß die Musikkulturen sich erkennbar abhängig voneinander entwickelt haben, ähneln sich die verwendeten Modi der Tonarten über die Kulturbereiche hinweg. So entsprechen sich die Grundmodi der Haupttonleitern in der indischen Musik, die altgriechischen Modi, die arabischen Maqam und die persischen Dastgah (s. Danielou, 1975, S. 49 ff.; vgl. a. Oesch, 1984, S. 289 ff.). Die westlich-europäischen Modi Dur und Moll und vier der mittelalterlichen Kirchentonarten sind mit indischen Haupttonleitern identisch. Von den 28 Tonarten, die die chinesische Musik benutzt, sind ebenfalls mehrere mit indischen Tonarten, arabischen Maqam, persischen Dastgah und europäischen Kirchentönen identisch (vgl. Oesch, 1984, S. 45 ff., S. 49 f.).

(3) Alle entwickelten Tonsysteme bieten Hinweise dafür, daß sie sich auf die pythagoräischen Obertöne zurückführen lassen (vgl. schon Stumpf & Hornbostel, 1911). Der Einfluß psychischer Verarbeitung ist jedoch überall feststellbar: Keine Tonalität einer Musikkultur läßt sich *alleine* aus physikalischen Kriterien ableiten. So ist in der geschichtlichen Entwicklung bedeutender Musikkulturen (nicht nur der westlich-europäischen) aus Gründen der Transponibilität von Melodien immer eine Annäherung an die gleichschwebende Stimmung festzustellen (s. Oesch, 1984, S. 42 f.), in der bestimmte Tonintervalle (große Terzen, Sekunden) im Gegensatz zur pythagoräischen Stimmung immer gleich groß gestimmt werden. Die physikalische Realität

der tonalen Beziehungen hat offensichtlich eine Entsprechung in der psychologischen Realität, die sich in verschiedenen von einer Gesellschaft entwickelten Musikkulturen wiederfinden läßt.

(4) Weitere Hinweise für die Übereinstimmung subjektiver und objektiver Strukturen liefert das Ausmaß der Komplexität von Tonsystemen: Grundsätzlich verwenden Musikkulturen mit tonal gebundenen Systemen bis zu sieben Töne als Hauptstufen der Tonleitern. Im westlich-europäischen Kulturbereich werden ab einer bestimmten Musikepoche alle zwölf Töne der chromatischen Tonleiter benutzt, wobei die nicht-diatonischen Töne jedoch in Form von Vorhalten oder Durchgängen an den Tonleiter-eigenen verankert werden (Bharucha, 1984). Komplexer sind lediglich die Modi der indischen Musik, die zusätzlich zu den sieben Stufen der Haupttonarten mit Abfärbungen von zwei bis vier Tönen nach unten arbeiten. Somit kann man feststellen, daß grundsätzlich die Anzahl der verwendeten Einheiten sich in den Grenzen 7 plus/minus 2 bewegt, deren psychologische Realität im Bereich der Gedächtnisforschung als gesichert gilt (Miller, 1956) und im Bereich musikalischer Informationsverarbeitung bereits mehrfach angenommen wurde (Dowling, 1978; Bartlett, 1980, S. 231; kritische Diskussion in Burns & Ward, 1982, S. 245 ff.). Die physikalisch vorfindbare Realität hat in den verschiedenen Musikkulturen eine jeweils gesellschaftsspezifische Ausformung erfahren, die zu den besonderen Erscheinungen der verschiedenen Tonarten führte.

2.5   Repräsentation von Tonalität, Harmonie und Form

Legen ethnomusikologische Studien die Annahme einer subjektiven Valenz von musiktheoretischen Regeln bereits nahe, so liefern musikpsychologische Untersuchungen der letzten Jahre konkrete Nachweise für die Repräsentation von Tonalität, Harmonie und formalen Zusammenhängen in Musikstücken westlich-europäischer Provenienz.

Tonalität:
   Die ersten empirischen Untersuchungen zur psychischen Repräsentation musikalischer Regelsysteme wurden von Shepard (1962) durchgeführt: Shepard zeigt, daß Ratings für das Ausmaß der Ähnlichkeit den Zusammenhang der Töne räumlich als Kreis darstellen. Oktav-identische Töne werden aufeinander abgebildet. Shepard verwendet in dieser Studie Computer-generierte Töne als Stimuli. Aus den Daten der Versuche läßt sich eine Bestätigung dafür ableiten, daß die Versuchspersonen nicht nur die physika-

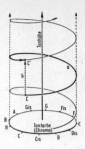

Abb. 2.9: Die Tonhöhenspirale (Revesz, 1926; Shepard, 1982).

lische Höhe der Töne (die absoluten Frequenzen) psychisch repräsentiert haben, sondern auch die Zusammenhänge der Oktaväquivalenz. Somit ergibt sich ein experimenteller Nachweis für die in der Musiktheorie bereits seit dem letzten Jahrhundert behauptete Mehrdimensionalität der Tonhöhenwahrnehmung (vgl. dazu Revesz, 1926). Die Tonhöhe wird als die erste Dimension angesehen, die Tonfarbe (auch: Chroma) bildet zwei weitere Dimensionen (s. Abb. 2.9). In späteren Arbeiten plädiert Shepard sogar für eine Ausweitung dieses Modells auf fünf Dimensionen: Die Darstellung könnte räumlich durch eine doppelte Helix veranschaulicht werden, die um einen Torus gewunden ist (Shepard, 1982 a und b, s. Abb. 2.10 a bis c).

Ähnlichkeitsskalierungen von Tönen bilden auch die Datenbasis für die im folgenden beschriebenen Ergebnisse (Krumhansl & Shepard, 1979; Krumhansl, 1979). Die Ähnlichkeitsskalierungen werden nach dem INDSCAL-Algorithmus in einem vierdimensionalen Raum dargestellt (zur genaueren Erklärung der verschiedenen Modelle räumlicher Darstellung siehe Kapitel 6). Je zwei Dimensionen dieser Darstellung zeigen eine deutliche Projektion der beiden Dimensionen der Tonfarbe (Chroma, die musikalischen Tonschritte) und der beiden Dimensionen des Quintenzirkels (siehe Kapitel 4). Die Versuchspersonen dieser Untersuchung verfügen also offenbar über eine psychische Repräsentation dieser auch musiktheoretisch relevanten Dimensionen, die sie für die Skalierung der Ähnlichkeit zwischen je zwei Tönen wissentlich oder unwissentlich benutzen (s. Abb. 2.11). Zu einem ähnlichen Ergebnis kommen Balzano & Liesch (1982) bei der Untersuchung von simultanen (harmonic) und sukzessiven (melodic) Intervallen. Eine eindimensionale Darstellung der Abstände zwischen zwei Tönen, wie sie in der physikalischen Relation gegeben ist, ist nach Ansicht der Autoren psychologisch nicht angemessen.

Ein bemerkenswertes Ergebnis der oben genannten Untersuchung läßt sich aus der Darstellung der Gewichte für die vier Dimensionen der INDSCAL-Lösung ableiten (s. Abb. 2.12). Die Versuchspersonen wurden aufgrund ihrer musikalischen Ausbildung in drei Gruppen unterteilt: most musical, least musical, intermediate. Zwischen den beiden Extremgruppen

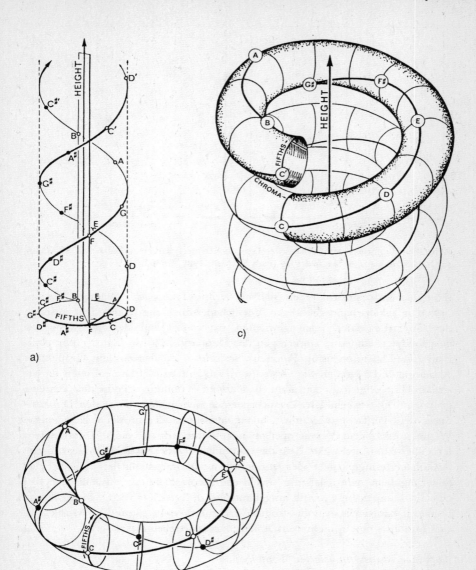

Abb. 2.10: Die Repräsentation der Tonhöhe, Modell einer doppelten Helix (a), die um einen Torus (b) bzw. einen Helix-Zylinder (c) gewunden ist (Shepard, 1982, S. 362 ff.).

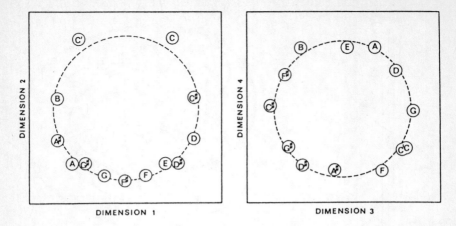

Abb. 2.11: Projektion von jeweils zwei Dimensionen der vierdimensionalen INDSCAL-Lösung aus Krumhansl & Shepard 1979 (nach Shepard, 1982, S. 366).

most und least musical ergibt sich ein strikte Trennung. Während die am besten musikalisch ausgebildeten Versuchspersonen die beiden Dimensionen der Tonfarbe gleich hoch gewichten, ist das Urteil der am wenigsten ausgebildeten eindeutig stärker von der Dimension 1, also von der physikalischen Tonhöhendimension Frequenz bestimmt. In der zweiten Graphik in Abbildung 2.12 werden die Gewichte der Quintenzirkel-Dimensionen dargestellt. Hier zeigt sich eine ähnlich deutliche Trennung der beiden Extremgruppen: Gut ausgebildete Versuchspersonen gewichten die beiden Dimensionen der Tonfarbe wesentlich höher als die anderen Versuchspersonen. Wenig ausgebildete Versuchspersonen gewichten diese beiden Dimensionen fast überhaupt nicht, so daß die räumliche Darstellung der musikalische Stimuli bei einigen nicht vier- sondern nur eindimensional ist. Die Schlußfolgerung liegt nahe, daß die psychische Repräsentation musikalischer Regeln im Umgang mit Musik aufgebaut und differenziert wird. Musikalische Experten haben elaboriertere kognitive Strukturen in bezug auf Musik, die sich räumlich nur in mehreren Dimensionen darstellen lassen.

Tonalität von rhythmisierten Tonfolgen:
Einen Beleg für die Übereinstimmung zwischen subjektiven und objektiven Strukturen im Bereich der Tonalität in westlich-europäischer Musik liefern auch Cross, Howell & West (1983). Für die Experimente werden Tonfolgen generiert, die in unterschiedlichem Ausmaß tonal gebunden sind. Die Versuchspersonen sollen jeweils angeben, inwieweit ihnen die Tonfolgen

Kapitel 2

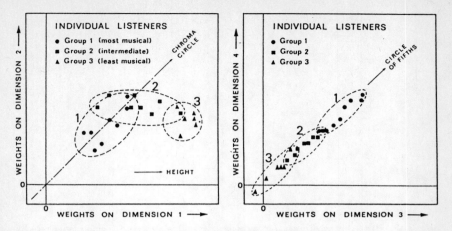

Abb. 2.12: Individuelle Gewichte der vierdimensionalen INDSCAL-Lösung von Krumhansl & Shepard 1979 (Graphik nach Shepard, 1982, S. 367).

gefallen. Es zeigt sich eine deutliche Bevorzugung tonal gebundenen Tonfolgen gegenüber Tonfolgen, die aus Tönen mehrerer Tonarten bestehen. Tonartfremde Töne werden eher akzeptiert, wenn durch regelmäßiges Auftreten der tonarteigenen Töne bei den Versuchspersonen eine subjektive Vorstellung von einem Zeitmaß (z.B. 4/4-Takt oder 3/4-Takt) entstehen kann. Die tonartfremden Töne scheinen nach einer Erklärung von Bharucha (1984) an den zur Tonart gehörenden Tönen jeder Folge "verankert" zu sein. Bharucha postuliert eine hierarchische Cluster-Bildung, in der die tonartfremden Töne auf der untersten Ebene mit Tönen der Haupttonart verbunden sind (vgl. Abb. 2.13). Für das Erkennen der Tonalität scheinen Terz, Quinte und der Tritonus eine größere Rolle zu spielen als andere Intervalle (Butler & Brown, 1984, S. 22).

Ein weiteres Ergebnis zur Identifikation des tonalen Zusammenhangs stammt von Krumhansl & Kessler (1982). In den Experimenten von Krumhansl & Kessler wird nach der "probe tone method" (s. Bharucha, 1985, S. 127 f.) verfahren: Die Versuchspersonen hören zunächst eine Kadenz (die Akkordfolge Subdominante oder einer ihrer Vertreterakkorde – Dominante – Tonika) gefolgt von einem einzigen Ton (die Begriffe der westlich-europäischen Harmonielehre werden im Kapitel 4 eingehend erläutert). Dieser Ton solle daraufhin beurteilt werden, wie gut er zur vorhergehenden Akkordfolge paßt. Die Ratingprofile spiegeln die tonale Organisation eindeutig wider (s. Abb. 2.14).

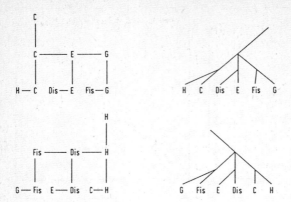

Abb. 2.13: Hierarchische Cluster für aufsteigende und absteigende Tonfolgen (Bharucha, 1984; Darstellung links nach dem System von Deutsch & Feroe, 1981; rechts nach dem System von Lerdahl & Jackendoff; 1983).

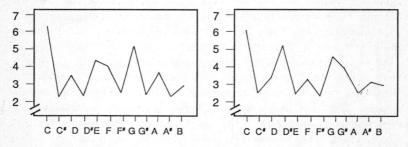

Abb. 2.14: Die rating-Profile der Tonarten C-Dur und c-Moll, erhoben jeweils nach einer Dur- bzw. Moll-Kadenz (Krumhansl & Kessler, 1982, S. 343).

Tonalität und Melodiewahrnehmung:

Die Tonalitätsgebundenheit einer Melodie spielt beim Wiedererkennen einer Melodie eine Rolle: Dowling (1978, 1982) kann zeigen, daß in Melodien, in denen die äußere Kontur (d.h. die relative Richtung der Intervalle) erhalten bleibt, Veränderungen schwieriger zu entdecken sind, wenn die veränderten Töne innerhalb der Tonalität der Melodien bleiben. Cuddy u.a. (1981) finden heraus, daß Veränderungen der Melodie, die die Tonart nicht verlassen, um so schlechter zu entdecken sind, je deutlicher vorher die Tonart befestigt worden ist. Bharucha (1985) argumentiert, daß Tonalität als kognitives Schema existiert, das durch eine Melodie in unterschiedlichem Grad aktiviert werden kann. Je stärker ein Schema aktiviert wird, desto schwieriger sind Veränderungen zu erkennen, die innerhalb desselben Schemas bleiben (vgl. dazu Kapitel 3 und 4).

Akkorde und Akkordfolgen:

Auch für das Erkennen von Veränderungen in Akkordfolgen sind ähnliche Ergebnisse gefunden worden. Bharucha & Krumhansl (1983) spielen Versuchspersonen jeweils zwei Folgen mit sieben Akkorden vor. Die Folgen sind entweder vollständig identisch, oder aber es ist ein Akkord in einer bestimmten Zielposition verändert. Der veränderte Akkord wird am besten erkannt, wenn es sich um einen nichttonalen Akkord innerhalb einer ansonsten vollständig tonalen Folge handelt (Tab. 2.2).

Tab. 2.2: Die Genauigkeit, mit der die Veränderung einer Akkordfolge entdeckt wird (Bharucha & Krumhansl, 1983).

	Originalsequenz	veränderte Sequenz	Genauigkeit[*]
1	alle Akkorde diatonisch	alle Akkorde diatonisch	.646
2	alle Akkorde diatonisch	Zielakkord nicht-diatonisch	.835
3	Zielakkord nicht-diatonisch	alle Akkorde diatonisch	.598
4	Zielakkord nicht-diatonisch	Zielakkord nicht diatonisch	.703
5	zufällige Akkorde	zufällige Akkorde	.630

[*] Felder unter ROC-Kurven, 0.5 bedeutet zufällig, 1.0 absolute Genauigkeit

Die Repräsentation der Beziehungen zwischen musikalischen Akkorden ist Gegenstand der Untersuchungsreihe von Krumhansl, Bharucha, Kessler und Castellano. In der ersten Arbeit (Krumhansl, Bharucha & Kessler, 1982) wird untersucht, wie gut ein bestimmter Akkord zu einer vorher gespielten Tonleiter paßt. Mit diesem Versuchsdesign soll festgestellt werden, ob die tonale Beziehung, die bei einzelnen Tönen gefunden werden konnte, auch bei Akkorden aufgebaut wird. Als Stimuli werden Akkorde verwendet, deren Teiltöne sich über den Bereich von 778 Hertz bis 2349 Hertz verteilen. Am oberen und unteren Ende des Frequenzbereich werden die Akkordtöne bis an die Grenze der Hörschwelle ausgeblendet, damit sich für die Versuchspersonen nicht die Vorstellung eines dominierenden höchsten Tones aufbauen kann. Die im Versuch verwendeten Akkorde bestehen aus allen in den Tonarten C-Dur, G-Dur und a-Moll möglichen Dreiklängen (s. Tab. 2.3). Vor der Präsentation eines Akkordes wird jeweils eine der

Tab. 2.3: Die im Experiment von Krumhansl, Bharucha & Kessler verwendeten Akkorde (1982, S. 26).

	Stufenbezeichnung in:		
Akkord	C-Dur	G-Dur	a-moll
C-dur	I	IV	
d-moll	II		IV
e-moll	III	VI	
F-dur	IV		VI
G-dur	V	I	
a-moll	VI	II	I
D-dur		V	
h-moll			III
E-Dur			V
verminderte Dreiklänge:			
auf H	VII		II
auf Fis		VII	
auf Gis			VII
übermäßiger Dreiklang:			
auf C			III

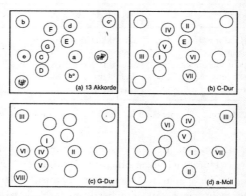

Abb. 2.15: Multidimensionale Skalierung der Ratings im Experiment von Krumhansl, Bharucha & Kessler (1982, S. 29). Die Dur-Akkorde sind mit großen Buchstaben, die Moll-Akkorde mit kleinen Buchstaben bezeichnet. Verminderte Akkorde sind b°, f#° und g#°, der Akkord C+ ist der übermäßige Akkord, der sich auf der dritten Stufe von a-Moll ergibt.

drei Tonarten gespielt. Die Frage an die Versuchspersonen lautet: Wie gut würde der Akkord die vorhergehende Tonleiter vervollständigen? Die Versuchspersonen gaben Rating von 1 ("follows poorly") bis 7 ("follows well"). Die räumliche Darstellung der Rating-Mittelwerte (hier mit dem Programm KYST von Kruskal und Mitarbeitern, siehe Kapitel 6) zeigt eine enge Beziehung zwischen den Akkorden jeder Tonart. Gleichzeitig liegen die

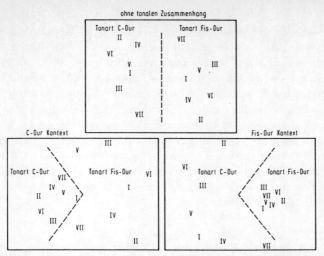

Abb. 2.16: Multidimensionale Skalierung der Ratings von je sieben Akkorden aus C-Dur und Fis-Dur, jeweils im Kontext einer Kadenz aus der angegebenen Tonart (Krumhansl, Bharucha & Castellano, 1982, S. 102).

Akkorde, die mehreren Tonarten gemeinsam waren, eng zusammen (s. Abb. 2.15).

In der zweiten Arbeit (Krumhansl, Bharucha & Castellano, 1982) wird der tonale Zusammenhang zwischen den Akkorden durch eine vorher gespielte Kadenz (hier die Folge von Subdominante – Dominante – Tonika; siehe dazu Kapitel 4) hergestellt. Nach einer Kadenz in C-Dur, G-Dur, A-Dur, H-Dur und Fis-Dur werden die Akkorde der beiden Tonarten C-Dur und Fis-Dur in derselben Weise wie im vorigen Experiment auf die Güte der Fortsetzung hin beurteilt. Die multidimensionale Skalierung (Programm MDSCAL, ebenfalls von Kruskal und Mitarbeitern) zeigt, daß die Akkorde einer Tonart enger zusammenrücken, wenn die jeweils zutreffende Kadenz vorher gespielt wird (C-Dur- und Fis-Dur-Kontext). Der G-Dur-Kontext bewirkt, daß die Akkorde der Tonart C-Dur enger zusammenrücken, und der H-Dur-Kontext, daß die Akkorde von Fis-Dur enger zusammenrücken. Das läßt sich daraus erklären, daß die meisten Akkorde von C-Dur auch in G-Dur enthalten sind – ebenso die meisten Akkorde von Fis-Dur auch in H-Dur. Erwartungsgemäß hatte der A-Dur Kontext (die A-Dur-Kadenz vor den Akkorden) denselben Einfluß, als ob die Akkorde von C- und Fis-Dur ohne Kontext beurteilt werden würden (s. Abb. 2.16): A-Dur liegt im Quintenzirkel (s. Kapitel 4) von den beiden Tonarten C- und Fis-Dur gleich weit entfernt.

Bharucha & Krumhansl (1983), die einen Teil dieses Experiments noch einmal beschreiben, ziehen eine Parallele zwischen der Verarbeitung von Akkordzusammenhängen und kognitiven Strukturen, die zur Verarbeitung von Sprache notwendig sind. Ton- und Akkordhierarchien und die Tonalität haben sich als kognitive Referenzpunkte (cognitive reference points) erwiesen. Bharucha & Krumhansl vermuten, daß diese Eigenschaften kognitiver Verarbeitung nicht spezifisch für eine einzige Domäne von kognitiven Stimuli sein können (ebda. S. 97). Obwohl in neuen Untersuchungen gezeigt werden konnte, daß es gewisse kulturübergreifende Parallelen gibt (s. Castellano, Bharucha & Krumhansl, 1984), sind sie skeptisch: "... there is little consensus concerning the universality of such patterns" (Bharucha & Krumhansl, 1983, S. 99).

Form-Aspekte:

Die psychische Realität der hierarchischen Strukturierung von Melodien in der westlich-europäischen Musikkultur wird von Sloboda & Gergory (1980) untersucht. Computer-generierte Melodien, die eine eindeutige Periodenteilung zeigen (s. die Teilung in zwei Phrasen in Abb. 2.17), werden an einer bestimmten Stelle mit einem Klick-Geräusch versehen. Nach dem Anhören der Melodie sollen geübte Versuchspersonen die genaue Stelle des Klicks in den Noten bezeichnen. Wenn das Klick-Geräusch ungefähr, aber nicht genau an der Stelle der Periodenteilung ist (z.B. auf Note 11 im 1. Beispiel der Abb. 2.17), dann ergibt sich die Tendenz, das Klick-Geräusch eine Note früher einzuzeichnen. Dieses Phänomen (click-migration) zeigt sich auch in der Untersuchung von Konstituentenbäumen von Sätzen (siehe Sloboda, 1985, S. 35 ff.), weshalb hieraus oft eine Bestätigung für musikalische Analysen nach Chomsky abgeleitet wurde (vgl. z.B. Stoffer, 1981, S. 295 ff.; Stoffer, 1985). Die Lokalisationshäufigkeit der Klicks, die bei Stoffer (1981) zwischen zwei Tönen zu hören sind, zeigt deutlich die Gliederung der Melodiephrasen in achttaktigen Perioden, Vorder- und Nachsatz und Untergliederung in Motive und Anschlußteile (Stoffer, 1981, S. 327 f.).

Abb. 2.17: Zwei Beispiele für die Stimulus-Melodien im Experiment von Sloboda & Gregory (1980).

Die Phrasengliederung der Musik kann auch in Experimenten zum Vom-Blatt-Lesen von Noten nachgewiesen werden. Sloboda (1977, zusammenfassend 1984) läßt Pianisten Musikstücke spielen, die ihnen bis zu dem Zeitpunkt nicht bekannt waren. An einem bestimmten Punkt werden die Noten entfernt und die Pianisten aufgefordert, solange weiterzuspielen, wie sie können. Es stellt sich heraus, daß insbesondere geübte Blatt-Spieler die unbekannten Musikstücke bereits bis ans Ende der nächsten Phrase oder Periode gelesen hatten. Es scheint hier eine Aufnahme in Sinneinheiten, in der Sprache "chunks" genannt, vorzuliegen.

2.6 Zusammenfassung und Ausblick

In diesem Kapitel wurde aufgezeigt, daß es viele Möglichkeiten gibt, Parallelen zwischen Musik und Sprache zu beschreiben. Abgesehen davon, daß Musik und Sprache beide akustische Erscheinungen sind, die sich auf den Ebenen Klang, Rhythmus, Tonhöhe und zeitlicher Gliederung beschreiben lassen, gibt es Erscheinungen im Bereich von Syntax, Grammatik/Musiktheorie und Semantik, die auf Parallelen zwischen Musik und Sprache hinweisen.

Als wichtig wurde die Unterscheidung zwischen objektiver und subjektiver Struktur angesehen: Die subjektive Struktur stellt die Widerspiegelung der gesellschaftlich bestimmten objektiven Struktur dar. Die subjektive Struktur entspricht der objektiven Struktur nicht immer. In bezug auf die Repräsentation musikalischer Strukturen wurden Vermutungen über das Ausmaß der Entsprechung angestellt und die Ergebnislage aus den vorliegenden empirischen Arbeiten referiert.

Der Nachweis der Übereinstimmung zwischen subjektiven und objektiven Strukturen in der Musik soll Gegenstand einer empirischen Untersuchung (s. Kapitel 5 ff.) sein. Wenn sich die Übereinstimmung nachweisen läßt, bleibt zu fragen, wieso Musikhörer subjektive Strukturen aufbauen, ohne daß der Aufbau dieser Strukturen augenscheinliche subjektive Valenz für das Individuum besitzt. Die Verarbeitung sprachlicher und musikalischer Stimuli könnte aufgrund vergleichbarer kognitiver Mechanismen vor sich gehen. Daraus ließe sich die Entwicklung isomorpher subjektiver Strukturen für die Verarbeitung von musikalischen Zusammenhängen erklären: Die Fähigkeit zur Verarbeitung solcher Zusammenhänge wurde für einen anderen Bereich erlernt, in dem hoher sozialisatorischer Druck subjektive Valenzen erzeugt.

Um die Parallelität zwischen Musik und Sprache genauer belegen und weiterverfolgen zu können, soll im Kapitel 3 ein allgemeines Modell menschlicher Informationsverarbeitung dargestellt werden, daß die Entwicklung analoger Verarbeitungsmechanismen für Sprache und Musik ermöglichen würde. Es handelt sich um ein Modell, in dem reale und potentielle Sachverhalte, ihre wechselseitigen Beziehungen und der zeitliche Ablauf ganzheitlich in Schemata repräsentiert sind. Im Kapitel 4 wird diese Theorie in Beziehung zur Harmonielehre der westlich-europäischen Musik genauer ausgeführt.

3. Kapitel:

MENSCHLICHE INFORMATIONSVERARBEITUNG EIN RAHMENMODELL

3.1 Der Schema-Begriff in der Kognitiven Psychologie

Zentral für Theorieentwicklungen in der Kognitiven Psychologie ist seit einigen Jahren der Begriff des *Schemas*. Nach den ersten Versuchen einer Verwendung des Begriffs bei Aufgaben, in denen Geschichten reproduziert werden sollten (Bartlett, 1932), war der theoretische Ansatz starker Kritik ausgesetzt, vor allem wegen der mangelnden Präzision des Konstrukts (Kintsch, 1982, S. 323). Spätestens in den sechziger Jahren erlebte der Begriff im Zuge der Forschung unter kognitivem Paradigma eine Renaissance. Die Organisation und Zusammenfassung größerer Datenmengen im Bereich menschlicher Informationsverarbeitung ist offensichtlich besser erklärbar, wenn die Existenz von Schemata angenommen werden kann. Das zeigt sich in Modellen zur künstlichen Intelligenz und in Gedächtnistheorien der Kognitiven Psychologie. Unabhängig voneinander arbeiten jedoch die verschiedensten Bereichen der Psychologie mit dem Begriff: Man spricht von Wahrnehmungsschemata (Neisser, 1979), Assimilationsschemata (Piaget, 1936/1969), Gedächtnisschemata (Kintsch, 1977/1982), Schemata für Geschichten (im Überblick Horton & Mills, 1984, S. 384 ff.), Problemlösevorgänge (Lewis & Anderson, 1985) und logisches Denken (Chang & Holoyak, 1985), Verhaltensschemata (Schank & Abelson, 1972), Bewegungsschemata und motorischen Schemata (Schmidt, 1982), Handlungsschemata (Aebli, 1980) u.a.m.

Auch in der Musik lassen sich Schemata als Beschreibungskonstrukte einsetzen. Geigensonaten, Oratorien wie auch andere Musikstücke stellen Wahrnehmungsdaten dar, die hierarchisch organisiert und strukturiert sind: sie bilden ein Schema. In diesem Kapitel soll die Grundlage für eine differenzierte Theorie gelegt werden, innerhalb der man Musikstücke mittels Schemata und Propositionen (siehe dazu später) beschreiben kann. Da es hierzu bisher keine Literatur gibt, soll die Einführung der Theorie in bezug auf die Musik in einem gesonderten Kapitel erfolgen (siehe Kapitel 4). Das vorliegende Kapitel behandelt in erster Linie psychologische Arbeiten zu Schema und Proposition, so daß ein damit erfahrener Leser weite Abschnitte überspringen kann. Wesentlich bleiben jedoch die Abschnitte 3.4 bis 3.6.

Ursprünglich waren Schemata ausschließlich *handlungsorientiert* formuliert: Bartlett (1932) definiert ein Schema als Gedächtniseinheit, die sich aus vergangenen Reaktionen oder Erfahrungen aufgebaut hat und die Grundlage für Handlungen darstellt. Piaget sieht die Aufgabe und Funktion von Schemata handlungsorientiert bei der Wahrnehmung der Umwelt (Piaget & Inhelder, 1948; Piaget, Inhelder & Szeminska, 1971) bzw. bei der Assimilation von neuen Informationen (Piaget, 1936/1969). Aebli (1980) spricht von erlernten Handlungsschemata, die auf Situationen und Gegenstände angewandt werden können und den in die Schemata eingesetzten Gegenständen Rollen zuteilen.

Die Definition von Neisser (1976/1979) scheint auf den ersten Blick auf die Wahrnehmung bezogen zu sein. "Das Schema nimmt Informationen auf, wenn sie bei den Sinnesorganen verfügbar wird, und es wird durch diese Informationen verändert." (Neisser, 1979, S. 50). Schemata beinhalten jedoch nicht nur die Daten und bieten das Format für die Speicherung dieser Daten, wie man aus der Computertechnologie heraus argumentieren würde, sondern fungieren gleichzeitig auch als Plan für die weitere Erkundung der Umwelt. Für Neisser ist Wahrnehmen ebenso wie für Gibson (1979/1982) zielgerichtetes Handeln mit dem Zweck, Informationen über einen bestimmten Bereich zu erhalten.

Gibson (1979/1982) versuchte bekanntlich in seiner handlungsorientierten Wahrnehmungspsychologie vollständig ohne die Annahme eines Gedächtnissystems – also auch ohne organisierende Schemata – auszukommen. Die *Extraktionstheorie der Information* braucht seiner Ansicht nach keinen Rückgriff auf das Gedächtnis, weil alleine der momentane, sich durch jede Umwelterfahrung wandelnde Zustand des Wahrnehmungssystems für das handelnde Subjekt ausreichend Informationen bietet (s. z.B. Gibson, 1982, S. 274 f.). So faszinierend dieser Gedanke ist, dieses Modell genügt nicht, um das Denken des Menschen zu erklären. Für die Existenz des Menschen ist nicht ausreichend, lediglich über den Momentzustand in räumlich-zeitlicher Hinsicht orientiert zu sein. Das Wissen um Vergangenes, Hypothesen über Zukünftiges, Absichten und langfristige Ziele erfordern große Speicherkapazitäten, die nicht alleine aus dem Momentanzustand des Wahrnehmungssystems und aus Vergleichsprozessen erklärbar werden. Zum anderen lassen sich verschiedene Formen des Lernens und des Vergessens beschreiben, die schon bei der Wahrnehmung die Annahme einer Verarbeitung und Zwischenspeicherung über mehrere Systeme erforderlich machen (s. dazu Kintsch, 1977/1982). Marr (1982, S. 29 f.) kritisierte Gibsons Theorie zur visuellen Wahrnehmung: Das Problem habe Gibson zwar erkannt, die Komplexität der Informationsverarbeitung habe er jedoch ernsthaft unterschätzt.

Oft wird der Schema-Begriff nur für die Repräsentation von Informationen im Gedächtnis benutzt. Frey (1983, S. 54) führt als sozialpsychologisch besonders relevanten Typus von Schemata solche an, die sich auf die "sequentielle Abfolge bestimmter Situationen oder Settings" beziehen. Ballstaedt u.a. (1981, S. 27) definieren: "Ein Schema ist ein ausgrenzbares konzeptuelles *Teilsystem* im Netzwerk, in dem aufgrund von Erfahrungen typische Zusammenhänge eines Realitätsbereichs repräsentiert sind." Größtmögliche Begrenzung erfährt der Schema-Begriff, wenn lediglich Schematisierung, Einengung oder Stereotypisierung gemeint ist (s. dazu Frey, 1983, S. 54 f.). Der umgangssprachliche Gebrauch im Alltag (etwas in ein Schema pressen) entspricht nicht dem Gebrauch in psychologischen Theorien, muß jedoch zur Vermeidung möglicher Mißverständnisse erwähnt werden (s.a. Ballstaedt u.a., 1981, S. 29 f.).

Zwei weitere Begriffe sind im Zusammenhang mit Schematheorien wichtig: Rahmen (frames; Minsky, 1975) und Skripts (Schank & Abelson, 1972). Beide Konzepte sind Bezeichnungen für Repräsentationen von Handlungswissen und Ereignisfolgen. Kintsch hält diese Begriffe für synonym mit dem Begriff Schema (1982, S. 323). Nach Ballstaedt u.a. (1981, S. 28) sind die Begriffe lediglich verwandt: Skripts und frames sind nach Ballstaedt u.a. Bezeichnungen für sehr komplexe Schemata. Klix entwickelt diese Konzepte weiter zum Begriff der *Geschehenstypen*, die häufig wiederkehrende Ereignisse des täglichen Lebens repräsentieren (Hoffmann, 1986; s. Klix, 1984 zur Kritik von Schema, frame bzw. script).

Auch heute ist der Schema-Begriff der Kritik ausgesetzt. Abgesehen von den Mißdeutungen, die sich aus dem alltagssprachlichen Gebrauch ergeben können, scheint der Begriff immer noch nicht genau genug definiert zu sein.

Zum einen wird beklagt, daß die Gefahr bestünde, flexible Gedächtnisorganisationen starr und statisch zu sehen. Zum anderen befürchten Autoren, daß der Schema-Begriff sich zum "deus ex machina" der Kognitiven Psychologie entwickelt: "Das Schema beinhaltet viel und kann viel" (Ballstaedt u.a., 1981, S. 30). Dieser Umstand wird als begriffliche Schwäche angesehen (Fiske & Linville, 1980). Leontjew (1982, S.222) bemängelt, daß durch die Einführung des Schema-Begriffs mit der Konkretheit des Menschen bricht.

Ein weiterer Kritikpunkt ist der Vorwurf des Rückfalls in den Assoziationismus: Die notwendigerweise zu postulierenden und auch nachweisbaren assoziativen Verknüpfungen innerhalb des Netzwerks der Wissensschemata sind jedoch nicht mehr mit klassischem Assoziationismus und erlernten Reaktionswahrscheinlichkeiten im Sinne von Markoff-Ketten erklärbar: Schemata repräsentieren Umweltinformationen (siehe dazu auch Abschnitt 3.2) und sind in ihrer Struktur aus Handlungen abgeleitet (s. Aebli, 1981; s.a. Strube, 1984, S. 271 ff.).

Der Schema-Begriff ist eng verbunden mit dem Begriff des *Netzwerks*: Verbindungen von mehreren Schemata werden als Netzwerke angesehen; große Schemata bilden Netzwerke von hierarchisch untergeordneten Schemata. Eine aufsehenerregende Kritik an Netzwerk-Theorien erschien 1984 (Johnson-Laird u.a., 1984). Problematisch erschien den Autoren, daß sich alle Netzwerktheorien lediglich mit den Verbindungen zwischen Konzepten beschäftigen und die Verbindungen zur realen Welt vernachlässigen. "The meaning of words can only be properly connected to each other if they are properly connected to the world" (Johnson-Laird u.a., 1984, S. 313). Eine

Lösung des Problems schien den Autoren möglich. Die Lösung würde ihrer Ansicht nach aber in Struktur und Funktion von gegenwärtigen Netzwerktheorien deutlich unterschiedlich sein müssen.

3.2 Schemata und Propositionen als Bezeichnungen für die Repräsentation von Sachverhalten

Die folgende Definition soll als Grundlage für weitere Erörterungen dienen:
"*Das Schema ist die Bezeichnung für den strukturierten Zusammenhang von Sachverhalten, die im menschlichen Informationsverarbeitungssystem repräsentiert sind.*"

Aus dieser Definition ergibt sich die Notwendigkeit, die folgenden Punkte genauer auszuführen:
(1) Was ist unter der "Repräsentation von Sachverhalten" zu verstehen?
(2) Was ist unter "strukturiertem Zusammenhang" zu verstehen?

(1) Repräsentation von Sachverhalten
Sachverhalte sind Ausschnitte aus der Welt, in der ein Individuum lebt. Die Konfrontation des Individuums mit den Sachverhalten der realen Welt führt zu Veränderungen im Wahrnehmungsapparat und den weiterverarbeitenden neuronalen Bahnen: Das Individuum leitet aus der Realität Informationen ab. In bestimmbaren Bereichen des Gehirns werden die Auswirkungen der Aufnahme von Informationen (neuronale Impulse) mehr oder weniger dauerhaft niedergelegt, so daß sie unter bestimmten Umständen wieder abgerufen werden können (s. Abb. 3.1). Diese Ablage von Informationen über Sachverhalte, die in ihrer neuronalen Wirkungsweise bisher nicht geklärt ist, soll *"Repräsentation von Sachverhalten"* genannt werden.

Abb. 3.1: Transformation physikalischer Informationen und ihre Repräsentation.

Je nachdem, ob die Sachverhalte direkt aus der realen Welt ableitbar sind oder in der Vorstellung des Individuums simuliert werden, kann man von realen Sachverhalten oder potentiellen Sachverhalten sprechen (real vs. potential reality; vgl. Pekrun, 1984, S. 8). Auch Informationen über potentielle Sachverhalte werden in Schemata repräsentiert.

Kapitel 3

Thema dieser Arbeit sind bestimmte *akustische Sachverhalte*: Musik und Sprache. Wenn Musik oder Sprache physikalisch erklingen – also wenn musiziert oder gesprochen wird, so handelt es sich um reale Sachverhalte. Als potentiellen Sachverhalt muß man ansehen, wenn Musik lediglich in der Vorstellung existiert (Erinnerung an ein Konzert, aber auch vorgestellte Musik beim Lesen einer Partitur). Potentielle Sachverhalte in der Sprache sind z.B. Vorstellungen von gesprochenen Sätzen. Sie sind nicht eindeutig zu trennen von allgemeinen Denkvorgängen, sollen aber auch nicht mit dem Denken grundsätzlich gleichgesetzt werden (im Sinne von Vygotsky, 1964, der das Denken überhaupt als eine Art innere Sprache ansieht).

Reale wie potentielle Sachverhalte sind in mehreren Bereichen des Gehirns repräsentiert: Im Verlauf des Verarbeitungsprozesses von der Rezeption physikalischer Reize bis zur Projektion der Nervenimpulse sind mindestens drei Formen der Repräsentation zu unterscheiden, die in unterschiedlichen physiologischen Bereichen (unterschiedlichen Verarbeitungsebenen) Arbeitskopien der aus der Umwelt aufgenommenen Informationen darstellen: sensorischer Speicher, Kurzzeitgedächtnis und Langzeitgedächtnis.

Die Beziehung der Repräsentationen von Sachverhalten zur realen Welt ergibt sich aus dem Vorgang der Aufnahme von Informationen und ihrer Validierung an der Umwelt. Die Aufnahme von Informationen aus der Umwelt ist nicht nur bestimmt von der Umsetzung von physikalischen Reizen in neuronale Impulse. Das Individuum wählt Informationen der Umwelt aktiv aus, indem es z.B. beim Sehen oder Hören den Kopf wendet oder seinen Standort verändert. Die Informationsaufnahme ist eine Handlung des Individuums, in der Invarianzen der Umwelt extrahiert werden (Gibson, 1979/1982). Dabei greifen neuronale Verarbeitung und psychologische Mechanismen ineinander.

Die Repräsentation von Sachverhalten im Gedächtnis entspricht den in der realen Welt angebotenen Informationen nicht notwendigerweise eindeutig. Informationsextraktion ist eine "subjektivierende" (Boesch, 1980; Oerter, 1983) Handlung des Individuums, in der die Umweltinformationen aufgrund der bisherigen Erfahrungen aufgenommen und in bestehende Gedächtnisstrukturen integriert werden. Unter *Subjektivierung* soll hier eine Form des Gegenstandsbezugs gemeint sein, die den für ein Individuum wichtigen funktionalen Aspekt betont: Subjektivierung ist der Prozeß, "der eine Umformung des kulturell gültigen Handlungsstruktur in eine subjektiv mögliche und vorteilhafte Handlungsstruktur bewerkstelligt" (Oerter, 1983, S. 292). Je nach dem Vorwissen (bei der Textverarbeitung s. Groeben, 1982, S. 49 f.), den Einstellungen (z.B. Attributionen, s. Heckhausen, 1980, S. 552 f.), der Motivation (s. Kuhl, 1983) oder der Emotionen (Bower,

1981; Pekrun, 1988) des Individuums werden die eingehenden Informationen in unterschiedlicher Weise repräsentiert.

Die repräsentierten Informationen werden in Handlungen des Individuums an der gesellschaftlichen Realität gemessen und validiert. Im Fall nicht eindeutig repräsentierter, subjektivierter Informationen treten die Gedächtnisinhalte in Widerspruch zur Realität und führen in einem erneuten Lernvorgang "objektivierend" zu neuen Strukturen. Der Prozeß der *Objektivierung* ermöglicht eine "Übereinstimmung der subjektiven Handlungsstrukturen mit der von der Kultur definierten Handlungsstruktur" (Oerter, 1983, S. 291). Unterschiede im Informationsverarbeitungsprozeß sollen nicht als "Fehler" angesehen werden (vgl. auch Schroder, Driver & Streufert, 1975, S. 16): Subjektivierende Prozesse treten im Verlauf der Entwicklung komplexer Denkstrukturen zwangsläufig auf und haben große Bedeutung in der Wahrnehmung der Realität (vgl. dazu Boesch, 1980, S. 70 f.). Subjektivierende und objektivierende Prozesse sind gegenläufig, haben jedoch im dialektischen Sinn eine sich ergänzende, komplementäre Funktion. "Die Objektivierung ... steht im Dienste der Handlungsorientierung und Handlungskonsistenz, die Subjektivierung steht im Dienste der Handlungsaktivierung" (Boesch, 1980, S. 74). Der Prozeß der Objektivierung ist mit dem Begriff der *Akkomodation* von Piaget (z.B. 1947, 1976) eng verbunden (s. Oerter, 1978 und 1983).

(2) Struktureller Zusammenhang zwischen Sachverhalten

Objekte und Geschehnisse in der realen und der vorgestellten Welt stehen nicht unverbunden nebeneinander. Es bestehen Beziehungen und es werden Beziehungen wahrgenommen. Die realen und potentiellen Sachverhalte sind also nicht nur Tupel von n Elementen, sondern sind durch definierbare Relationen miteinander verbunden. Ebenso sind die Repräsentation der Sachverhalte, also das Wissen von der Welt, nicht Ansammlungen von getrennten Schemata, sondern ein vernetztes System (Schank, 1982). Um die Relationen zwischen Sachverhalten und zwischen den Repräsentationen von Sachverhalten ausdrücken zu können, soll auf den Begriff der *Proposition* zurückgegriffen werden.

Eine *Proposition* ist ein Ausdruck, der aus einem oder mehreren Argumenten und einem relationalen Ausdruck (Relationskonzept) besteht.

$$R(A_1, A_2 ... A_n)$$

Die Argumentstellen werden durch "geordnete Merkmalsbündel" (Lewandowski, 1975, S. 525) besetzt. Der relationale Ausdruck, das Relationskonzept bestimmt die Beziehung zwischen den Argumenten.

Oft wird der Begriff der Proposition nur im Zusammenhang mit der Aussagenlogik in der Philosophie gesehen. Die Aussagenlogik ist jedoch nur ein Spezialfall der propositionalen Darstellung von Aussagen, nämlich der Fall, daß die Relation zwischen den Argumenten durch einen logischen Ausdruck definiert wird.

In der Psycholinguistik werden Propositionen verwendet, um den logisch-semantischen Gehalt von Sätzen auszudrücken. Die Satzbedeutung kann in Propositionen formalhaft zusammengefaßt werden (Turner & Greene, 1977; s.a. später). In den letzten Jahren wurde der Begriff auf die Gedächtnispsychologie (vgl. z.B. Norman & Rumelhart, 1975/1978; Kintsch, 1977/1982), auf die Handlungspsychologie (vgl. Aebli, 1980, 1981) und allgemein auf logisches Denken übertragen (z.B. Chang & Holoyak, 1985, S. 396 f.; Kleitner, 1986). In den siebziger Jahren gab es sogar verschiedentlich Ansätze, ganze Texte mittels Propositionslisten zu beschreiben. Zu diesem Zweck wurden von verschiedenen Autoren eine Systematik der Propositionen entworfen (vgl. im Überblick Ballstaedt u.a., 1981, S. 30 ff.; Groeben, 1982, S. 40 ff.). Aus dieser Forschungsperspektive entstanden endlose, unübersichtliche Propositionslisten, von den zu Recht behauptet wurde, daß man damit in der Erforschung der Repräsentation von Wissen im Gedächtnis nicht weiterkommen würde.

Der Begriff der Proposition muß sich jedoch nicht auf aussagenartige Beziehungen beschränken. Propositionen können allgemein inhaltliche Beziehungen ausdrücken (Just & Carpenter, 1987) und sind nicht an die Symbolik der Sprache gebunden. Es liegt nahe, auch die Beziehungen zwischen realen und potentiellen Sachverhalten und die Beziehungen zwischen Repräsentationen der Sachverhalte mit Propositionen zu beschreiben. Die Argumente der Propositionen sind jetzt nicht mehr nur reale oder potentielle Sachverhalte, sondern auch Schemata, die Informationen über eben diese Sachverhalte repräsentieren.

Diese Listen von Propositionen entsprechen sicherlich nicht der Informationsrepräsentation im Gehirn. Das Konstrukt einer Proposition eignet sich jedoch gut zur formalen und verbalen Beschreibung von Beziehungen zwischen Informationen. Isomorphie (vgl. z.B. Oerter, 1982) oder zumindest Paramorphie zwischen den Propositionen als Beschreibung des strukturellen Zusammenhangs von Sachverhalten und den Propositionen als Beschreibung des Zusammenhangs zwischen Schemata bilden somit ein Postulat an Theorien über menschliche Informationsverarbeitung.

Drei Arten der Darstellung von Propositionen können unterschieden werden (vgl. Abb. 3.2): (a) eine verbale Art der Darstellung, in der ein Relationsausdruck am Beginn der Darstellung steht, gefolgt von einer Klammer mit den Argumenten (von Autor zu Autor sind geringfügige Unterschiede in der Syntax festzustellen (s. Kintsch, 1977/1982; Aebli, 1980, 1981);

(b) eine graphische Darstellung, entwickelt von der Forschergruppe um Lindsay, Norman und Rumelhart (sog. LNR-Gruppe; s. Norman & Rumelhart, 1975/1978); (c) eine weitere Darstellungsmöglichkeit von Anderson & Bower (1973). Während die ersten beiden Ansätze von einem kognitiven Paradigma ausgehen, sind Anderson und Bower eher assoziationistisch orientiert. Auf den Begriff der Proposition im Bereich musikalischer Stimuli wird im Kapitel 4 näher eingegangen. Dabei werden zwei Darstellungsformen verwendet werden: die Darstellung von Aebli für verbale Beschreibungen und von Norman & Rumelhart für graphische Darstellungen von harmonischen Zusammenhängen.

(a)   schlagen (JOHN, GEORGE)

(b)   (schlagen, GEORGE, JOHN)

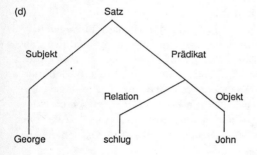

Abb. 3.2: Propositionale Darstellung der Aussage "George schlug John": (a) Aebli (1981), (b) Kintsch (1974), (c) Norman & Rumelhart (1975), (d) Anderson & Bower (1973).

Ebenso wie bei der Beziehung zwischen Sachverhalten und Repräsentation von Sachverhalten gilt es zu beachten, daß Propositionen der realen Welt nicht notwendigerweise eindeutig repräsentiert sein müssen: Subjektivierende Aneignung (Oerter, 1985) von Umweltinformationen kann dazu führen, daß zwischen Gegenständen oder Ereignissen Beziehungen repräsentiert werden, die in der realen Welt nicht anzutreffen sind. Bei der Validierung der repräsentierten Informationen und ihren propositionalen Beziehungen in einer Handlung in der realen Welt können objektivierende Prozesse in Gang gesetzt werden, die zur Bildung veränderter Strukturen führen (s.o.).

Schemata sind Repräsentationen eines zusammenhängenden Bereichs von realen oder potentiellen Sachverhalten: Die Repräsentationen formen eine Netz, in dem sich ein bestimmter Umweltbereich abbildet. Schemata als psychologisches Konstrukt bilden physikalische Gegebenheiten ab, sie sind aber keine Informationen an sich. Ein Schema als Organisation von Informationen wird also wiederum dargestellt durch weitere Struktur, im Fall menschlicher Informationsverarbeitung einer Struktur auf der physiologischen Ebene. Darauf muß an dieser Stelle nachdrücklich hingewiesen werden, da es leicht zu einer Verwechslung der Repräsentationsebenen kommen kann. In Abbildung 3.3 ist dies noch einmal verdeutlicht: Sachverhalte als physikalisch existente Informationen werden in neuronale Informationen umgewandelt. Die Sachverhalte und ihre strukturellen Zusammenhänge werden durch das psychologische Konstrukt *Schema* organisiert und repräsentiert. Die Schemata als Organisation von psychologischen Informationen sind jedoch nur aufgrund einer physiologischen Struktur möglich: Die Schemata werden auf der physiologischen Ebene von Neuronengruppen dargestellt, repräsentiert.

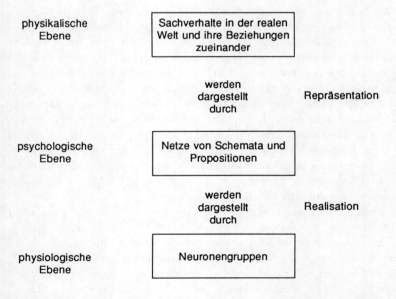

Abb. 3.3: Ebenen der Informationsverarbeitung – die Beziehung zwischen Repräsentation von Schemata und Realisation von Sachverhalten.

Um Verwechslungen der Ebenen zu vermeiden, soll folgende Sprachregelung für die weiteren Erörterungen eingeführt werden: Die Darstellung von Informationen aus der physikalischen Ebene in der psychologischen Ebene, also die Darstellung von Sachverhalten durch Schemata soll weiterhin *Repräsentation* genannt werden. Die Darstellung von psychologischen Informationseinheiten (Schemata) auf physiologischer Ebene soll *Realisation* genannt werden (s. Abb. 3.3).

In der Analogie von menschlicher Informationsverarbeitung auf die Verarbeitung von Informationen durch einen Computer kann dies verdeutlicht werden (s.a. Abschnitt 3.3). Wenn eine Reihe von wissenschaftlichen Veröffentlichungen auf dem Schreibtisch stehen und die Titel mittels eines geeigneten Programms in den Computer eingegeben werden, so werden die physikalischen Sachverhalte in einer Art dargestellt, die der Informationsverarbeitung des Computer adäquat ist: Eine Literaturliste wird erstellt. Dieser Vorgang entspräche der *Repräsentation* von Sachverhalten durch Schemata. Auf der Diskette wird die Literaturliste in hexadezimalen Zahlen, realisiert durch jeweils acht Bits, gespeichert: Die gespeicherten Bytes sind nicht identisch mit der Literaturliste, sondern eine *Realisation* der Literaturliste. Zwischen den real auf dem Schreibtisch liegenden wissenschaftlichen Veröffentlichungen und den gespeicherten Bytes besteht eine analoge Beziehung wie zwischen den Sachverhalten der realen Umwelt und neuronalen Mustern, die das Schema konstituieren.

Ausgehend von MacKay (1982, 1986) kann man von drei Bereichen sprechen, in denen Informationsrepräsentationen in Form von Schemata gespeichert werden. Im Bereich der Wahrnehmung (sensory analysis nodes, MacKay, 1982) gibt es visuelle, akustische, taktile Schemata, die eine Rolle bei der Aufnahme von Informationen aus der Umwelt spielen. Im Bereich kognitiver Weiterverarbeitung (mental nodes, ebda.) spricht man von Denk-, Problemlösungs-, Verhaltens- und Wissensschemata und im Bereich der Bewegungsausführung (motor nodes, ebda.) von motorischen Schemata oder Bewegungsschemata. Die Gesamtheit aller verfügbaren Schemata eines Individuums bilden das Wissen dieses Individuums. Nicht endgültig geklärt ist in der Kognitiven Forschung bisher die Zuordnung von Emotion und Motivation: Ein Erwartungs-Wert-theoretisches Modell zur Erklärung der Beziehung von Emotion, Motivation und Kognition, das mit der später ausgeführten Vorstellung von verschiedenen Ebenen der Informationsverarbeitung in Einklang stehen könnte (s.u. in Abschnitt 3.7, Abb. 3.10 und Tab. 3.1), hat jedoch kürzlich Pekrun (1988) vorgestellt.

Im Gegensatz zu Aussagen von Neisser (1976/1979, S. 50 f.) "können" Schemata nichts: Sie können nicht "wahrnehmen", "ordnen" oder "speichern". Solche Aussagen verführen zwangsläufig dazu, das Schema als "homunculus" im Bereich der Informationsverarbeitung einzuführen. Dem Schema eine Tätigkeit zuzuschreiben, widerspricht der Modellvorstellung von einer hypothetischen Struktur von repräsentierten Sachverhalten. Das Schema ist eine Einheit, die innerhalb einer umfassenden Theorie von der Funktion kognitiver Informationsverarbeitung eine wesentliche Rolle spielt.

Prinzipiell kann man aber wahrscheinlich keiner Instanz im Gehirn eine Auslöserfunktion im Sinne einer Tätigkeitsinitiation zuschreiben. Auf eine mögliche Interpretation von Funktionszusammenhängen wird in Abschnitt 3.6 eingegangen.

Die Zusammenhänge innerhalb von Schemata sind propositionaler Art. Solche Propositionen können z.B. Ordnungsrelationen zwischen Wissensinhalten sein (Kategorienbildung, Collins & Quillian, 1969), Beziehungen zwischen Aussagen (Norman & Rumelhart, 1975/1978) oder Handlungen (Aebli 1981) bis hin zu reinen Ähnlichkeits-/Nähe-Beziehungen von Begriffen (Wortfeldanalysen: Marx, 1984; Strube, 1984).

Auch die Zusammenhänge zwischen Schemata sind propositionaler Art. Propositionen sind nicht nur zur Beschreibung kleinster Einheiten zu verwenden, wie z.B. Anderson (1984, S. 124) behauptet. Schon die hierarchische Ordnung zwischen Schemata wie z.B. die Ordnung unter Oberbegriffe ist als Proposition darstellbar:

ist ein (Elefant, Säugetier)

Die Proposition hat die Argumente "Elefant" und "Säugetier", die Relation zwischen diesen Argumente besteht aus dem Ausdruck "ist ein" (engl. "is a"; Beispiel aus Aebli, 1980, S. 118).

Manche Begriffe haben Prozeßcharakter, so daß sie für Handlungen bzw. Handlungsschemata stehen (Seiler & Wannenmacher, 1987, S.470). Auch Handlungsschemata stehen in Beziehungen zueinander, die sich durch Propositionen beschreiben lassen:

ist notwendige Voraussetzung (Geld verdienen, Einkaufen)

Das Schema, das aus den Informationsrepräsentationen über den Arbeitsalltag gebildet wird (es beinhaltet z.B. Informationen über das Verdienen von Geld), steht mit dem Schema "Einkaufen" in Beziehung, weil das eine notwendig ist, um das andere tun zu können. Zusammenhänge bestehen auch, weil die Schemata häufig überlappend Informationsrepräsentationen organisieren. Das Restaurantschema (vgl. Schank & Abelson, 1972) z.B. ist üblicherweise dem Bereich der Strukturierung von Freizeitinformationen zuzuordnen. Bei manchen Menschen ist es gleichzeitig Teil des Arbeitsschemas:

ist Teil von (Verhalten im Restaurant, Arbeitsleben)

Bei Geschäftsleuten hat das Restaurantschema (u.a. Verhalten im Restaurant) Bedeutung in bezug auf Arbeitsessen. Insbesondere bei einem Kellner ist das Restaurantschema *gleichzeitig* Freizeit- und Arbeitsschema.

Manche Autoren unterscheiden zwischen Makro- und Mikropropositionen (z.B. Ballstaedt u.a., 1981; Kintsch, 1982). Eine solche Unterscheidung ist jedoch rein verbaler Natur. Inhaltlich ist nicht zu begründen, wann oder ab welcher Größe eine Proposition Mikro- oder Makroproposition genannt werden soll (s. Kapitel 4). Unverkennbar wichtig ist die Hierarchie von Propositionen, die sich jedoch, wie man sieht, je nach Kontext verändern kann.

Die Flexibilität der menschlichen Informationsverarbeitung läßt sich aus der hohen Vernetztheit der Wissensstrukturen erklären. Kleinste Informationseinheiten stehen in propositionaler Beziehung zueinander. Größere Einheiten verbinden sich zu Netzen von Propositionen. Diese Netze stellen in anderen Verarbeitungszusammenhängen Schemata dar, die sich wieder in propositionalen Beziehungen zueinander befinden. Zu klären wäre die Frage, ob die strukturellen Verbindungen kontinuierlich repräsentiert sind, oder ob sie im Verlauf eines kognitiven Verarbeitungsprozesses jeweils den Umständen entsprechend hergestellt werden. Dieses Problem ließe sich mit einem holographischen Modell der Schema-Realisation lösen und soll später näher erklärt werden (s. Abschnitt 3.6).

3.3 Grundlegende Fragen zum Entwurf eines Rahmenmodells menschlicher Informationsverarbeitung

Eine kognitive Theorie zur Verarbeitung visueller Reize hat Marr (1982) entworfen. Seiner Ansicht nach muß der Prozeß der Informationsverarbeitung auf drei Ebenen verstanden worden sein, bevor ein Modell zur Informationsverarbeitung entworfen werden kann. Marr nennt die drei Ebenen (1) computational theory, (2) representation and algorithm und (3) hardware implementation (Marr, 1982, S. 25 ff.).

"Computation" heißt übersetzt "Berechnung". In der artificial-intelligence-Forschung (AI) wird unter Computation jedoch verstanden, daß Prozesse der realen Welt übersetzt werden in Computer-angemessene Prozeduren (zur AI siehe z.B. Anderson, 1983; Winston, 1984; Charniak & Dermott, 1985). Dahinter steckte früher die grundsätzliche Anschauung, daß alle menschlichen Informationsverarbeitungsprozesse sich in Prozeduren ausdrücken lassen (vgl. Johnson-Laird, 1983, S. 12 ff.), die im Prinzip von Computern simulierbar sind. Die zeitweilige Gleichsetzung von Computer und menschlichem Gehirn in der frühen Zeit der AI-Forschung machte in den letzten Jahren dem Ansatz eines System-orientierten Erklärungsmodells Platz (Weinert & Strube, 1986). "It seems necessary to postulate a computational level of processing to explain and predict perception and action" (Massaro, 1986, S. 90). "This level of description can contribute to our understanding independently of descriptions achieved at the level of neurophysiology and phenomenology" (ebda., S. 73).

Die Forderung nach "computational models" (s.a. Johnson-Laird, 1983) setzt hohe Ansprüche an Theorien zur menschlichen Informationsverarbeitung und trägt System-orientierten Erklärungsansätzen menschlicher Informationsverarbeitung Rechnung (Gentner & Grudin, 1985). Deshalb soll im einzelnen auf die Postulate von Marr eingegangen werden.

(1) Computational theory:

"What is the goal of the computation, why is it appropriate, and what is the logic of the strategy by which it can be carried out" (Marr, 1982, S. 25 ff.). Was ist das Ziel der der "computation"? Um welchen Gegenstandsbereich handelt es sich, welche Informationen werden verarbeitet, welche Beziehungen müssen beschrieben werden? – Das Ziel der Theoriebildung ist die Klärung der Frage, wie Umweltinformationen vom Menschen aufgenommen und verarbeitet werden und wie daraus wiederum Verhalten entstehen kann. Es wurde bereits gesagt, daß Umweltinformationen nicht nur aus realen Sachverhalten, sondern auch aus potentiellen Sachverhalten, gewissermaßen "simulierter realer Welt" extrahiert werden können.

(2) Representation and algorithm:

"How can the computational theory be implemented? In particular, what is the representation for the input and output, and what is the algorithm for the transformation" (a.a.O.). Dieser Abschnitt ist wesentlicher Teil *psychologischer* Theoriebildung, obwohl ein Teil von Repräsentation und Algorithmus in *physiologischen* Theorien der neuronalen Verarbeitung beschrieben wird. Die psychologische Repräsentation von Daten und ihren Zusammenhängen kann man zum Ausgangspunkt nehmen, um den Vorgang der Repräsentation und der Transformation von Daten zu erklären. Das Modell muß in der Lage sein, sowohl die Speicherung als auch den Abruf von Informationen zu erklären. Dazu gehört nicht nur eine statische Beschreibung eines Gedächtnis-"Zustands", sondern auch die Beschreibung von Veränderungen, also der Funktionsweise: Wie werden neue Informationen ausgenommen, wie interagieren diese Informationen mit bereits gespeicherten Gedächtnisinhalten (Krohne & Laucht, 1978, S. 193 f. unterschieden eine Aufnahmekomponente von einer Organisationskomponente), wie wird die Ausgabe von Informationen generiert (Tätigkeiten, Handlungen wie Sprechen oder Verhalten). Einer Theorie zur Informationsrepräsentation muß also auch eine Rahmentheorie für Wahrnehmung und Verhalten beinhalten.

(3) Hardware implementation:
"How can the representation and algorithm be realized physically?" (Marr, 1982, S. 25 f.) Hier handelt es sich um den Bezug zwischen den hypothetischen Konstrukten von Schemata und Propositionen und dem Nervensystem. Wo kann das Schema physikalisch angesiedelt werden? Welche physiologische Struktur hat es? Was bedeutet der Begriff Proposition in diesem Zusammenhang? Wie funktioniert alles? Obwohl die Erkenntnisse über die Beziehung zwischen physiologischen und psychologischen Vorgängen noch nicht sehr umfangreich sind, soll hier aus dem Modell zur Repräsentation ein Erklärungsversuch abgeleitet werden.

Der Gegenstandsbereich, die zu verarbeitenden Informationen (reale und potentielle Sachverhalte) und die Frage der Beziehungen zwischen diesen Informationen wurden bereits in den Abschnitten 1 und 2 dieses Kapitels behandelt. Auf weitere Aspekte der "computational theory" (1) soll deshalb nicht eingegangen werden. Inhalt der nächsten Abschnitte wird die Frage nach Algorithmus und Form der Repräsentation von Sachverhalten (2) sein. Die Grundidee der Ausführungen ist, daß alles, was mit der Funktionsweise des Gehirns zusammenhängt, auf mentalen Modellen (Johnson-Laird, 1983) beruht.

Dabei wird auch auf die Beziehung zwischen Repräsentation und Hardware (3), also die Beziehung zwischen Wissen und neurophysiologische Gegebenheiten des Gehirns eingegangen. Zur Verdeutlichung werden gelegentlich Vergleiche zwischen Gehirn und Computer gezogen. Im Sinne von Leyton (1986) muß zwischen "processing computer analogy" und "content computer analogy" unterschieden werden: "The processing computer analogy states that the cognitive system is structured like a computer, whereas the content computer analogy states that cognitive representations are structured like computers" (Leyton, 1986, S. 103). Sowohl für die Struktur der Repräsentationen als auch für die Struktur des Systems lassen sich Parallelen zur Informationsverarbeitung mit dem Computer finden. In jedem Fall bleiben aber Vergleiche mit dem Computer unvollkommene Modelle der menschlichen Informationsverarbeitung.

Wenn die grundlegenden Voraussetzungen genauer beschrieben worden sind, werden schließlich spezielle Aspekte der "computational theory" in bezug auf die Musik erklärt (Kapitel 4).

3.4 Ganzheitliche Repräsentation von Sachverhalten

Das Schema als Struktur von repräsentierten Sachverhalten muß realisiert werden durch eine Anzahl von Informationsträgern. Zur Veranschaulichung soll das Modell eines Computers gewählt werden (hier im Sinne der *content computer anology*; s. Leyton, 1986): Die Informationen sind in einem Computer in physikalischen Informationsträgern, sogenannten Speicherzellen niedergelegt, von denen jede eine Informationseinheit von einem Bit repräsentieren kann. Je nach Art der Information wird eine unterschiedliche Menge an Speicherzellen benötigt. Die kleinste Informationseinheit, ein Bit, ist gerade ausreichend, um eine Boolsche Variable darzustellen. Bereits eine ganze Zahl oder ein Buchstabe benötigt Speicherzellen für acht Bit (ein Byte), reelle Zahlen werden mit mindestens sechs Byte dargestellt. Grundlegende Informationen, mit denen am Computer gearbeitet wird, werden somit durch das Zusammenwirken mehrerer Speichereinheiten gebildet: Die Information wird mittels mehrerer Informationsträger repräsentiert. Der Informationsträger ist nur im elementarsten Fall identisch mit der repräsentierten Information, also im Fall einer ja/nein-Entscheidung bzw. einer Entscheidung über richtig und falsch. In allen anderen Fällen tragen die Informationsträger lediglich zum Aufbau einer Gesamtstruktur bei.

Auch im Bereich menschlicher Informationsverarbeitung muß man sich die Gesamtstruktur der Informationen mittels eines Netzes von Informationsträgern realisiert vorstellen. Die jeweils beteiligten Informationsträger befinden sich bei der Realisation von Schemata in einem definierbaren Zustand. Die Gesamtinformation eines Schemas wird durch den Aktivationszustand aller beteiligten Informationsträger dargestellt.

Die Informationsträger von in Schemata repräsentierten Sachverhalten sind beim Menschen Neuronen und Neuronengruppen. (Mit Absicht wird die Existenz von Schemata nicht auf den Cortex beschränkt; s. später.) Die Informationsverarbeitung durch Neuronen unterscheidet sich von der elektronischen Informationsverarbeitung wesentlich: Eine Speicherzelle vom Computer kann lediglich zwei Zustände einnehmen: on/off. Ein Neuron kann theoretisch eine unendliche Zahl von Zuständen einnehmen. Das liegt daran, daß ein Neuron auf die Reizung durch eine Informations-Weiterleitung in dreierlei Weise reagieren kann: (1) durch Auslösen oder Nicht-Auslösen eines Aktionspotentials (2) durch die Aufeinanderfolge der Auslösung von Aktionspotentialen und (3) durch Einnahme unterschiedlich hoher elektrischer Potentiale.

(1) Die *Auslösung eines Aktionspotentials* in einem Neuron oder dem Axon eines Neurons ist eine digitale Informationsvermittlung. Das führte in

den frühen Jahren elektronischer Datenverarbeitung auch zur Annahme einer direkten Analogie in der Informationsverarbeitung von Gehirn und Computer. Bereits die Auslösung eines Aktionspotentials ist jedoch von mehr Faktoren abhängig als lediglich der eingehenden Einzelinformation. Bevor die Auslösung eines Aktionspotentials im Neuron erfolgt, muß ein Schwellenwert der Reizung überschritten werden. Dieser Schwellenwert ist typisch für die Art eines Neurons, hängt jedoch zusätzlich von Umgebungsfaktoren ab: Die Auslösung eines Aktionspotentials kann gehemmt oder gefördert sein (Schmidt, 1979a, S. 89 ff.). Diese Aspekte der Informationsleitung sind bereits früh in die elektronischen Informationsverarbeitung eingeflossen: McCulloch & Pitts (1943) entwarfen einen Baustein, der diese Aspekte der Neuronen nachbildete. Durch Verschalten von Verbänden solcher "formaler Neuronen" (auch McCulloch-Pitts-Neuronen genannt) wurden bereits Wahrnehmungssysteme simuliert (vgl. zur visuellen Informationsverarbeitung Wooldridge, 1979).

Nicht berücksichtigt wurden bei den Simulationen von menschlicher Informationsverarbeitung mit künstlichen Neuronen verschiedene weitere Reaktionscharakertistika wie die Beschaffenheit des Aktionspotentials (Schnelligkeit des Aufstrichs, Art der Repolarisation; Dudel, 1979, S. 39 f.) und die unterschiedliche Schnelligkeit der Informationsfortleitung (ebda. S. 65 f.). Diese Erscheinungen stellen weitere Aussagen über den Zustand eines Neurons als Träger von Information dar.

(2) Die *Aufeinanderfolge von Aktionspotentialen* in den Nervenbahnen ist die zweite Art der Informationsvermittlung. Die Anzahl der Aktionspotentiale und auch der zeitliche Abstand zwischen zwei Aktionspotentialen bieten Informationen über Sachverhalte. Meist wird durch eine sich verändernde Aufeinanderfolge von Aktionspotentialen eine Veränderung der rezipierten Sachverhalte angezeigt: Solche Veränderungen wären z.B. visuelle, akustische oder taktile Reize, die zu einem bestimmten neuronalen Muster führen. Es können aber auch *gleichbleibende* Sachverhalte zu einer Serie von Aktionspotentialen mit einem zeitabhängigen Muster neuronaler Impulse führen: In manchen Neuronen im visuellen Cortex ruft z.B. die Wahrnehmung von zwei Linien, die sich in einem bestimmten Winkel schneiden, ein zeitlich konstantes Muster von Aktionspotentialen hervor (Hubel & Wiesel, 1965). Die Stellung von Arm- oder Beingelenken wird im sensorischen Cortex ebenfalls von winkelabhängigen neuronalen Mustern dargestellt (Schmidt, 1980, S. 114 ff.). Diese Art der Informationsrepräsentation wäre "analog" zu nennen.

(3) Wenig beachtet wurde bisher, daß Neuronen und Neuronengruppen unterschiedlich hohe *elektrische Potentiale* einnehmen, die langwelligen Schwankungen unterliegen (Pribram, 1977, S. 78 f. und S. 142 f.; vgl. auch Popper & Eccles, 1977, S. 365). Auch in Höhe und Schwankung des elektrischen Potentials können Informationen analog repräsentiert sein.

Es ist deutlich, daß Neuronen mehr leisten, als lediglich einen on/off-Zustand zu signalisieren (s.a. Farley, 1985). Voneinander relativ unabhängig sind gleichzeitig mehrere Aufgaben wie Informationsleitung, Aufrechterhalten eines elektrischen Zustands und Vermittlung einer Zustandsänderung zu lösen. Es bestünde also die Möglichkeit, daß die Realisation der beiden meist voneinander getrennt behandelten Erscheinungen "Gedächtnis" und "Verarbeitung einer Information" in ein und demselben System vor sich geht. Die Hirnforschung hat bisher keine ausreichenden Hinweise für eine Lokalisation von Gedächtnis und für die räumliche Trennung von Informationsverarbeitung und Informationsrepräsentationen erbracht (s. Bradshaw & Nettleton, 1983; Creutzfeld, 1983). Deshalb soll versucht werden, eine ganzheitliche Realisation des Gedächtnisses in größeren Bereichen des Gehirns anzunehmen, die gleichzeitig die Verwaltung und Bearbeitung der repräsentierten Sachverhalte übernehmen.

Um möglichen Mißverständnissen zuvorzukommen, soll noch einmal betont werden, daß im folgenden ein Modell der Informationsverarbeitung beschrieben wird, das zwar mit Computern simulierbar wäre, sich jedoch von der Informationsverarbeitung am Computer grundsätzlich unterscheidet. Die Daten (also das Gedächtnis) sind im Datensegment abgelegt, die Anweisungen für die Verarbeitung (das eigentliche Programm) getrennt davon im Codesegment. Obwohl man in der Computertechnologie bereits mit Funktionseinheiten arbeitet, in denen die Datenspeicher dezentral verteilt sind (vgl. z.B. Fox & Messina, 1987, S. 61; Gelernter, 1987, S. 81), ist eine gleichzeitige Realisation von Daten *und* Bearbeitungsanweisungen in denselben Speicherzellen aufgrund der geringeren Möglichkeiten der elektronischen (digitalen) Datenverarbeitung noch nicht realisierbar. Trotz dieser qualitativ wichtigen Unterscheidung zwischen Computer und Zentralnervensystem sollen weiterhin gelegentlich Hypothesen über die Funktion des Gehirns durch Bezug auf die Computer-Analogie verdeutlicht werden.

Ein ganzheitliches Modell zur Organisation psychologischer Prozesse stellt Pribram (1977) vor. Dieses Modell vergleicht die Funktionsweise des menschlichen Gehirns mit der *Technik der Holographie* (S. 140 ff.). Die Holographie, ein Methode der Wellenmechanik, bietet die Möglichkeit, dreidimensionale Informationen aufgrund einer zweidimensionalen Darstellung zu speichern. Am bekanntesten ist die Bildholographie.

Die Informationen über einen dreidimensionalen Sachverhalt werden auf einer zweidimensionalen Bildplatte gespeichert. Bei geeigneter Beleuchtung dieser zweidimensionalen Bildplatte kann der Eindruck eines dreidimensionalen Bildes erweckt werden. Holographische Darstellungen von räumlichen Sachverhalten benutzen die Tatsache, daß jedes Objekt in einem bestimmten Bereich der Umgebung die Wellenlänge des ihn umgebenden Lichts verändert: Die Lichtwellen, die auf ein Objekt treffen, werden von diesem Objekt absorbiert oder in mehr oder weniger veränderter Form reflektiert. Reflektierte Lichtwellen sind gegenüber den auftreffenden Lichtwellen phasenverschoben und in ihrer Intensität verändert, meist bedämpft. Die phasenverschobenen und bedämpften Lichtwellen der Reflexion überschneiden sich mit den Reflexionen von den anderen Objekten und Lichtquellen der Umgebung. Wenn es gelingt, die Wellenform einer einzelnen Lichtwelle aus der Umgebung eines

Objekts in geeigneter Weise zu zerlegen, so kann man aus einer einzigen Lichtwelle die Information über den gesamten Umweltbereich ableiten. Dieses Verfahren wurde mathematisch zuerst von Gabor (1949, 1951) beschrieben.

Technisch realisiert werden holographische Bilder mit monochromatischem Licht (Licht von einer einzigen Wellenlänge, meist Laser-Licht). Der darzustellende Umweltbereich wird mit Laser-Licht beleuchtet. Die Strukturen der von den Objekten reflektierten Lichtwellen werden als Verteilungen unterschiedlicher Grauwerte auf eine fotografische Platte aufgenommen. Wenn diese Platte wieder mit monochromatischem Licht derselben Wellenlänge bestrahlt wird, so entstehen für den Betrachter dieselben Lichtverhältnisse wie bei der Aufnahme: Das Objekt erscheint dreidimensional und kann bei genügend großer Bildplatte sogar von den Seiten her betrachtet werden.

Charakteristisch für holographische Bildplatten ist, daß man ohne Laserlicht das auf der Platte dargestellte Objekt nicht erkennen kann. Die Repräsentation des räumlichen Objekts erfolgt mit einem Algorithmus, der die optische Erscheinung zunächst vollständig verändert. Grundsätzliche Informationen über das Objekt und die Beziehungen zwischen Teilen des Objekts und der Umgebung sind jedoch an jeder Stelle der Bildplatte vollständig repräsentiert. Das läßt sich nachweisen, wenn man lediglich Ausschnitte der holographischen Bildplatte beleuchtet: Das Objekt wird selbst bei kleinsten Ausschnitten in den Umrissen erkennbar. Je größer der beleuchtete Ausschnitt ist, desto größer wird die wahrgenommene Tiefe des Bildes. (Von großer Bedeutung ist natürlich die Feinheit der Auflösung auf der Bildplatte.)

Pribram argumentiert, daß auch Gedächtnisinhalte, also Repräsentation von realen und potentiellen Sachverhalten, holographisch realisiert werden können (Pribram, 1977, S. 150; 1986). Das Modell der Holographie ist nämlich nicht auf Vermittlung visueller Informationen beschränkt: Jede Art von Information, die mittels bestimmter Formen von Wellen repräsentiert werden kann, kann in einem Hologramm gespeichert werden. Am besten ausgeforscht wurden bisher Hologramme, in denen die Phasenbeziehungen der Wellen mathematisch als Fourier-Transformationen ausgedrückt werden können (vgl. Pribram, 1977, S. 149 f.). Auch menschliche Informationsverarbeitung kann mittels Fourier-Transformationen beschrieben werden: Bei den physiologischen Vorgängen, die menschliche Informationsverarbeitung realisieren, handelt es sich um Veränderungen elektrischer Potentiale, also um Wellen.

Ein erstes Modell holographischer Darstellung von Gedächtnis entwarf van Heerden (1968): Die Informationen aus realen und potentiellen Sachverhalten werden in dreidimensionalen Systemen gespeichert und von einem zweidimensionalen Abfragesystem realisiert. Das dreidimensionale Speichersystem wird von untereinander verbundenen Neuronen und Neuronengruppen des Gehirns gebildet. Die Neuronengruppen erinnern an das Konzept der "cell-assemblies" von Hebb (1949, S. 73 ff.) und werden von Pribram "modules of the brain" genannt (Pribram, 1977, 8. Kapitel; vgl. auch Pribram, 1986). Das Abfragesystem läßt sich aufgrund der unterschiedlichen, gleichzeitig möglichen Neuronentätigkeiten ebenfalls aus demselben physiologischen Bereich heraus erklären, ohne daß ein bisher noch nicht entdecktes System postuliert werden muß.

Physiologische Untersuchungen der letzten Jahre haben bereits Belege für die von Pribram initiierten theoretischen Überlegungen erbracht. Es scheint mittlerweile festzustehen, daß Gedächtniselemente nicht in Form von sogenannten "Engrammen" in der Organisation der Hirnstruktur wiederzufinden sind. Die Realisation einer repräsentierten Information scheint mittels mehrerer Neuronen (Squire & Butters, 1984) bzw. sogar mittels ausgedehnter Bereiche von Neuronen (Woody, 1982, 1984) zu erfolgen. Studien über die Erhaltung konditionierter Reaktionen bei Abtragung von Cortexbereichen zeigen, daß Verhaltensschemata offensichtlich von einen Bereich von Neuronen in holographischer Weise realisiert werden: Lashley berichtet bereits 1929, daß über 90 % des visuellen Cortex abgetragen werden müssen, bevor eine visuell gesteuerte konditionierte Reaktion nicht mehr erfolgt. Man könnte argumentieren, daß die restlichen 10 % immer noch eine ausreichende Realisation der benötigten visuellen Schemata darstellen (Überblick über neuere Arbeiten: Woody, 1986, S. 438 ff.).

Ein holographisches Modell erfordert die Gleichzeitigkeit von mehreren Prozessen: Zumindest Realisation des Schemas und Abfrage der Informationen müssen unabhängig voneinander möglich sein. Matsumura & Woody (1982) glauben, mindestens zwei voneinander unabhängigen Mechanismen in den Nervenzellen feststellen zu können, die assoziative Konditionierungen unterstützen. Die Realisation von repräsentierten Sachverhalten sieht Pribram (1977, S. 152 f.) in den Potentialen der Neuronengruppen und ihren langwelligen Veränderungen.

Außerdem kann der biochemische Zustand dabei eine Rollen spielen. In den sechziger Jahren wurden aufsehenerregende Untersuchungen veröffentlicht, in denen zwei Forschergruppen den Einfluß von Lernen auf die Ribonukleinsäure im Gehirn festgestellten (bei Planarien s. Zelman u.a., 1963; bei Ratten s. Babich u.a., 1965; Jacobson u.a., 1965). Diese Untersuchungen sind vielfach angezweifelt worden. Neuere Forschung zeigt zwar, daß die Protein-Synthese von grundsätzlicher Bedeutung für das Langzeitgedächtnis zu sein scheint: Wird die Protein-Synthese in den Nerven durch pharmazeutische Mittel verhindert, so tritt kein Lernen auf (Rosenzweig, 1984, S. 370 ff.). Die Vielfalt der neurochemischen Mechanismen (z.T. mehrere in einem Hirnsystem; vgl. Panksepp, 1986, S. 78 ff.) und die oft nicht-linearen Beziehungen zwischen den chemischen Vorgängen und registrierbarem Verhalten (ebda., S. 83 ff.) sind jedoch bisher zu wenig erforscht, als daß Schlüsse daraus gezogen werden könnte.

Die bisherigen Ergebnisse deuten jedoch darauf hin, daß die Annahme einer ganzheitlichen Realisation von Schemata mittels einer Gruppe von Neuronen realistisch erscheint. Die in den fünfziger und sechziger Jahren entstandene Hypothese von der Aufgabenspezifität einzelner Neuronen (vgl. z.B. Hubel & Wiesel, 1965) wird zunehmend grundsätzlich in Frage gestellt (im Überblick z.B. Easter et al., 1985). Im folgenden soll deshalb von

Aktivierung eines Schemas gesprochen werden, wenn sich in einer Neuronengruppe das Erregungsmuster einstellt, das für ein Schema typisch ist. Diese Erregungsmuster sind in Abhängigkeit vom Umfeld der beteiligten Neuronengruppen in ständiger Veränderung begriffen. Aus dem Grund sind auch die Schemata in ständiger Veränderung begriffen. Darauf wird in den nächsten Abschnitten eingegangen.

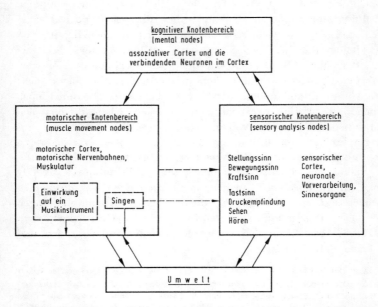

Abb. 3.4: Bereiche der Informationsverarbeitung und die dazu gehörigen neurophysiologischen Funktionsbereiche (nach Mac Kay, 1986),

3.5 Repräsentation von Sachverhalten in verschiedenen Bereichen und auf verschiedenen Ebenen

Sachverhalte können im Nervensystem auf verschiedenen Ebenen und hier wiederum jeweils in verschiedenen Bereichen repräsentiert sein. Die Bereiche lassen sich durch die Art der repräsentierten Sachverhalte bestimmen: Es kann sich um sensorische Informationen realer Sachverhalte, um potentielle

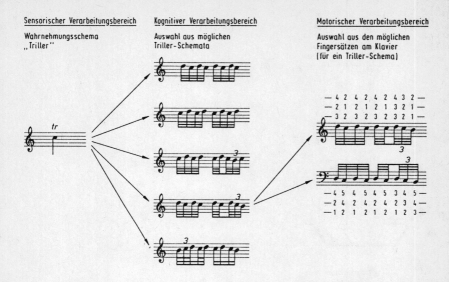

Abb. 3.5: Schema-Bildung an den Knotenpunkten der Informationsverarbeitung, aufgezeigt am Beispiel von Wahrnehmung, Verarbeitung und Ausführung eines Trillers am Klavier (nach Bruhn, 1985, S. 165). Links: Das Zeichen für Triller wird als Schema über der betreffenden Note wahrgenommen. Mitte: Es werden verschiedene repräsentierte Schemata zur Ausführung des Trillerzeichens kognitiv aktiviert. Rechts: Aufgrund des ausgewählten mentalen Schemas wird ein motorisches Schema aktiviert, um den Triller erklingen zu lassen (hier durch einen Fingersatz am Klavier verdeutlicht).

Sachverhalte (mentale Vorgänge) und um Verhaltensmuster handeln. Mac-Kay (1982) beschreibt diese drei großen Bereiche der Informationsverarbeitung (hier im Bereich Sprachrezeption und -produktion) als *sensory analysis nodes* (Wahrnehmungssystem incl. der primären Projektionsareale), *mental nodes* (cortikale Ebene) und *motor nodes* (motorisches System; siehe Abb. 3.4). In allen Bereichen des Gehirns können Schemata über Sachverhalte physiologisch realisiert werden. An dieser Stelle muß festgestellt werden, daß Schemata nicht notwendigerweise bewußt, bewußtseinsfähig oder bewußtseinspflichtig sein müssen (vgl. Holender, 1986; siehe auch Abschnitt 3.7). In Abbildung 3.5 wird am Beispiel einer Verzierung (Triller) die Repräsentation eines musikalisches Sachverhalts dargestellt.

Die Bereiche der Informationsverarbeitung und somit auch der Repräsentation von Sachverhalten in Schemata zeigen einen *hierarchischen Aufbau* im Nervensystem. Man kann von einander übergeordneten Ebenen spre-

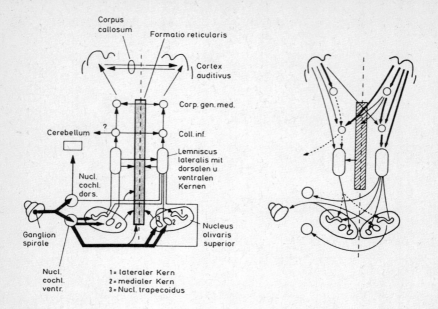

Abb. 3.6: Vereinfachtes Schema des afferenten (links) und efferenten (rechts) Systems der Hörbahn. Die nicht ausgefüllten Kreise bzw. Ovale kennzeichnen eine neuronale Umschaltstelle (nach Plattig, 1985, S. 39).

chen, die auch aus der phylogenetischen Entstehung des Nervensystems ableitbar sind. Die unterste Ebene der Informationsverarbeitung bilden im Bereich der motor nodes die neuromuskulären Endplatten, im Bereich der sensory analysis nodes die Rezeptoren. Auf dieser Ebene, also bei der Umsetzung physikalischer Reize in neuronale Impulse zeigt sich die Repräsentation von Sachverhalten im Phänomen des *sensorischen Speichers:* Die Informationen über die Sachverhalte bleiben über einen bestimmten Zeitabschnitt erhalten: visuelle Informationen über nicht mehr als eine Sekunde, akustische Informationen etwa bis zu vier Sekunden (Kintsch, 1982, S. 109). Solange nicht gleiche Speicherplätze (gleiche Rezeptoren) benutzt werden, können mehrere unterschiedliche Informationen gleichzeitig repräsentiert sein (Sperling, 1960).

Durch die Umschaltstellen zwischen den Neuronen (s. Abb. 3.6) werden die weiteren Ebenen markiert: Die physiologische Organisation dieser Knotenstellen zeigt, daß die Ebenen wahrscheinlich unterschiedliche Aufgaben bei der Verarbeitung der Informationen haben (vgl. auch später Abb.

3.11). Geschlossen werden kann das z.T. auch aus den Querverbindungen zwischen den Hemisphären, zur Formatio reticularis oder zum Kleinhirn (vgl. dazu Roederer, 1979; Plattig, 1985).

Die *erste Ebene* der Informationsverarbeitung ist die Umsetzung der physikalische Reize in neuronale Reize. Der reale Sachverhalt wird im Code des weiterverarbeitenden Systems repräsentiert.

Die *zweite Ebene* ist der Bereich der Projektion von Rezeptorinformationen auf die weiterleitenden bipolaren Neuronen. Hier könnte die Verarbeitungsebene liegen, auf der Informationsrepräsentationen im des akustische Kurzzeitgedächtnissses gespeichert werden: Für die aufsteigenden akustischen Bahnen ist bekannt, daß die inneren Haarzellen der Cocchlea ihre Informationen divergierend an sieben bis acht bipolare Zellen im Spiralganglion abgeben. Jede Information aus einer Rezeptorzelle kann also bis zu achtmal im Nervensystem repräsentiert sein (Plattig, 1985, S. 38). Es ergibt sich eine faszinierende Parallelität zur empirisch mittlerweile gut belegten Annahme, daß sieben plus/minus zwei Informationseinheiten (Miller, 1956) ohne Übungswiederholung über den relativ langen Zeitraum von bis zu 15 Sekunden behalten werden können (s.a. Kintsch, 1977/1982). Möglicherweise stellt die hier vorhandene achtfache Repräsentation eine Art Arbeitsspeicher dar, dessen Kapazität auf acht Informationseinheiten begrenzt ist. Die Schwankungsbreite von sieben plus/minus zwei könnte sich daraus erklären, daß die gespeicherten Informationseinheiten meist nicht mehr identisch mit den auf der Rezeptorebene umgesetzten Informationen sind, sondern aus chunks bestehen, d.h. auf zu Superzeichen zusammengefaßten Informationen. Die Zusammenfassung dieser Informationen könnte aufgrund erlernter Schemata (Neisser, 1976/1979) erfolgt sein, die automatisiert und nicht mehr bewußtseinspflichtig im Wahrnehmungssystem repräsentiert sind und über absteigende (efferente) Nervenbahnen wirksam werden (zur Funktion efferenter Nervenbahnen: Harrison & Howe, 1974; vgl. auch Roederer, 1979, S. 58 f.; Plattig, 1985, S. 40). Ein Beispiel dafür könnte die über das efferente Nervensystem erfolgende Versteifung der äußeren Haarzellen (Rezeptororgane in der Cocchlea) sein, die zu einer gesteuerten Selektion bestimmter Umweltreize führt (Zenner, 1987).

Ebenso wie die Wahrnehmungsschemata sind auch im motorischen System Sachverhalte auf unteren Ebenen repräsentiert: *Automatisierte Handlungsschemata* könnten subcortikal gespeichert sein, da ihre Ausführung und die Kontrolle aufgrund von Wahrnehmungsinformationen z.T. in der Geschwindigkeit von multisynaptischen Reflexen abläuft (vgl. dazu Schmidt, 1982; Bruhn, 1985 a; Neumann, 1986). Beispiel dafür: die reflexartige Ausrichtung der Augen auf akustische Reize, die über eine Verbindung zwischen dem akustischem und dem visuellen System auf der Ebene des

Olivenkomplexes erfolgt (Gacek, 1972); oder die reflexartig ablaufende Kontrolle der Tonhöhensauberkeit bei Geigern (Bruhn, 1985 a).

Die dritte und oberste Ebene der Verarbeitung ist in allen Verarbeitungsbereichen der Cortex. Im Cortex werden Informationen zunächst in aufgabenspezifischen Arealen, den primären Projektionsarealen der afferenten Nervenbahnen verarbeitet. Diese Areale sind Orte der Realisation von Schemata. Gazzaniga spricht von "modules" des Gehirns (1986a, S. 20), die spezialisierte Verarbeitungssysteme des Gehirns darstellen (vgl. dazu auch Gazzaniga & LeDoux, 1983; Fodor, 1983; Klix, 1985). Es handelt sich hierbei nicht um die Zelleinheiten, die Eccles und Popper (Eccles & Popper, 1987) "modules" nennen. Die Schemata jedes Gehirnmoduls repräsentieren jeweils einen abgegrenzten Bereich von realen oder potentiellen Sachverhalten: Der auditorische Cortex Schemata akustischer Ereignisse, der visuelle Cortex Sehschemata, der sensorische Cortex Körperempfindungen usw. Übergeordnete Areale des Cortex, die nicht unmittelbar mit den Wahrnehmungssystemen verbunden sind, repräsentieren allgemeinere Informationen, die die Zusammenarbeit der aufgabenspezifischen Areale garantieren (assoziativer Cortex, s. Schmidt, 1979b, S. 281 f.). Zur Funktion von Modulen im Gehirn wurden bereits Computersimulationen durchgeführt (s. dazu Pribram, 1986, S. 513: logic modules). Darüber hinaus folgen jetzt die Versuche zu Computern, mit paralleler Bearbeitung von mehreren Aufgaben oder Aufgabenabschnitten der menschlichen Informationsverarbeitung näher zu kommen (z.B. Fox & Messina, 1987; Gelernter, 1987).

Der Cortex, wie das gesamte Nervensystem, scheint auf den ersten Blick physiologisch symmetrisch beschaffen zu sein. Diese physiologische Symmetrie bedeutet jedoch nicht automatisch, daß auch die psychologische Informationsverarbeitung symmetrisch verteilt ist. Zumindest im Cortex wird eine Aufgabenteilung vorgenommen: Aus Untersuchungen mit split-brain-Patienten und die experimentelle Erforschung von Verarbeitungszeiten bei normalen Versuchspersonen (im Überblick s. Bradshaw, 1985; Bruhn, 1988 a) ist z.B. zu entnehmen, daß akustische Merkmale wie Klangfarben oder Harmonien in der rechten Hemisphäre und rhythmische Merkmale (auch Konsonanten!) in der linken Hemisphäre schneller verarbeitet werden. Wenn also von Verarbeitungsbereichen gesprochen wird, so soll nicht vorausgesetzt werden, daß jeder Verarbeitungsbereich doppelt, also rechts und links im Gehirn repräsentiert ist. Insbesondere im Occipital- und Frontalbereich des Cortex scheint dies wichtig zu sein, da dort Steuerungsfunktionen für das gesamte Gehirn *deutlich lateralisiert* zu sein scheinen (s. Kimura, 1982).

3.6 Aktivierung von Schemata

Die Aktivierung von Schemata, also die Initiierung von typischen neuronalen Erregungsmustern, kann in dreierlei Weise erfolgen: (a) aus Rezeptorinformationen heraus; (b) aus einem bereits aktivierten Schema heraus und (b) durch Erregungsmuster, die von aktivierten Schemata eines anderen Bereichs ausgehen.

(a) Als *primäre Form der Aktivierung* muß man es ansehen, wenn bei einem Neugeborenen durch Reizung von Rezeptoren einfache angeborene Wahrnehmungsschemata und Verhaltensschemata aktiviert werden. Lebenswichtige Reflex-Schemata gibt es z.B. für Atmen, Schlucken oder für Saugverhalten durch Milchgeruch (s. Scheibel, 1980, S. 140); weitere Reflexschemata sind z.B. Klammer-, Greif- oder der Babinsky-Reflex (Fußsohlenreflex; im Überblick s. Nickel, 1979, S. 118 ff.).

(b) Sekundäre Formen sind die *Erweiterungen der Aktivierung* eines Schemas. Wenn im Schema selbst die Information repräsentiert ist, daß weitere Sachverhalte im Zusammenhang mit dem aktivierten Schema wichtig sind, dann können zusätzliche Abschnitte desselben Gehirnareals aktiviert werden. Damit werden zusätzliche Informationen zum bereits aktivierten Schema hinzugefügt: Die aktivierten Wissensinhalte werden präziser, detaillierter oder beziehen sich auf ein größeres Feld von Sachverhalten. Dieser Fall tritt ein, wenn bestimmte Gedächtnisinhalte zwar ein abgeschlossenen Netz von Informationen bilden, diese Informationen jedoch eng mit anderen Schemata in Verbindung stehen. Beispiel dafür wäre, wenn man ein altes Programmheft in die Hand nimmt und dabei die Erinnerung an Ereignisse aufblitzt, die während des betreffenden Opernabends oder Konzerts passierten. Oder: Bei Erwähnung einer bestimmten Stilepoche in der Musik (z.B. Impressionismus) erklingt in der Vorstellung der Abschnitt eines für diese Stilepoche typischen Musikstücks (z.B. Debussys Image).

(c) Schemata können auch *aus anderen Bereichen heraus* aktiviert werden: Die aufgabenspezifischen Areale des Gehirns sind in vielfältiger Weise miteinander, mit den Wahrnehmungssystemen und den motorischen Systemen verbunden. Ein neuronaler Impuls, der aus der Verarbeitung eines akustischen Reizes entstanden ist (z.B. eines Geräusches), wird nicht nur in das akustische Projektionsareal des Neocortex geleitet, sondern gibt auf phylogenetisch älteren Hirnebenen bereits Informationen an das motorische System und die visuellen Verarbeitungsbereiche (s. Gacek, 1972; Roederer, 1979, S. 58 ff.; Plattig, 1985, S. 40). Diese Informationen aktivieren motorische und visuelle Schemata, erkennbar in der Wendung des Körpers in Richtung auf das Geräusch und der Fixierung des mutmaßlichen Objekts, daß dieses Geräusch verursacht. Auf der Cortexebene können dann die aktivierten visuellen und motorischen Schemata über efferente Bahnen des Nervensystems (Plattig, 1985, S. 38 f.) wieder Einfluß auf die akustischen Schemata nehmen, die primär durch die Rezeptorinformationen aktiviert wurden. Ein anderes Beispiel wäre die Aktivierung emotionaler Schemata (vermutlich subcortikal realisiert) durch Wahrnehmungsschemata (auditorischer Cortex) beim Anhören von Musik (vgl. Bruhn, 1988). Die umfangreiche Aktivierung des Gehirns bei Stimulation durch Umweltreize zeigt, daß auch bei Zentrierung der Aufmerksamkeit auf eine Sinnesmodalität immer das ganze Gehirn beteiligt ist (Messungen mit Positronen-Emissions-Tomographie, s. Phelps u.a., 1982; Mazziotta u.a., 1982; Heiss u.a., 1986).

Ein spezielles Problem, das insbesondere bei Musik Bedeutung gewinnt, ist die Generierung von zeitlichen Abläufen in der Erinnerung. Oft werden unterschiedliche Mechanismen für die Repräsentation von dynamischen und statischen (nicht-zeitlichen) Sachverhalten angenommen. Am bekanntesten ist die Unterscheidung zwischen semantischem und episodischem Gedächtnis (s. z.B. Tulving, 1972, 1984). Tulving (1984) nimmt an, daß eine Hierarchie zwischen semantischem und episodischem Gedächtnis besteht: Das episodische Gedächtnis ist Subsystem des semantischen. Wenn man eine holographische Realisation von Schemata annimmt, so ist die Unterscheidung zwischen semantischen und episodischen Informationen nicht mehr notwendig. Sowohl die inhaltliche Bestimmung als auch die zeitlichen Abläufe von realen und potentiellen Sachverhalten können in ein- und demselben Schema repräsentiert sein.

An einem Beispiel soll das verdeutlicht werden: Bei Aktivierung eines Schemas "Lehrer" werden zunächst statische Sachverhalte präsent: z.B. Kleidung, Alter, Aktentasche und ein Stapel kopierter Skripten unter dem Arm. Weiterhin werden Gedächtnisschemata von *Handlungen* aktiviert: Schreiben an der Tafel oder Abfragen von Vokabeln. Repräsentierte reale Sachverhalte wie zeitlich ausgedehnte Handlungen des Lehrers oder sogar potentielle Sachverhalte wie z.B. Vermutungen über mögliche Reaktionen eines bestimmten Lehrers sind ebenso schnell aktiviert wie Schemata von statischen Merkmalen. Es ist anzunehmen, daß Schemata die Sachverhalte in zeitlich komprimierter Form repräsentieren. Unter bestimmten Umständen der Aktivierung werden aus dem aktivierten Schemata (mit Informationen über Handlungen) zusätzliche Schemata in anderen Bereichen (c) oder Erweiterungen des Schemas (b) in zeitlich festgelegter Form aktiviert und abgearbeitet werden (Abb. 3.7).

Auch Musikstücke müssen als *zeitlich komprimierte* Schemata angesehen werden: Das wird im Fall potentieller Sachverhalte deutlich: Wenn ein Klavierspieler ein Stück auswendig kann, so ist der reale Sachverhalt (der Aufführung des Stückes) in einem Schema repräsentiert. Will er dieses auswendig gelernte Stück spielen, so wird das Schema vollständig aktiviert. Sequentiell werden nun aus dem hierarchisch übergeordneten Schema Subschemata aktiviert, die jeweils die motorische Ausführung einzelner Passagen initiieren und kontrollieren (zur ganzheitlichen Repräsentation von Musikstücken s. Kapitel 4).

Auch die hierarchisch organisierten Teilschemata eines übergreifenden Handlungsschemas sind ganzheitlich realisiert. Die in Abbildung 3.8 dargestellten Handlungssequenzen sind zeitkomprimiert als Schema repräsentiert. Je nach dem realen Aktivationszusammenhang

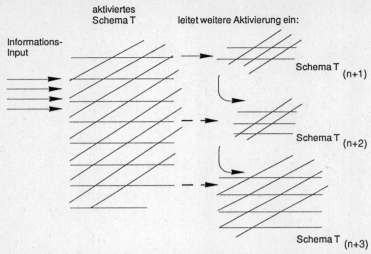

Abb. 3.7: Das aktivierte Schema T leitet unter bestimmten Voraussetzungen beim Informations-Input die zeitlich aufeinanderfolgende Aktivierung zusätzlicher Schemata $t_{(n+1)}$ bis $t_{(n+3)}$

werden Sub-Schemata aus unterschiedlichen Hierarchie-Ebenen aktiviert, um die Handlung zu regulieren.

Bei der aufeinanderfolgenden Aktivation der Teil-Schemata von Handlungen oder von anderen zeitlichen Abläufen ist eine Kontrolle des Ablaufs notwendig. MacKay (1987b) nimmt dafür ein spezielles System an, das er mit "sequencing-nodes" und "timing-nodes" bezeichnet. Bei Gazzaniga (s. Gazzaniga & LeDoux, 1983, S. 111; Gazzaniga, 1986a, S. 20) wird diese Aufgabe von einem interpretierenden System, sogenannten "executive controllers" übernommen. Ein solches System wird im nächsten Abschnitt näher beschrieben.

Es muß noch einmal deutlich gemacht werden, daß zwischen der Realisation von Schemata durch aktivierte Neuronenbereiche und der Weiterleitung von Informationen im Nervensystem eine enge Beziehung besteht: In beiden Fällen werden Informationen ganzheitlich, d.h. als vollständige Schemata verarbeitet. In beiden Fällen handelt es sich um holistische Prozesse: Es sind an der Weiterleitung von Informationen immer Bündel von mehreren Nervenfasern beteiligt – diese Informationen treffen auf Gruppen von aktivierten Neuronen. Auch die Kompression der Zeitabläufe erfolgt nicht erst bei der Repräsentation im Cortex, sondern bereits auf dem Weg der Vorverarbeitung von den Rezeptoren bis zum Cortex; darauf deuten Ergebnisse über akustisches backward-masking hin: Zeitlich später erfolgende akustische Reize können frühere Reize verdecken, obwohl sowohl das Auflösungvermögen des Ohres als auch die Bandbreite der verwendeten Stimuli eine getrennte Wahrnehmung der Reize theoretisch ermöglichen müßten (s. Zwislocki, 1978). Die einzige Erklärung wäre, daß die beiden Reize auf einer frühen Verarbeitungsebene kurzfristig gleichzeitig repräsentiert sind, so daß die Nervensignale miteinander interagieren können. Durch die Annahme holistischer Informationsverarbeitung wäre somit die Kompatibilität zwischen Informationsleitung und Schemarealisation gewährleistet; die Schemata der Gedächtnisrepräsentation sind wahrnehmungsäquivalent.

Menschliche Informationsverarbeitung

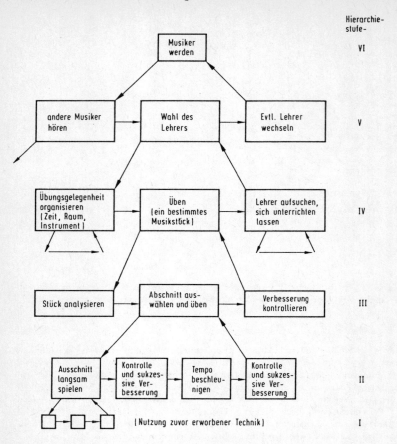

Abb. 3.8: Hierarchisch-sequentielle Handlungsregulation des Zieles "Musiker werden" (Oerter, 1985, S. 152; in Anlehnung an Hacker, 1978).

Die Annahme eines Zustands der Aktivation von ganzheitlichen Schemata über die momentane Situation beim menschlichen Gehirn erinnert an die *Vorstellungen von Gibson* (1979/1982): Umweltinformationen (reale Sachverhalte) werden aufgrund eines bestimmten Momentzustands des Nervensystems aufgenommen und verändern diesen Zustand im Augenblick durch ihre Integration. Die holistische Repräsentation des Momentzustands nimmt neue Informationen auf und verändert sich dadurch. Am Beispiel eines repräsentierten Textinhalts soll das verdeutlicht werden. Zu einem Zeitpunkt t(n) existiert ein Netz von propositionalen Beziehungen zwischen Begriffen und Bedeutungseinheiten, das ganzheitlich durch den spezifischen Aktivationszustand eines Gehirnbereich dargestellt wird. Jede eine neue Proposition (oder auch nur ein weiteres Wort) wird aufgrund dieses aktivierten Schemas wahrgenommen, die neue Bedeutungseinheit wird in das bereits aktivierte Schema integriert. Es wird jedoch nicht rein additiv eine weitere Informationseinheit hinzugefügt (wie beim Computer). In der

Interaktion der neuen Bedeutungseinheit mit dem aktivierten Netz alter Informationen entsteht ein neues Schema zum Zeitpunkt t(n + 1), in dem auch die Beziehungen zwischen den Bestandteilen des Schemas verändert sind. Graphische Darstellungen (wie z.B. Norman & Rumelhart, 1975/1978 oder Beaugrande, 1980) oder Propositionslisten (z.B. Turner & Greene, 1977) sind nach bisherigen Erfahrungen dazu geeignet, gewissermaßen eine "Repräsentation der Repräsentation" dieser Information herzustellen. Diese Graphiken (bzw. Listen) entsprechen nicht den Schemata menschlicher Informationsverarbeitung. Sie sind lediglich der Versuch einer visualisierten Gesamtdarstellung der repräsentierten Sachverhalte zu einem Zeitpunkt t(n). In Kapitel 4 wird dies für die harmonische Entwicklung von Musikstücken aufgezeigt.

Die psychische Realität holistischer Repräsentationen zeigt sich im Verhalten von Versuchspersonen bei der Reproduktion von rezipierten Texten: Die Versuchspersonen berichten Sinnzusammenhänge, die sie während des Lesens nur erschlossen haben können; manche Wiedergabe zeigt Elaborationen; wieder andere zeigen Konstruktionen von Zusammenhängen, die vom vorgegebenen Text zwar impliziert, jedoch nicht explizit enthalten waren (s. Kintsch, 1982, S. 309 ff.; s.a. Kapitel 4). Weitere Belege sind typische Fehler bei der Satzbildung im Sprechen: Es werden ganzheitliche Schemata wie Satzteile verwechselt oder von einem Satzteil in einem Schema auf den analogen Teil im drauffolgenden Schema gesprungen (s. MacKay, 1987a). Auch das Verhalten erfahrener Simultan-Dolmetscher deutet auf ganzheitliche Repräsentation von Sinnzusammenhängen hin: Insbesondere die Übersetzung der deutschen Sprache in eine andere europäische Sprache macht erforderlich, daß der gesamte Sinnzusammenhang im Gedächtnis aufgebaut wird, bevor der Text in einer grammatikalisch akzeptablen Weise wiedergegeben werden kann, da in deutschen Sätzen im Gegensatz zu den anderen europäischen Sprache meist der wichtigste Teil des Prädikats am Schluß des Satzes erscheint.

Auch für den Bereich der Wahrnehmung und Produktion von Musik gibt es Hinweise auf die Nützlichkeit der Verwendung holographischer Modelle. Roederer (1987, S. 94 ff.) wie groß die Vorteile in den Bereichen der Fehlertoleranz, feld-, zeit- und raumabhängigen Erinnerung und Kathegorisierung sind, wenn man ganzheitlich/holographische Modelle der Speicherung annimmt (s. Tab. 3.1).

Tab. 3.1: Charakteristika von holistischer neuronaler Informationsverarbeitung (aus: Roederer, 1987, S. 97).

1. Fehler-Toleranz	– verbessert Fehler, ergänzt Auslassungen (optimale Schätzungen bei der Mustererkennung) – minimiert die Effekte von Hirnverletzungen (durch verteilte Speicherung)

2. Speicherung und Abruf, (kontext-abhängig)	– nicht adressierbares Gedächtnis
	– assoziative Aktivierung beim Abruf durch
	  (1) partiellen Input (auto-associative)
	  (2) partielle Schlüsselverbindungen (hetero-associative)

3. Abruf (räumlich und zeitlich)	– "Einzelbild-Erinnerungen" von der Umgebung (slide-show) – "Bewegungsbild-Erinnerungen" (movie-show)
4. hierarchischer Aufbau von Speicherung und Abruf	– Ordnung nach Kategorien, Zugangspriorität von niedrigem zum höherem Informationsgehalt (nested storage)

3.7 Bewußtheit und Kontrolle der Informationsverarbeitung

Beim Problemlösen (Kotovsky u.a., 1985), logischen Denken (Brainerd & Kingma, 1985) oder Mehrfachtätigkeiten (z.B. Strube, 1984) zeigt sich, daß im Gehirn ganz offensichtlich in umfangreichem Ausmaß parallele Verarbeitungsprozesse ablaufen (im Überblick: Ballard, 1986). Aus der Beobachtung von split-brain-Patienten leitete Gazzaniga ab, daß es ein System geben müsse, das diese parallel ablaufenden Tätigkeiten des Gehirns integriert. Nimmt er 1983 (Gazzaniga & LeDoux, 1983) noch an, daß die Integration durch die Sprachzentren vorgenommen wird, postuliert er zur Zeit ein gesondertes System, einen "interpreter" (Gazzaniga, 1986a, S. 20). Diesen "interpreter" stellt sich Gazzaniga als identifizierbare Einheit im Cortex vor, als Modul, das alle Prozesse des Gehirn verfolgt, interpretiert und einer bewußten Erfahrung zugänglich macht (Gazzaniga, 1986b).

In die bisherigen Überlegungen zu einem Modell menschlicher Informationsverarbeitung ließe sich der "interpreter" von Gazzaniga als Gehirnareal mit integrierender Funktion einfügen: Die Zusammenfassung der verarbeiteten Informationen und die Koordination der Subsysteme (Module) erfordern ein übergeordnetes System. Das übergeordnete System soll mit allen anderen Arealen in Verbindung stehen, Informationen empfangen und Informationen weiterleiten können. Das von Gazzaniga postulierte System soll im folgenden *intAr*, integrierendes Areal genannt werden.

Diese Vorstellung von *Bewußtsein* des Menschen widerspricht vielen üblicherweise überlieferten Vorstellungen. Das Bewußtsein wird hier nicht als leitende *anima* des Menschen angesehen, das aus dem Erfahrungsbereich des Menschen herausführt (z.B. bei Eccles & Popper, 1987). Das *intAr* ist ein in seiner Struktur von anderen Arealen nicht unterschiedener Gehirnbereich. Die Aktivierung des *intAr* bedingt eine vorhergehende Aktivierung der vorgeschalteten Areale. Erst die Gesamtheit der Aktivierung des Menschen bewirkt ein Bewußtsein.

Das Bewußtseins läßt sich also nur aus der menschlichen Tätigkeit erklären: Die Natur des Bewußtseins liegt in ihrem *objektiv-gegenständlichen, produktiven Charakter* (Leontjew, 1982, S. 124). "Nicht die Bedeutung, nicht das Bewußtsein liegt dem Leben zugrunde, sondern *das Leben liegt dem Bewußtsein zugrunde*" (ebda., S. 98).

Obwohl Wahrnehmung und Tätigkeit hier direkt zusammengekoppelt scheinen, handelt es sich dennoch nicht um ein input-output-Modell (kritisiert z.B. bei Brix, 1976; oder Velten, 1976). Die eingehende Information wird nicht lediglich in Schemata abgebildet − die ausgehende Tätigkeit ist nicht habit-ähnlich automatisiert. Es handelt sich um einen komplexen Informationsverarbeitungsprozeß (West, Cross & Howell, 1987, S. 17 ff.) innerhalb eines sich selbst regulierenden Systems.

Durch die Verbindung mit den anderen Gehirnarealen bekommt das hypothetisch angenommene *intAr* vorverarbeitete Informationen. Im *intAr* sind, wie in allen anderen Arealen des Gehirns auch, Schemata realisiert, die von den vorverarbeiteten Informationen aktiviert werden. Aufgrund der Schemata im *intAr* kommt es zu einem auf bestimmte andere aktivierte Areale des Gehirns gerichteten Informations-Output. Dieser Informations-Output könnte das von van Heerden (1968) für holographische Informationsverarbeitungsmodelle postulierte Abfragesystem darstellen. Der Aktivationszustand der mit dem *intAr* verbundenen Gehirnareale entspräche der holographischen Bildplatte, der vom *intAr* ausgehende Informations-Output entspräche der das Bild realisierenden Lichtwelle (s. Abb. 3.9).

Mithilfe der Annahme eines integrierenden Areals im Gehirn könnte man eine Hypothese zum Bewußtsein des Menschen wagen: Bewußtsein wäre die Gesamtheit des Momentanzustands des *intAr* in Beziehung zum aktuellen Aktivationszustand eines anderen Gehirnareales, in dem ein Schema aktiviert ist. Es würde sich hier um einen systemorientierten Ansatz (Gentner & Grudin, 1985) handeln: Das Nervensystem wäre eine Art Schaltpult und ausführende Einheit, das *intAr* wäre ein Stellwerk, das mittels erlernter Schemata diese Schaltpult bedient.

Die Ausrichtung des *intAr* entspräche der "Richtung der Aufmerksamkeit" (Intentionalität, s. Husserl 1977, S. 52 f.; Zentrierung, s. Metzger 1975, S. 175 ff.): Diejenigen Bereiche, auf die das *intAr* gerichtet ist, erscheinen dem Individuum als *bewußt erlebt*. Bewußtheit und somit auch Bewußtsein wären damit keine getrennt vom übrigen Informationsverarbei-

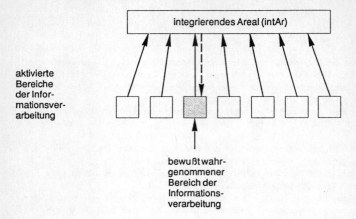

Abb. 3.9: Das integrierende Areal (*intAr*) empfängt Informationen von allen aktivierten Bereichen der Informationsverarbeitung. Die durch diesen Informationsinput bewirkte Aktivierung von Schemata des *intAr* bewirkt einen Informations-Output in Richtung eines der Bereiche der Informationsverarbeitung. Die so entstehende Verbindung zwischen aktivierten Schemata des *intAr* und eines der Verarbeitungsareale soll als "Bewußtheit" definiert werden.

tungsprozeß ablaufenden Prozesse, sondern lediglich der von der Anmutung her als ungewöhnlich empfundene Prozeß der Abfrage von Informationen aus aktivierten Gehirnarealen (s.a. Abb. 3.9). Beinhaltet das Schema Repräsentationen von realen Sachverhalten, so werden die Wahrnehmungsinhalte bewußt. Repräsentiert das Schema ablaufende Bewegungen oder Handlungen, so werden diese Bewegungen oder Handlungen bewußt wahrgenommen. Ist das Abfragesystem auf Vorstellungsinhalte oder Problemlösungsvorgänge (potentielle Sachverhalte) gerichtet, so erscheinen diese bewußt.

Durch die Abfrage, also die Ausgabe von Nervenimpulsen würde ein *intAr* auch die Aktivation der abgefragten Schemata verändern: Richtet sich die Aufmerksamkeit auf einen Teilabschnitt eines aktivierten Schemas, so wird aus dem Informationsgehalt dieses Teilabschnitts heraus die Aktivierung des Gesamtbereichs verändert (s.o. Abschnitt 3.6). Die Richtung des *intAr* könnte in der Analogie zum Computermodell mit in den Schemata gespeicherten Vektoren erklärt werden, die auf bestimmte Gehirnareale zeigen. An der Stelle, auf die der Vektor zeigt, wird ein adäquates Subschema aktiviert.

Die Ausführung von zeitlich komprimierten Informationen (s.o.) im Schema und die Abfolge der Aktivierung von aufeinander bezogenen Sche-

Tab. 3.2: Ebenen der Informationsverarbeitung.

Ebene	Informationsinput	Informationsoutput
5	Cortex-Ebene, wahrscheinlich Frontal- oder Parietal-Bereich, Repräsentation von Sachverhalten in Form von allgemeinen Schemata zur Veränderung der Aktivation von neuronalen Bereichen; angeborene Reaktionsmechanismen, erlernte Schemata, Zufallsentscheidungsmechanismen	
4	Cortex-Ebene, weitere Verarbeitung von Informationen, Interaktion mit allen informationsverarbeitenden Gehirnarealen, Repräsentation von Sachverhalten in Form von bewußtseinfähigen, aber nicht bewußtseinpflichtigen Schemata	Cortex-Ebene, Interaktion mit anderen Arealen des Gehirns, Repräsentation von Sachverhalten in Form von bewußtseinfähigen, aber nicht notwendig bewußtseinspflichtigen Schemata
3	weitere Verarbeitung, Verbindungen mit anderen sensorischen und mit motorischen Verarbeitungsarealen, automatisierte Wahrnehmungsschemata	Interaktion mit anderen sensorischen Systemen, automatisierte motorische Schemata
2	Vorverarbeitung der neuronalen Signale, Gedächtnis in Form von Kurzzeitgedächtnis	Interaktion der efferenten Nervenbahnen mit afferenten: monosynaptische Reflexe
1	Umsetzung physikalischer Ereignisse in neuronale Signale, Gedächtnis in Form von sensorischem Speicher	Umsetzung neuronaler Signale in physikalische Ereignisse

mata könnte ebenfalls als vom *intAr* kontrolliert erklärt werden. Zum einen würde die Kontrolle direkt durch vektorartige Richtung der Aufmerksamkeit auf andere Schemata ausgeübt werden. Das *intAr* könnte die Kontrolle aber auch an tiefere Hirnebenen (lower levels of control; s. Neumann, 1986) abgeben: Wahrnehmung und Handlung sind z.B. aufgrund automatisierter Prozeduren mittels repräsentierten Schemata direkt miteinander verbunden. Die Ausführung dieser Prozeduren kann hier vom *intAr* aufgrund der dort vorliegenden Datenstrukturen eingeleitet werden, sofern es sich um prinzipiell bewußtseinsfähige Prozeduren handelt (ausgeschlossen sind z.B. viszerale Reaktionen oder monosynaptische Reflexe). Nach der Aktivation eines automatisierten Handlungsschemas übernimmt das *intAr* lediglich die Rolle

Menschliche Informationsverarbeitung

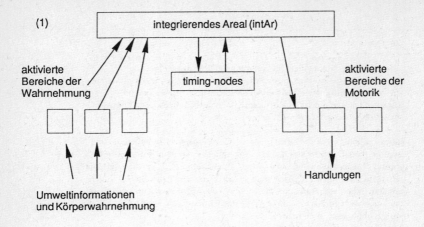

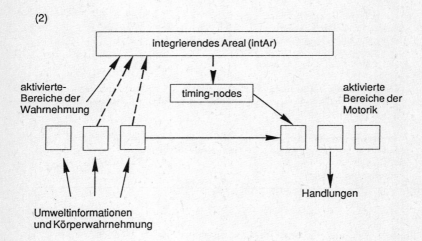

Abb. 3.10: Möglichkeiten des Handlungssteuerung durch das *intAr*: (1) Kontrollierte Ausführung von Handlungen: Das *intAr* verarbeitet die eingehenden Informationen und leitet im Nacheinander Reaktionen des motorischen Systems ein. Die Kontrolle der Handlungssteuerung erfolgt nach dem TOTE-Prinzip (Miller, Galanter & Pribram, 1960) – die Handlung wird durch closed-loop-Prozesse gesteuert (vgl. Bruhn, 1985, S. 157). (2) Automatisierte Ausführung von Handlungen: Das *intAr* gibt die Kontrolle an ein im motorischen System lokalisiertes Schema ab und läßt die Abfolge der einzelnen Schritte von einem timing-Mechanismus ausführen. Zum einen erfolgt die Handlungssteuerung durch open-loop-Prozesse (vgl. Bruhn, 1985, S. 158), zum anderen werden Wahrnehmungsinformationen direkt in die Ausführungsschemata eingespeist. Das *intAr* benutzt die Wahrnehmungsinformationen lediglich zum monitoring, um gegebenenfalls korrigierend in die automatisierte Handlung eingreifen zu können oder einen Abbruch der Handlungsausführung zu bewirken.

eines beobachtenden Systems (monitoring; Neumann, 1986), das Zielschemata mit aktuellen Wahrnehmungsschemata vergleicht, aber in den zeitlichen Ablauf der Bewegungsschemata nicht eingreift. Sobald eine Diskrepanz bemerkt wird, kann der Interpretationsmechanismus die Ausführungskontrolle wieder übernehmen (vgl. Abb. 3.10 und Tab. 3.2).

Für die Ausführung von Handlungsschemata und die Verbindung von Handlungsschemata mit Wahrnehmungsschemata nimmt MacKay (1982, 1986) sequencing- und timing-Mechanismen an, die die Kontrolle der richtigen Aufeinanderfolge und die zeitliche Ordnung der Ausführung von Schemata übernehmen. Nur so ist der fehlerfreie Ablauf von Wahrnehmung, Problemlösen oder auch Handeln bei automatisierten Prozeduren gewährleistet. Bradshaw & Nettleton (1983, S. 46) vermuten aufgrund von Daten aus der Hirnforschung, daß generell die linke Hemisphäre des Cortex für die zeitliche Organisation von Handlungsfolgen zuständig ist. Kimura (1982) grenzt die timing-Funktion des Gehirns sogar auf die linke Frontalregion ein. Diese Ergebnisse der Hirnforschung stehen in Überstimmung mit den Vermutungen von Gazzaniga (1986b): Sequencing- und timing-Mechanismen müßten in engem Zusammenhang mit den Funktionen eines "interpreters", dem *intAr* stehen. Die Annahme aller drei Systeme in der linken Hemisphäre würde diese Anschauung unterstützen.

Das System der Informationsverarbeitung im Menschen erweist sich innerhalb eines holographischen Modells als ein sich selbst regulierender Regelkreis mit einer dreifachen Hierarchie der Kontrollinstanzen (s. Abb. 3.11). Der Regelkreis besteht darin, daß Informationen aus der Umwelt aufgenommen werden, die nach einer umfangreichen Verarbeitung zu Tätigkeit führen. Diese Tätigkeiten verändern wiederum den realen Sachverhalt der Umwelt und somit die Informationen, die aus der Umwelt aufgenommen werden können.

Der Verarbeitungsvorgang kann jedoch in verschiedener Weise erfolgen: Die Verbindung zwischen Informations-input und -output kann über automatisierte Prozesse (1) ablaufen, wobei die Kontrolle des Ablaufs indirekt über den Vergleich von Zielschemata (Absichten) und Wahrnehmungsschemata erfolgt. Wenn der Ablauf der Verbindung zwischen Input und Output aufgrund einer Inkongruenz zwischen Wahrnehmung und angestrebtem Zielzustand verändert werden muß, dann muß auf bewußtseinsfähige Prozeduren (2) zurückgegriffen werden. Bewußtseinsfähige Prozeduren (die nicht gleichzeitig bewußtseinspflichtig sein müssen) laufen langsamer ab als automatisierte Prozeduren, sind dafür jedoch weitgehend veränderbar und den Erfordernissen anpaßbar.

Hinweise auf eine derartige Hierarchie der Handlungssteuerung bieten Untersuchungen zu Reaktionszeiten, zur Schnelligkeit von Handlungsinitiierungen (Schmidt, 1982) oder zu gleichzeitig auszuführenden Aufgaben (dual-task-processing; Strube, 1984; Piesbergen, 1986): Je niedriger die Ebene der Steuerung, desto kürzer die registrierten Zeiten. Weitere Unterstützung erfährt die Theorie der dynamischen Systemlokalisierung (Leontjew, 1982, S. 119) durch Erkenntnisse aus der Neurophysiologie und der Entwicklung des Nervensystems: Bestimmte niedere Gehirngebiete funktionieren als selbständige Einheiten bei der automatisierten Kontrolle bei der Orientierung von Kopf und Augen, indem sie eine Vielzahl von

Menschliche Informationsverarbeitung

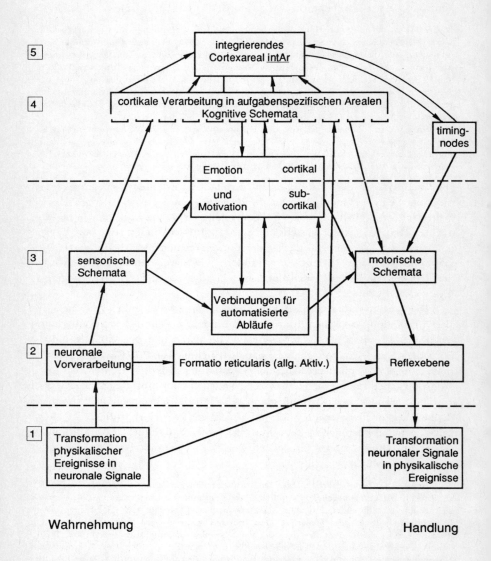

Abb. 3.11: Ebenen der Informationsverarbeitung (Erläuterungen siehe Text und Tab. 3.2).

Umgebungsfaktoren (akustisch und visuell) einbeziehen (superior colliculus; Meredith & Stein, 1985).

Die oberste Kontrolle (3) wird ausgeübt durch ein integrierendes Gehirnareal (*intAr*), das Informationen aufnimmt und aufgrund von Informationsabfragen (Richtung der Aufmerksamkeit) Abläufe auf unteren Hirnebenen beeinflußt. Das *intAr* beeinflußt untere Hirnebenen aufgrund von Informationen, die aus angeborenen Mechanismen abgeleitet werden, die erlernt wurden oder zur Zeit gerade erfahren werden (s.o.). Wenn die Entscheidungen des *intAr* durch die eingehenden Informationen nicht determiniert sind, so könnte man vermuten, daß im Rahmen gewisser Spielräume (des gegebenen Informationszustands des *intAr*) nach einem Zufallsmechanismus entschieden wird (s.a. Tab. 3.2).

3.8 Folgerungen

Es zeigt sich, daß der Gedächtnisbegriff in der Beschreibung einer Theorie der Informationsverarbeitung im menschlichen Gehirn nicht von Wahrnehmung und Handeln zu trennen ist – das Gedächtnis ist ebenso Aspekt der Informationsverarbeitung wie auch Denken, Problemlösen, Lernen, Wahrnehmung und Tätigkeit. Bei Betonung des holistischen Aspekts der Informationsverarbeitung und dem Bezug auf die Theorie holographischer Informationsrepräsentation können die Prozesse der Informationsverarbeitung und der Informationsverwaltung als Einheit angesehen werden. Struktur und Prozeß lassen sich nicht voneinander abgrenzen (s.a. Newell, 1972); eine von der Organisation des Gehirns getrennte Untersuchung der Denkvorgänge wäre nicht mehr zu rechtfertigen (Kintsch, 1982, S. 103).

Repräsentierte Schemata werden ebenso wie Informationen aus dem sensorischen oder motorischen Bereich in Bereiche von untereinander in Beziehung stehenden Neuronengruppen realisiert. Sie stellen ganzheitliche Informationsmuster dar: Aus der Hand, die einen Gegenstand ergreift, senden alle Rezeptoren gleichzeitig Informationen über den Gegenstand. Das Bild der Netzhaut wird fortwährend als Ganzes weitergeleitet. Bei der Einleitung von Bewegungen werden viele Muskelgruppen gleichzeitig durch neuronale Impulse aktiviert. Diese Erregungsmuster spiegeln sich in den Bereichen, die das Gedächtnis des Menschen ausmachen, in derselben Weise wieder.

Folgerichtig ist die Unterscheidung zwischen sequentiellen und ganzheitlichen Verarbeitungsmodi künstlich. Das menschliche Gehirn arbeitet immer ganzheitlich. Auch das, was meist als sequentiell angesehen wird, ist ganzheitliche Verarbeitung: Wenn im Nacheinander verschiedene Schemata abgearbeitet werden (Bewegungen einzeln ausgeführt, Satzteile analysiert oder Probleme schrittweise gelöst werden), so ist jeder Abschnitt der Verarbeitung wieder ein ganzheitlicher Vorgang. In bezug auf die Verarbeitung sprachlicher und musikalischer Stimuli wird dies im Kapitel 4 näher erläutert.

Auch die Unterscheidung zwischen heuristischen und epistemischen Strukturen (Dörner, 1979) ist innerhalb eines holographischen Modells nicht notwendig. Heuristiken sind Handlungsschemata, die sich aus der Art der repräsentierten epistischen Strukturen ergeben. Handlungsschemata wären somit Teil des epistemischen Schemas. Eine grundsätzliche Unterscheidung zwischen epistemischen und heuristischen Schemata würde eine Dichotomie und eine wechselseitige Unabhängigkeit vortäuschen, die auch empirisch sinnlos wäre.

Sachverhalte, die innerhalb des menschlichen Verarbeitungssystems repräsentiert werden, sind vermutlich sowohl im Verlauf ihrer Bearbeitung, als auch ihrer Langzeitspeicherung mehrfach repräsentiert. Die bekannteste und am besten untersuchte Mehrfachrepräsentation ist Repräsentation während eines Lernvorgangs: Im *sensorischen Speicher* und im *Kurzzeitgedächtnis* verbleiben alle Informationen, die von den Rezeptoren aufgenommen werden oder für Denk- und Problemlösevorgänge benötigt werden, nur für kurze Zeit. Es handelt sich hier offensichtlich um eine Art Übergangsspeicher, der die Daten eine Zeit lang bereithalten soll, um weiterverarbeitenden Systemen den Zugriff zu erleichtern. Bevor diese Daten für höhere Verarbeitungsvorgänge verwendbar sind, ist eine weitergehende Vorverarbeitung notwendig. Der Zerfallsprozeß der Daten kann Kurzzeitgedächtnis durch spezielle Mechanismen (wie Übungswiederholung) unter Umständen relativ lange aufgehalten werden. Die Daten erfahren hier auch bereits einen gewissen Grad kognitiver Weiterverarbeitung (chunk-Bildung, s. Kintsch & van Dijk, 1978). Dennoch scheinen Informationen auf dieser Ebene nur kurzzeitig Wert für das Funktionieren des menschlichen Gehirns zu haben. Sowohl sensorischer Speicher als auch Kurzzeitgedächtnis könnten für die menschliche Informationsverarbeitung dieselbe Bedeutung haben wie temporäre Dateien für den Ablauf von Computer-Programmen: Im Verlauf eines Bearbeitungsvorgangs werden zur Zwischenspeicherung von vorläufigen Ergebnissen Dateien generiert, die wieder gelöscht werden, sobald das angestrebte Ergebnis erreicht worden ist, um Arbeitskapazitäten freizuhalten.

Die langfristige Repräsentation der Daten im Gehirn erfolgt im *Langzeitgedächtnis*, einem bisher wenig präzisierten psychologischen Konstrukt. Es wurde ausgeführt, daß das Langzeitgedächtnis nicht alleine im cortikalen Bereich angesiedelt werden kann: Fähigkeiten und Fertigkeiten, die aufgrund der Zerstörung (Verletzung, Abtragung) spezifisch wichtiger Cortexareale nicht mehr vorhanden sein dürften, stehen trotzdem zur Verfügung (wenn auch z.T. erst nach Übung). Man könnte annehmen, daß von bewußt auszuführenden Schemata ab einem gewissen Lernniveau eine nicht mehr bewußtseinspflichtige Kopie derselben Schemata auf einer anderen Hirnebene abgelegt wird (Automatisation).

Vergleichbar wäre diese doppelte Repräsentation mit der Beziehung zwischen dem source-code eines Programms und der compilierten Fassung dieser source: Die compilierte Fassung des Programms braucht lediglich gestartet zu werden. Die source benötigt den Compiler der betreffenden Programmiersprache – im Falle von bewußtseinspflichtigen Schemata im Gehirn gleichzusetzen mit dem integrierenden Areal (*intAr*). Die Unterscheidung zwischen Repräsentationen auf der Ebene der source-code und auf der Ebene eines compilierten Programms entspricht der Unterscheidung zwischen deklarativen und prozeduralen Wissensstrukturen, wie sie von Anderson (1982, 1983) definiert werden. Deklarative Wissensstrukturen sind *bewußtseinspflichtig*. Prozedurale Wissenstrukturen sind grundsätzlich *nicht bewußtseinspflichtig*. Manche Prozeduren sind darüberhinaus *nicht bewußtseinsfähig* (unterste Verarbeitungsebenen, z.B. Übersetzung von physikalischen Reizen in Nervenimpulse oder Reflexe).

Da die Annahme des *intAr* den Anschein erweckt, als ob auf alte homunculus-Theorien rekurriert werden soll, muß noch einmal betont werden, daß es sich bei dem vorgestellten Informationsverarbeitungs-Modell um ein selbstregulierendes Modell handelt. Die Rezeptorinformation versetzt jeden mit den Rezeptoren verbundenen Bereich in einen Zustand, der vom vorherigen Zustand abweicht. Die in diesen Verarbeitungsbereichen repräsentierten Schemata (wahrscheinlich auch angeborene Verarbeitungsschemata) leiten die ganzheitliche Erregung von Neuronengruppen in einer Reiz- und Verarbeitungsareal-spezifischen Weise weiter. Ein Bereich erhält alle Information von allen Cortexbereichen: Von hier aus wird das gesamte System menschlicher Informationsverarbeitung beaufsichtigt (steuernd und/oder beobachtend) – je nach Art der Aktivierung, die von den in anderen Hirnbereichen repräsentierten Schemata weitergeleitet wurde. Die Grundlage von Bewußtsein entsteht aus Wahrnehmung und Tätigkeit – das Bewußtsein wäre demzufolge nichts, was dem Leben vorgeordnet ist.

3.9 Zusammenfassung

Nach einer Präzisierung der Begriffe *Schema* und *Proposition* wurde ein Modell der menschlichen Informationsverarbeitung vorgestellt, das die Vorteile einer holographischen Sichtweise der Gedächtnisrepräsentation mit propositionalen Netzwerken verbindet. Dieses Modell soll als Grundlage für die Repräsentation und Verarbeitung von musikalischen Sachverhalten dienen, auf die im Kapitel 4 eingegangen wird.

4. Kapitel:

GANZHEITLICHE REPRÄSENTATION VON MUSIK

4.1 Musikstücke als reale bzw. potentielle Sachverhalte

Musikstücke stellen einen *realen Sachverhalt* im Sinne des Kapitels 3 dar, wenn der Ablauf der Musik sich in Veränderungen der physikalisch-akustischen Umwelt äußert, also wenn das Musikstück von einer Person oder mehreren Personen auf dazu geeigneten Musikinstrumenten aufgeführt wird. Wenn ein Individuum ein Musikstück bereits oft gehört hat, kann es eine Erinnerung an dieses Musikstück wachrufen: Das Musikstück stellt in diesem Fall einen *potentiellen Sachverhalt* dar; es erklingt im Individuum, als Vorstellung eines realen Sachverhalts (vgl. Kapitel 3). Die Fähigkeit, potentielle musikalische Sachverhalte zu generieren und in der Vorstellung zu verfolgen, wird von manchen Musiktheoretikern als wesentliche musikalische Fähigkeit angesehen (music audiation; Gordon, 1986).

Musikalische Sachverhalte lassen sich mit fünf Parametern beschreiben: Rhythmus, Klang, Tonhöhe, Mehrstimmigkeit und Form (s. Kapitel 2). Sie definieren die *objektive Struktur* des Musikstücks, die vom Menschen rezipiert, verarbeitet und wahrgenommen werden kann. Der Mensch bildet *subjektive Strukturen* in bezug auf verarbeitete Sachverhalte. Die objektive Struktur ist die Ordnung der realen Sachverhalte, wie das Individuum sie vorfindet. Die subjektive Struktur ist eine Form der Widerspiegelung von objektiver Struktur (Leontjew, 1977, S. 51 ff.) im Individuum. Oerter (1978, S. 142) spricht von der "Ordnung der Orientierungs- und Handlungselemente des Individuums" in der Umwelt: "Subjektive und objektive Struktur stehen in einem engen Wechselverhältnis und werden durch das Prinzip der Isomorphie aufeinander bezogen".

In der objektiven Stuktur der Musik sind alle Beziehungen zwischen den musikalischen Sachverhalten und anderen Sachverhalten niedergelegt. Diese Beziehungen werden in der Musik des westlich-europäischen Kulturkreises von der Musiktheorie beschrieben. Die subjektive Struktur ist die Repräsentation der objektiven Struktur oder zumindest derjenigen Ausschnitte aus der objektiven Struktur, die vom Individuum verarbeitet wurden. Sie bildet ein ganzheitliches Schema, das im Menschen beim Hören eines Musikstücks oder bei der Vorstellung von einem Musikstück aktiviert wird.

Im empirischen Teil dieser Arbeit soll die Übereinstimmung zwischen objektiver und subjektiver Struktur, also die Übereinstimmung zwischen musikalischen Sachverhalten und ihren Repräsentationen, an einem der Beschreibungsparameter der Musik untersucht werden: dem Parameter der *Beziehungen* in der Mehrstimmigkeit und der Harmoniefortschreitungen (s. Kapitel 5). Im Abschnitt 4.2 dieses Kapitels wird zunächst allgemein auf die Historie und die Grundprinzipien westlich-europäischer Harmonielehre eingegangen. Im Abschnitt 4.3 wird versucht, eine präzise Schreibweise für die Darstellung ganzheitlicher Zusammenhänge zwischen musikalischen Akkorden zu definieren. Diese formalisierte Schreibweise soll sowohl für die Beschreibung von musikalischen Sachverhalten als auch für die Beschreibung von musikalischen Schemata, also Repräsentationen dieser Sachverhalte gelten.

Im Abschnitt 4.4 wird an mehreren Beispielen die Entstehung eines Tonalitäts-Schemas verdeutlicht. Im Abschnitt 4.5 wird auf die Möglichkeit zur rekursiven Umdeutung bereits aktivierter Schemata hingewiesen. Den Schluß dieses Kapitels bildet ein Abschnitt, in dem auf Parallelen zur Sprachverarbeitung hingewiesen wird: Ebenso wie die Harmonielehre der westlich-europäischen Musik als Grammatik für den Zusammenhalt eines Musikstücks angesehen werden kann und beim Menschen in Schemata repräsentiert wird (s. im nächsten Abschnitt), werden auch die Zusammenhänge zwischen Abschnitten von Geschichten mittels Geschichtengrammatiken beschrieben und in Geschichtenschemata beschrieben werden.

4.2   Harmonielehre als Grammatik westlich-europäischer Musik

Harmonik ist nach Dahlhaus (1966, S. 51) "gewohnheitsgemäß der Inbegriff sämtlicher Prinzipien, die in mehrstimmiger Musik (des Abendlands) der Struktur und den Beziehungen von Zusammenklängen zugrundeliegen können."

> Die Notwendigkeit einer Theorie harmonischer Fortschreitungen ergab sich aus der zunehmend komplexeren Mehrstimmigkeit, die sich im Mittelalter in der europäischen Musik entwickelt hat. Obwohl die westlich-europäische Musik nicht die einzige Musik in der Welt ist, die Mehrstimmigkeit entwickelt hat (s. Stumpf & Hornbostel, 1911, S. 265; Schneider, 1969), überstieg das Ausmaß an Komplexität die Aufnahmefähigkeiten der Musikhörer, so daß sich frühzeitig Systeme entwickelten, die den Zusammenhang zwischen mehreren Stimmen gewährleisteten (zur Anfangszeit der Mehrstimmigkeit in Europa s. Eggebrecht, 1984). Die ersten umfassenden Systeme waren die Contrapunctus-Theorien, die Anfang des 14.

Jahrhunderts entstanden (Phillipe de Vitry, Johannes de Muris). Der zweite Schritt führte zu den Harmonielehren.

Die Regeln der heutigen Harmonielehre haben sich seit dem 16. Jahrhundert in zunehmender Differenzierung herausgebildet. Als Begründer moderner Terminologie gilt meist Rameau mit seiner Kompositionslehre von 1722. Rameau verweist in diesem Buch jedoch bereits auf insgesamt 32 vorliegende Veröffentlichungen zur Harmonielehre. Als ältestes Werk, das sich mit harmonischen Fortschreitungen beschäftigt, kann die Kompositionslehre von Zarlino (1558) gelten (vgl. dazu auch Blume, 1974, S. 163).

Grundprinzip der Harmonielehre ist die Tatsache, daß ein tonaler Bezugsrahmen definiert wird, innerhalb dessen einzelne Akkorde eine bestimmte Funktion einnehmen. Danach gibt es drei Hauptfunktionen: Der Akkord auf der ersten Stufe einer Tonleiter heißt spätestens seit Rameau *Tonika-Akkord* (tonique; Rameau, 1722, S. 68), der Akkord auf der fünften Stufe *Dominant-Akkord* (dominante; ebda. S. 58). Auch die Benennung des dritten in westlich-europäischer Musik zentralen Begriffs, der *Subdominante*, wird Rameau zugeschrieben (s. dazu Grabner, 1977, S. 27), auch wenn sich dieser Begriff nicht in der Harmonielehre von 1722 findet. Tonika, Subdominante und Dominante gelten bei praktisch allen Musiktheoretikern seit Rameau als die drei Säulen musikalischer Harmoniebeziehungen (Harbinson, 1982, S. 25 ff.; eine Ausnahme bildet Schenker, s. Kapitel 2). Gemeinsam bilden die Hauptfunktionen die "cadence parfaite" (Rameau, 1722, S. 57 f.), eine vollständige Kadenz (s. Abb. 4.1). Die durch diese drei Hauptfunktionen gebildete harmonische Struktur ist zugleich die Hauptdeterminante der Melodie-Organisation (Tan, Aiello & Bever, 1981).

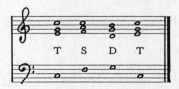

Abb. 4.1: Eine vollständige Kadenz in C-Dur – die Abfolge der Akkorde auf Tonika, Subdominante, Dominante und Tonika.

Die Subdominante kann zwei Funktionen ausüben (double emploi; s. Rameau, 1722): erstens die Funktion einer "pre-dominant" (Harbinson, 1982, S. 60 ff.) als Akkord vor der Dominante, und zweitens die Funktion einer "anti-dominant" (ebda. S. 26 und 62 ff.) als Antipode zur Dominante. Hauptmann (1888) spricht sogar davon, daß Dominante, Tonika und Subdominante eine polare Beziehung im Sinne einer Hegelschen Dualität zeigen. Er sieht die Tonika als "Einheit", die Dominante bzw. Subdominate als "Dualität" an. Die Funktion der "pre-dominant" nimmt die Subdominante in der Kadenz ein, der schematisierten Abfolge aller drei Hauptfunktionen (s. Abb. 4.1). Die Funktion der "anti-dominant" wird deutlich, wenn größere Zusammenhänge wie z.B. kurze Sätze von Musikstücken analysiert werden: In frühen Sonatensätzen moduliert der erste Abschnitt meist zur Dominant-Tonart – der zweite Abschnitt moduliert zur Subdominant-Tonart und kehrt wieder zur Tonika zurück (vgl. Abb. 4.2).

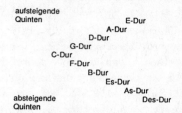

Abb. 4.2: Entfernung vom tonalen Zentrum (hier am Beispiel C- Dur gezeigt).

Chandler (1975, zitiert nach Harbinson, 1982) leitet aus Rameaus Werken die Definition des "tonic center" ab: Der Tonika-Akkord und seine Vertreter bilden nach Serafine (1983a, S. 8) einen zentralen Ruhepunkt (principal resting point), von dem aus sich mittels der Harmonie ein gestalthaftes *Einschließen-versus-Fortbewegen* (closure-versus-movement) realisiert. Das tonale Zentrum ist gleichbedeutend mit einer harmonischen Achse (Harbinson, 1982, S. 29), an der harmonische Entfernungen innerhalb einer Tonarten gemessen werden können (z.B. Grimm, 1902). Subdominante und Dominante definieren somit Entfernungen der harmonischen Bewegung in zwei unterschiedliche Richtungen. Die Subdominante ist eine Entfernung in Richtung absteigender Quinten, die Dominante in Richtung aufsteigender Quinten (s. Abb. 4.2; zum Prinzip der Entfernung vom tonalen Zentrum s. Harbinson, 1982; Rosen, 1983, S. 22 f.).

Die Entfernung vom tonalen Zentrum innerhalb eines Musikstücks hat Hofstadter (1985, S. 140 f.) mit den stack/heap-Modell des Computers verglichen: Jedesmal, wenn nach einer Modulation eine neue Tonart erreicht wird, registriert das menschliche Gehirn die Veränderung, indem es eine neue Tonart auf den stack legt. Die Folge davon sei, daß der Hörer das Bedürfnis hat, diese Tonarten wieder vom stack "herunterzupoppen". Die Entfernung vom tonalen Zentrum steht in enger Beziehung zur Entstehung von Spannung im Musikhörer.

Historisch gesehen hat die Harmonielehre Wandlungen vollzogen: Manche Aspekte theoretischer Regeln aus dem 16., 17. oder 18. Jahrhundert haben heute ihre Bedeutung verloren, andere Regeln sind hinzugekommen. Für die Harmonieabläufe romantischer Musik hat Riemann im letzten Jahrhundert ein genaues System von Beschreibungsmethoden entwickelt

(Riemann, 1873, als Dissertation unter dem Titel "Über das musikalische Hören" entstanden; später: Riemann, 1880, 1882, 1893). Eine Weiterentwicklung erfolgte von Grabner (1921, 1977), Maler (1967) und de la Motte (1985). Insbesondere de la Motte (1985) geht auf die historischen Veränderungen in der Harmonielehre ein. Man kann grundsätzlich von einer Erweiterung der Musiktheorie über die Jahrhunderte sprechen, in der die drei Hauptfunktionen ihre Bedeutung aber nicht eingebüßt haben. Die gesamte tonal gebundene Musik auch unserer Zeit beruht auf der Bedeutung kadenzierender Abläufe. Popmusik, Schlager, Filmmusik und Werbespots unterscheiden sich im Prinzip hier nicht vom klassischen Musikstil. Selbst harmonische Abläufe im Jazz und im Jazz-Rock sind mit den drei Hauptfunktionen Tonika, Subdominante und Dominante erklärbar, auch wenn diese Begriffe in Jazz-und Rock-Harmonielehren durch Stufenbezeichnungen ersetzt werden (s. Kramarz, 1983; Hempel, 1986).

Die Veröffentlichungen zur Harmonielehre vermitteln Progressionsregeln und funktionalen Bestimmungen von Akkorden (vgl. Dahlhaus, 1986). Sie definieren die Art der Beziehung zwischen *Konzepten*, *Sinneinheiten* in der Musik, nämlich zwischen *Akkorden*. Dadurch erfüllt die Harmonielehre in der Musik eine Aufgabe analog zur Grammatik in der Sprache: Mithilfe grammatikalischer Regeln lassen sich Begriffe und Aussagen in eine sinnvolle Beziehung zueinander setzen. Die Analogie von sprachlicher Grammatik zu musikalischer Harmonielehre läßt sich aus dem formalen Beschreibungssystem des nächsten Abschnitts noch deutlicher herauslesen.

4.3   Tonalität als propositionales Schema

Der Begriff *Tonalität* bezeichnet in der westlich europäischen Musik den Zusammenhang zwischen den Tönen und Akkorden, aus denen ein Musikstück entsteht. Die Töne eines Tonleiter (s. Abb. 4.3) stehen in einer physikalisch definierbaren Relation zueinander. Eine bestimmte Auswahl von Tönen bestimmt jeweils die *Tonart* eines Musikstücks. In der westlicheuropäischen Musikkultur gibt es nur wenige Typen von Tonleitern – sogenannte Modi. Diese Modi werden durch eine bestimmte Aufeinanderfolge von Halbtonschritten und Ganztonschritten gebildet. Läßt man die aus dem Mittelalter stammenden Kirchentonarten, die heute ziemlich ungebräuchlich sind, außer acht, so gibt es lediglich die Modi *Dur* und *Moll* (Abb. 4.3).

Jede Tonleiter besteht somit aus einer Menge von Tönen. Die Töne werden im deutschen und angloamerikanischen Kulturbereich mit Buchsta-

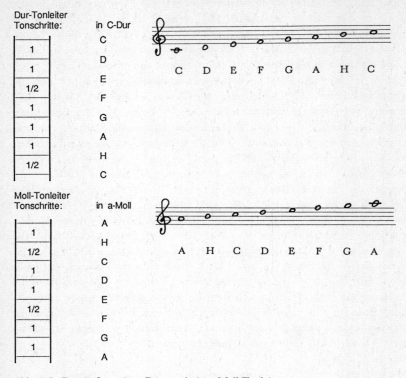

Abb. 4.3: Der Aufbau einer Dur- und einer Moll-Tonleiter.

ben aus dem Alphabet bezeichnet. In Formel 4.1 wird gezeigt, daß man die Tonart C-Dur als Menge der sie konstituierenden Töne ansehen kann.

(4.1)   Dur (C) = { C, D, E, F, G, A, H, C }

Wie Cross, Howell & West (1983, S. 450) nachweisen, genügt bereits die Menge von vier Tönen, um Grundton und Modus (Dur oder Moll) einer Tonart erkenntlich zu machen. Somit ist die Tonart auch als Funktion einer bestimmten Auswahl von vier Tönen darstellbar (s. Formeln 4.2 und 4.3).

(4.2)   Dur (C) = f { E, F, H, C }   (C-Dur)

        Moll (C) = f { Es, F, H, C }   (c-Moll)

Kapitel 4

Die Töne, die zur Bestimmung einer Tonart und eines Modus notwendig sind, stehen in einem bestimmten Abstand zum Grundton einer Tonart. Es handelt sich um die folgenden Stufen:

(4.3)   Tonart-Modus (Grundton) = f { 3, 4, 7, 1 }   oder

   Tonart-Modus (Grundton) = f { 6, 5, 7, 1 }

Analog dazu gibt es die Bestimmung der Tonalität durch musikalische Akkorde. Akkorde können als Mengen von Tönen angesehen werden. Forte (1964) spricht von *pitch-class-sets* (Mengen von Tonhöhenklassen) und beschreibt Akkorde folgendermaßen:

(4.4)   Akkord (1. Stufe) = { 1, 3, 5 }

   Akkord (5. Stufe) = { 5, 7, 2 }

Eine *Tonart* ist spätestens dann eindeutig festgelegt, wenn die Akkorde auf allen Stufen festgelegt sind. Für Musik europäisch-westlicher Musiktradition sind jedoch drei Akkorde ausreichend. Es handelt sich in allen Tonart-Modi um die Akkorde auf den Stufen 1, 4 und 5. Diese Akkorde haben in den Tonarten die Funktion von Tonika, Subdominante und Dominante (s.o.; vgl. Abb. 4.2).

(4.5)   Tonalität = f { Tonika, Subdominante, Dominante }

Mit den Begriffen Tonika, Subdominante und Dominante werden Relationen zwischen je zwei Akkorden beschrieben. Zwei Akkorde und der Relationsausdruck bilden somit eine Proposition (s. Kapitel 3). Zwischen den beiden Akkorden, den Argumenten der Proposition, besteht eine Beziehung, die sich durch das "Tonika-sein", "Subdominante-sein" oder "Dominante-sein" ausdrückt. Der Akkord auf der 5. Stufe einer Tonart ist die Dominante zum Akkord auf der 1. Stufe. In der formalen Darstellung läßt sich die Proposition folgendermaßen ausdrücken:

(4.6)   Dominante ({ 5,7,2 }, { 1,3,5 })

Oft wird in der Harmonielehre nicht deutlich getrennt zwischen einer Funktionsbezeichnung und dem Akkord, der diese bestimmte Funktion einnehmen kann. Man spricht nicht vom Dominant-Akkord, sondern von der Dominante. Um eine Verwirrung zwischen den Bezeichnungen für Propositionsargumente (die Akkorde) und für Propositionsrelationen (die Funktionen) zu vermeiden, soll der Relationsterminus im folgenden immer mit

Tab. 4.1: Unterscheidung von Akkordbezeichnungen und Relationstermini.

	Akkorde	Relationen
Tonika	T	$\hat{T}$
Subdominante	S	$\hat{S}$
Dominante	D	$\hat{D}$

einem Dach versehen werden (s. Tab. 4.1). Die Proposition in Formel 4.7 bedeutet also, daß der Dominant-Akkord zum Tonika-Akkord in dominantischer Beziehung steht.

(4.7) $\quad \hat{D} (D, T)$

Diese Unterscheidung ist notwendig, da es eine größere Anzahl von Akkorden gibt, die zu anderen Akkorden in Relation $\hat{S}$, $\hat{D}$ oder $\hat{T}$ stehen können. Die Menge dieser Akkorde wird gebildet durch die Vertreter-Akkorde (Parallelen, Gegenklänge, Medianten; vgl. dazu Grabner, 1977, S. 90 und S. 162 ff.), die Nebenseptakkorde (ebda. S. 100 ff.) und die Dur-, bzw. Moll-Varianten (ebda. S. 159). In Abb. 4.4 sind die am häufigsten verwendeten Akkorde aufgeführt, die für die drei Relationstermini verwendet werden können. Die dort verwendeten Symbole sind identisch mit den bei de la Motte (1985) beschriebenen Symbolen.

Innerhalb des Ablaufs eines musikalischen Werks spielt die Aufeinanderfolge von Akkorden eine wichtige Rolle. Toch (1948, S. 157) definiert die musikalische Form als "the balance between tension and relaxation". Spannung und Entspannung werden in westlich-europäischer Musik wesentlich von der Fortentwicklung harmonischer Abläufe getragen (Rosen, 1983, S. 23; Hofstadter, 1985, S. 140 f.).

Spannung entsteht, wenn die vom Individuum aufgenommenen musikalischen Sachverhalte verarbeitet werden. Der Ablauf eines Musikstücks aktiviert Wahrnehmungsschemata und schafft somit Bezugssysteme (vgl. Metzger, 1975, S. 131 ff.). Aufgrund der aktivierten Schemata können Wahrnehmungserwartungen gebildet werden. Wird diesen Erwartungen widersprochen, so entsteht Spannung (vgl. Meyer, 1956). Eines der wichtigsten Bezugssysteme ist die Tonalität: "Wo immer zwei Töne zusammen oder nacheinander erklingen ... gehen sie ein Verhältnis mehr oder weniger enger Verwandtschaft ein" (Hindemith, 1940, S. 183). "Die Tonalität ist ein Bauprinzip..." (Wellek, 1963, S. 259). Tonalität ist ein System von Beziehungen (Butler & Brown, 1984), das die wesentliche Determinante

Abb. 4.4: Die häufigsten Vertreter-Akkorde von den Hauptfunktionen sind die jeweiligen Varianten in Dur (große Buchstaben) oder Moll (kleine Buchstaben), die Parallelen (kleines p als Index), Akkorde mit hinzugefügter Sexte (sixt-ajute, Index $^6_5$), Septakkorde (Index ^{7}) und verkürzte Septnon-Akkorde (Index $^9_7$ mit durchgestrichenem Grundsymbol).

auch melodischer Organisation darstellt (Tan, Aiello & Bever, 1981). Das Abweichen von diesem Bezugssystem erregt Aufmerksamkeit. Wenn jedoch die Abweichung vom Bezugssystem zu lange dauert oder zu weit geht, dann kann das Bezugssystem in sich zusammenbrechen. "Die Fähigkeit des Durchhaltens des Bezugssystems gegen seinen rhythmischen und gegen seinen melodischen Inhalt und ebenso die Fähigkeit, rasch ein neues Bezugssystem aufzubauen, ist nach Begabung und Schulung außerordentlich verschieden" (Metzger, 1975, S. 159).

Das Bezugssystem harmonischer Veränderungen ist das *tonale Zentrum* (s. Abschnitt 4.2). Spannung im harmonischen Ablauf wird durch die Entfernung vom tonalen Zentrum aufgebaut. Dazu werden in der Harmonielehre westlich-europäischer Musik verschiedene Relationskonzepte benutzt, unterschiedliche Typen von Propositionen.

Konditionale Relation

Die Relationen $\hat{S}$ (Subdominant-Beziehung) und $\hat{D}$ (Dominant-Beziehung) kann man als konditionale Relationen ansehen: Die Beziehung z.B. zwischen dem Subdominant- und dem Tonika-Akkord ist bedingt durch die Existenz des tonalen Zentrums. Das heißt, es muß erst ein tonales Zentrum definiert sein, bevor eine Relation $\hat{S}$ oder $\hat{D}$ wirksam werden kann. Beide Relationskonzepte $\hat{D}$ und $\hat{S}$ bezeichnen eine Entfernung vom tonalen Zentrum: $\hat{S}$ bedeutet Entfernung in Richtung absteigender Quinten, $\hat{D}$ in Richtung aufsteigender Quinten. Von der zeitlichen Aufeinanderfolge der beiden Propositionsargumente hängt es ab, ob konditionale Relationen zu einer Zunahme oder zu einer Abnahme von Spannung führen. Eine bestimmte Aufeinanderfolge konditionaler Propositionen kann zu einer Veränderung des Bezugssystems "tonales Zentrum" führen. Diese Aufeinanderfolge nennt man Modulation.

Konjunktive und disjunktive Relation

Die in Abbildung 4.4 dargestellten Akkorde vertreten sich gegenseitig. Zum einen können diese Akkorde als sich gegenseitig ausschließende, aber gleichwertige Argumente einer Proposition auftreten: Entweder wird einer der beiden Akkorde für die Weiterentwicklung benutzt (disjunktiv) oder die Akkorde werden beide nacheinander benutzt werden und führen zu beliebigen Aneinanderreihungen (konjunktiv). Konjunktive und disjunktive Propositionen können je nach Richtung der konditionalen Propositionen, in deren Zusammenhang sie stehen, Spannungs-erhöhend, Spannungs-erhalten oder Spannungs-abbauend wirken. Diese Relationen sollen im folgenden mit dem Symbol $\hat{V}$ bezeichnet werden.

Identitätsrelation

Die Tonika-Beziehung $\hat{T}$ ist eine Identitätsrelation. Akkorde, die in der Relation "ist Tonika zu" stehen, bestätigen das tonale Zentrum und erzeugen keine neue musikalische Spannung. Eine Identitätsrelation ist als Sonderfall der konjunktiven und disjunktiven Relationen anzusehen.

Partitive Relation

Wenn ein Teil eines Akkordes auch die Funktion des ganzen Akkordes einnehmen kann, kann man das als partitive Relation kann man bezeichnen. Wichtigstes Beispiel: der verkürzte Dominantseptakkord (verminderter Dreiklang auf der 7. Stufe), der oft die Funktion des Dominantakkordes übernimmt. Partitiven Propositionen werden auch von Akkorden gebildet, die sich von einem der Vertreter der Hauptfunktionen lediglich durch Auslassung eines für die Funktion nicht bedeutsamen Akkordtons unterscheiden (z.B. Auslassen der Quinte in einem Dominantseptakkord). Partitive Relationen sollen mit dem Symbol $\hat{P}$ bezeichnet werden.

Bei der Verarbeitung von realen und potentiellen musikalischen Sachverhalten, also entweder physikalisch erklingender Musik oder vorgestellter Musik, werden ganzheitliche Schemata von der wahrgenommenen Tonalität aktiviert, sobald genügend Informationen verfügbar sind (z.B. eine bestimmte Anzahl von Tönen oder Akkorden, s. Abschnitt 4.2). Abb. 4.5 zeigt als Beispiel einen Ausschnitt aus dem Tonalitäts-Schema C-Dur mit den propositionalen Beziehungen zwischen den Akkordschemata.

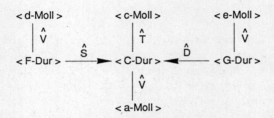

Abb. 4.5: Propositionales Schema von C-Dur (Ausschnitt aus den theoretisch möglichen Beziehungen).

Schemata dieser Art beziehen sich in erster Linie auf die Abfolge einzelner Akkorde. Sie können jedoch auch größere Gliederungen darstellen. Ein Volkslied besteht zum Beispiel oft aus drei Abschnitten: einem ersten Abschnitt, der zur Dominanttonart moduliert, einem Mittelteil, der sich in dieser Dominanttonart bewegt und zurückmoduliert, und einem Schlußteil, der dem ersten Teil entspricht, jedoch in der Grundtonart abschließt. Der zweite Teil steht zum ersten und dritten Teil in der Dominant-Relation – das Volkslied bildet eine Makroproposition (s. Kintsch, 1982, S. 323 ff.; vgl. auch macro-modelling of music bei West, Cross & Howell, 1987, S. 24 f.).

Die Bedeutung der funktionalen Beziehung fällt besonders in den Sätzen klassischer Musikstücke auf, die in der sog. *Sonatenform* komponiert sind. Abb. 4.6 zeigt das Schema der harmonischen Großgliederung: Der Bereich des zweiten Themas steht zum Bereich des ersten Themas in einer Dominant-Relation. Die Durchführung steht zum tonalen Zentrum des Satzes meist in einer Subdominant-Relation (für Ausnahmen von dieser ungeschrie-

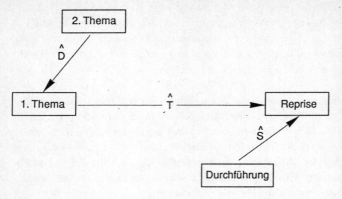

Abb. 4.6: Die Beziehungen zwischen den Abschnitten eines Sonatensatzes, dargestellt als Makroproposition.

benen Regel siehe Klaviersonaten von Schubert). Der abschließende Teil steht zum Anfangsteil in einer Identitätsrelation (Tonika-Relation). Das Schema der Entwicklung des 2. Satzes aus der Linzer Sinfonie von Mozart (Abb. 4.7) verdeutlicht diese Relationen.

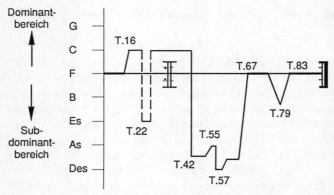

Abb. 4.7: Diagramm der harmonischen Entwicklung des zweiten Satzes aus der Linzer Sinfonie (KV 425) von Wolfgang Amadeus Mozart.

Die Makropropositionen sind Strukturen, die beim ersten Hören eines Musikstücks sequentiell aufgebaut werden. Sie bilden ein Schema, das mit jedem neu gehörten Akkord erweitert und verändert wird. Wenn ein Musikstück bereits gut bekannt ist, so wird das Schema der tonalen Makroproposition ganzheitlich aktiviert (s. Kapitel 3): Sobald ein Stück erkannt wird, werden alle folgenden Akkorde auf der Grundlage dieses aktivierten Schemas wahrgenommen und verarbeitet.

Wie im letzten Kapitel erwähnt wurde, ist es im Zusammenhang mit Musikwahrnehmung nur noch bedingt möglich, eine Analogie zum Computermodell aufrecht zu erhalten. Das stack/heap-Modell, das auch Hofstadter (1985) benutzt, verdeutlicht sequentielle Informationsverarbeitung und kann ebenso wie assoziationistische Theorien die Wahrnehmung von Tonalität nicht erklären. Im nächsten Abschnitt lassen sich aus der Beschreibung der Aktivierung von Tonalitäts-Schemata Argumente gegen zeitgebundene, sequentielle Modelle und für ganzheitliche Repräsentationen von Schemata und Propositionen ableiten. Im Abschnitt 4.5 wird auf die Frage der Makropropositionen im Zusammenhang mit Geschichtengrammatiken noch einmal eingegangen.

4.4 Entstehung eines Tonalitäts-Schemas

Wenn man vorausgesetzt, daß Individuen in bezug auf die Wahrnehmung und Verarbeitung von harmonischen Zusammenhängen subjektive Schemata bilden, die den objektiven Sachverhalten aus Abschnitt 4.2 und 4.3 isomorph entsprechen, dann bildet das Tonalitäts-Schema eines bereits bekannten Musikstücks ein Teilschema, das dem Schema aller repräsentierten Informationen über das Musikstücks hierarchisch untergeordnet ist. Das heißt, daß das Tonalitäts-Schema aktiviert ist, sobald das Musikstück als Ganzes erkannt wird. Die Aktivierung kann zum einen erfolgen, wenn bestimmte charakteristische Motive oder Anfangsakkorde wahrgenommen werden (z.B. die Eröffnungsakkorde in der Eroica von Beethoven; oder die ersten beiden Takte der 5. Sinfonie von Beethoven). Zum anderen kann die Aktivierung des Schemas auch erfolgen, wenn man die Noten sieht, wenn über das Stück gesprochen wird oder wenn man die Ankündigung für eine Aufführung dieses Musikstücks liest. Die Aktivierung eines Schemas ist in diesen Fällen gleichbedeutend mit der Aktivierung einer Vorstellung von der Musik: Das aktivierte Schema repräsentiert einen potentiellen Sachverhalt (vgl. Kapitel 3).

Wenn ein Musikstück zum ersten Mal gehört wird, entsteht das Tonalitäts-Schema im Hörer während der ersten Akkorde. Die verarbeiteten realen Sachverhalte können erst nach und nach zum Aufbau einer vollständigen Repräsentation der Tonalität führen, in der sich das Musikstück bewegt. Zwei Akkorde sind nicht hinreichend, um den tonalen Zusammenhang zu

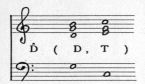 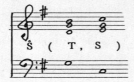

Abb. 4.8: C-Dur und G-Dur in unterschiedlichem propositionalen Zusammenhang.

definieren (s. Abschnitt 4.3). Folgen z.B. die Akkorde G-Dur und C-Dur aufeinander (s. Abb. 4.8), so kann es sich dabei um die Propositionen

(4.8) $\hat{D}$ (G-Dur, C-Dur) oder

   $\hat{S}$ (C-Dur, G-Dur) handeln.

Erst die nächste Proposition bringt die Eindeutigkeit: Alle drei Akkordfunktionen, der Tonika-Akkord, der Subdominant-Akkord und der Dominant-Akkord oder jeweils einer ihrer Vertreter müssen einmal aufgetreten sein, so daß die Tonika von Subdominante und Dominante gewissermaßen umrahmt ist (Harbinson, 1982).

Abb. 4.9 zeigt ein Beispiel aus dem ersten Satz der Sinfonie Nr. 94 von Joseph Haydn: In der Einleitung zum ersten Satz werden zunächst nur die Akkorde G-Dur und C-Dur gespielt. Erst im dritten Takt erscheint der Dominant-Akkord. Erst hier ist die Tonart G-Dur eindeutig fixiert, erst hier kann der Hörer sicher sein, in welcher Tonart sich das Musikstück bewegt. Ab diesem Zeitpunkt werden die folgenden harmonischen Abläufe aufgrund des aktivierten Schemas einer Grundtonart verarbeitet.

Abb. 4.10 zeigt ein anderes Beispiel, den Beginn des ersten Satzes aus der Serenade "Eine kleine Nachtmusik" von Wolfgang Amadeus Mozart. Hier wird die Tonart durch zwei kräftige gebrochene Akkorde (G-Dur in den ersten beiden Takten, D-Dur im dritten und vierten Takt) angedeutet. Diese beiden Akkorde könnten die Proposition $\hat{D}$ darstellen, insbesondere, weil der D-Dur-Akkord mit der kleinen Septime erscheint (diese bestimmte Form eines Septakkords weist auf einen Dominant-Akkord hin).

Erst im Takt 13 wird die Tonalität durch das Auftreten einer Subdominant-Proposition bestätigt:

(4.9) $\hat{S}$ ($\hat{V}$ (a-Moll, C-Dur), G-Dur)

Der Subdominant-Akkord C-Dur wird hier vertreten durch seine Parallele a-Moll. Möglicherweise spielt Mozart im Baß wegen dieser späten Bestäti-

Kapitel 4

Abb. 4.9: Beginn des ersten Satzes aus der Sinfonie Nr. 94 von Joseph Haydn.

gung nach den Einführungstakten vier Takte lang nur den Grundton der Tonart, um auf diese Weise das tonale Zentrum bereits zu festigen.

Mozart komponiert in der kleinen Nachtmusik so, daß der Hörer bezüglich der Repräsentation der Tonalität möglichst wenig im Unsicheren gelassen wird. Diese Kompositionsweise entspricht dem Stil der damaligen Zeit (vgl. Rosen, 1983). Die Weiterentwicklung nach dem ersten Thema wird erst begonnen, wenn die Tonalität durch die drei wichtigen Relationen $\hat{S}$, $\hat{D}$ und $\hat{T}$ eindeutig bestätigt ist. Anders geht Beethoven in der 1. Sinfonie vor: Während der Einleitungstakte zum ersten Satz scheint es so, als hätte Beethoven den Hörer absichtlich lange im Unsicheren lassen wollen. Abb. 4.12 zeigt diese Takte (s. übernächste Seite).

Der erste Akkord ist ein Dominantseptakkord zu F-Dur, der folgerichtig aufgelöst wird. Für den Hörer liegt bereits hier die Aktivation eines Tonalitäts-Schemas nahe: Die beiden Akkorde bilden ebenso wie die ersten beiden Akkorde in der kleinen Nachtmusik eine Dominantrelation (Abb. 4.11).

Im zweiten Takt folgt jedoch der Dominantseptakkord auf G mit der Auflösung zu einem Vertreterakkord von C-Dur (a-Moll). Auch diese beiden Akkorde bilden einen Dominantrelation, die jedoch nicht zur vorhergehenden Dominantrelation paßt. Das im ersten Takt aktivierte Schema

Abb. 4.10: Beginn des ersten Satzes der Serenade "Eine kleinen Nachtmusik" von W.A. Mozart, KV 525.

muß sich verändern, die Beziehung zwischen den ersten beiden Akkorden erscheint im nachhinein anders als zu Beginn der Sinfonie (s. Abb. 4.13): Die Beziehung zwischen den beiden ersten Akkorden wird rekursiv umgedeutet (zur Rekursivität siehe genauer Abschnitt 4.5), F-Dur scheint subdominantisch zu C-Dur zu sein.

Wieder anders sieht das aktivierte Tonalitäts-Schema nach dem dritten Takt aus: Abbildung 4.14 zeigt, daß jetzt G-Dur als Tonika-Akkord in Frage kommt, C-Dur somit zur Subdominante wird. F-Dur (im ersten Takt) ist jetzt noch weiter entfernt von der scheinbaren Tonika G-Dur.

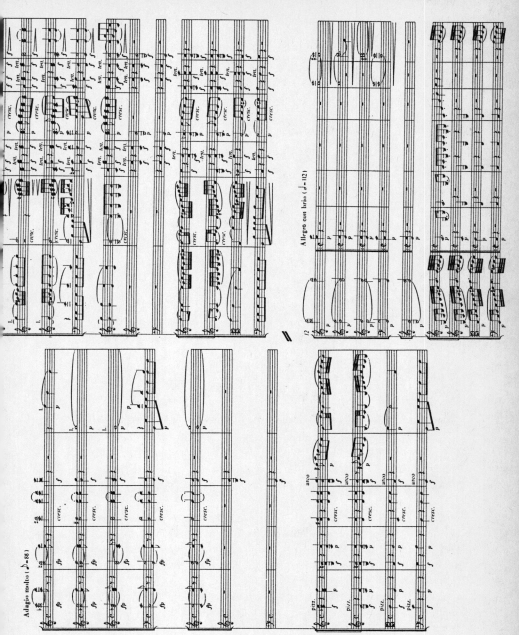

Abb. 4.12: Beginn des 1. Satzes der Sinfonie Nr. 1 von Ludwig van Beethoven, op. 21.

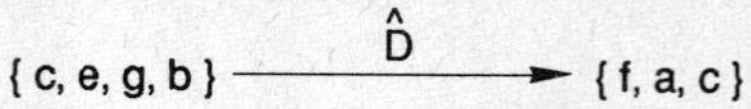

Ganzheitliche Repräsentation von Musik

$$\{\,c,e,g,b\,\} \xrightarrow{\hat{D}} \{\,f,a,c\,\}$$

Abb. 4.11: Tonalitäts-Schema, Takt 1 der Beethoven-Sinfonie.

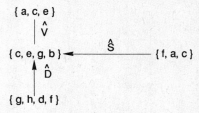

Abb. 4.13: Tonalitäts-Schema im 2. Takt der Beethoven- Sinfonie (s. Abb. 4.12).

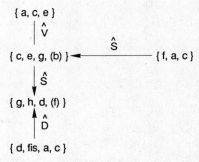

Abb. 4.14: Tonalitäts-Schema zu Beginn des 4. Takts der Beethoven-Sinfonie.

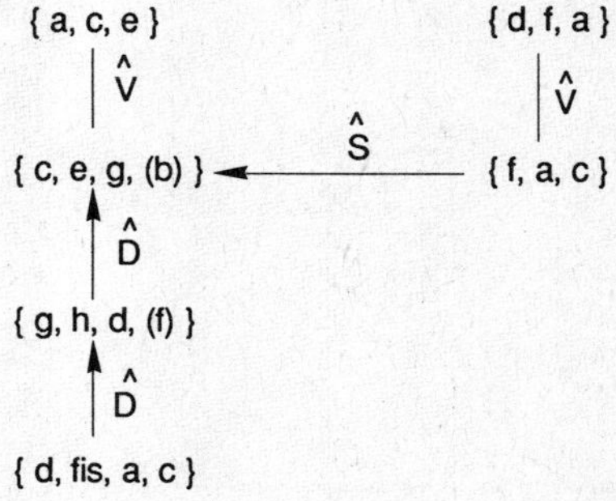

Abb. 4.15: Tonalitäts-Schema im achten Takt der Beethoven- Sinfonie.

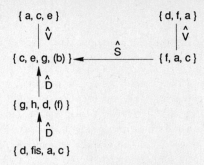

Abb. 4.16: Tonalitäts-Schema im zehnten Takt der Beethoven- Sinfonie.

Erst spät erfolgt die endgültige Bestätigung der Tonart C-Dur mit Subdominante (im achten Takt) und Tonika-Parallele/Subdominante (im zehnten Takt; s. Abb. 4.15 und 4.16). Wenn die Einleitung abgeschlossen ist, hat Beethoven die für die Tonalität notwendigen Propositionen zweimal komponiert.

(1) Zum einen als direkte Verbindungen zwischen je zwei Akkorden – zum anderen durch hierarchisch übergeordnete Propositionen, in denen die jeweilige Akkordfunktion durch die dazugehörige Dominante zusätzlich verstärkt wurde. Das wurde in den Abbildungen 4.11 bis 4.16 dargestellt.

(2) Zum zweiten ergibt sich ein Folge übergeordneter Propositionen, wenn man die jeweiligen Auflösungen der Zwischendominanten betrachtet: F-Dur (Takt 1), a-moll (Takt 2), G-Dur (Takt 4) und C-Dur (Takt 8) bilden zusammen bereits die erste hierarchisch übergeordnete Proposition, die Makroproposition der harmonischen Entwicklung in der langsamen Einleitung:

(4.10) $\hat{S}$ (F-Dur, $\hat{V}$ (a-moll, C-Dur))

(4.11) $\hat{D}$ (G-Dur, C-Dur)

4.5 Wahrnehmungsantizipationen und Hörerwartungen

Aufgrund der jeweils aktivierten Schemata werden vom Hörer Wahrnehmungserwartungen gebildet. Die ablaufenden musikalischen Ereignisse entsprechen diesen Erwartungen oder sie widersprechen ihnen. Die Frage nach dem Aufbau von Wahrnehmungserwartungen und die Wahrscheinlichkeit für das Eintreten eines erwarteten Ereignisses wurde oft mit *Markoff-Modellen* erklärt (vgl. dazu Motte-Haber, 1976, S. 77 f.). Markoff-Modelle kommen in der Psychologie bei der Beschreibung von Prozessen im Bereich von Konditionierungen, Konzeptlernen, Informationsspeicherung, Denken und Interaktion zur Anwendung (Möbus & Nagel, 1983, S. 395). Als *Markoff-Eigenschaft* bezeichnet man die in Formel 4.12 beschriebene bedingte Wahrscheinlichkeit:

(4.12) $\quad W \{ Y_t = i_t \mid Y_{t-n} = i_{t-n} \ldots Y_{t-1} = i_{t-1} \}$

Die Wahrscheinlichkeit, daß ein Ereignis Y_t gleich dem bestimmten Ereignis i_t ist, hängt davon ab, ob die vorher eingetretenen Ereignisse Y_{t-n} bis Y_{t-1} alle gleich den bestimmten Ereignissen i_{t-n} bis i_{t-1} gewesen sind.

Eine Folge von Ereignissen, die durch diese Bedingung definiert wird, bezeichnet man als Markoff-Kette. Eine Markoff-Kette 1. Ordnung wird definiert durch die folgende Bedingung: "Die Wahrscheinlichkeit, welchen Zustand der Prozeß zum Zeitpunkt t annimmt, (hängt) nur vom unmittelbar vorher stattfindenden Ereignis ab" (Möbus & Nagel, 1983, S. 401; s. Formel 4.13). Wenn die Wahrscheinlichkeit von den n vorher stattfindenden Ereignissen abhängt, dann ist sie eine Markoff-Kette n-ter Ordnung.

(4.13) $\quad W \{ Y_t = i_t \mid Y_{t-2} = i_{t-2}, Y_{t-1} = i_{t-1} \}$

$\quad\quad\quad \hat{=} W \{ Y_t = i_t \mid Y_{t-1} = i_{t-1} \}$

Durch Markoff-Modelle werden Übergangswahrscheinlichkeiten beschrieben. De la Motte-Haber (1979) gibt zu bedenken, daß Übergangswahrscheinlichkeiten nicht ohne Relevanz für das Hören von Musik sind, denn "sequentielle Abhängigkeiten werden bis zu einem gewissen Grade gelernt. Daß nach einer Dominanten eine Tonika erwartet werden kann, stellt eine gelernte Erwartung dar." (ebda. S. 77 f.). Simonton (1984) untersuchte 15618 klassische Melodien unter dem Aspekt der Übergangswahrscheinlichkeit zwischen den Tönen der Melodien. Sollte der Ablauf einer Reihe musikalischer Akkorde mit Markoff-Modellen erklärt werden, so müßte die

Wahrscheinlichkeit für das Auftreten eines bestimmten Akkordes A_t von den n vorher erklingenden Akkorden abhängen (siehe Formel 4.14).

(4.14) $W \{ A_t \mid A_{t-n} \ .. \ A_{t-1} \}$

Tatsächlich läßt sich aber nicht angeben, wieviele Akkorde gespielt werden müssen, bevor die Übergangswahrscheinlichkeit zu einem bestimmten Akkord A_t festgelegt ist. Zwei vorhergehende Akkorde sind sicher zu wenig, drei Akkorde können hinreichend sein – wenn es die richtigen sind (siehe das Beispiel von Haydn). Manchmal führt der Komponist den Hörer jedoch bewußt eine Zeitlang in die Irre (siehe das Beispiel von Beethoven; Beispiele von Haydn s. bei Rosen, 1983, S. 123 ff.). Spätestens bei diesen Kompositionen muß man erkennen, daß es sich bei der Entstehung von Erwartungshaltungen in bezug auf Akkordfolgen nicht um Übergangswahrscheinlichkeiten handeln kann, sondern um die Wahrnehmung von Beziehungen und den Aufbau von propositionalen Schemata: Eine einzige Proposition legt lediglich die Vermutung einer Tonalität nahe. Weitere Propositionen können diese Tonalitätsvermutung untermauern. Übergangswahrscheinlichkeiten im Sinne einer musiktheoretischen Vorhersage können jedoch erst formuliert werden, wenn die beiden wichtigen Propositionen $\hat{S}$ und $\hat{D}$ aus dem musikalischen Sachverhalt abgeleitet und repräsentiert werden konnten. Das zu diesem Zeitpunkt vollständig aktivierte Schema erlaubt jedoch auch keine Aussagen, die über den nächsten Akkord hinausgehen, da der nächste Akkord das aktivierte Schema vollständig verändern kann (im Falle von Modulationen, Veränderungen des tonalen Zentrums).

4.6 Rekursivität und retrospektive Umdeutung von Schemata

Oft wird in Musikstücken westlich-europäischer Musik Spannung erzeugt, indem ungewöhnliche Akkorde oder Akkordfortschreitungen eingeführt werden, deren Beziehung zum Gesamtablauf zunächst nicht erklärbar ist. Diese Vorgehensweise beim Komponieren durchbricht meist ein eingeführtes Muster im Musikstück. Das Überraschungsmoment verwirrt den Hörer und zwingt ihn, sich erneut mit dem Ablauf auseinanderzusetzen, da ein bisher möglicherweise redundanter Ablauf automatisiert verarbeitet werden konnte. Oft wird der Zusammenhang des Musikstücks dann wiederhergestellt, wenn der Hörer das überraschende Ereignisse in größerem Zusammenhang interpretiert: Vor seinem "inneren Ohr" bezieht sich der Hörer auf bereits gehörtes und erkennt somit die Beziehungen zwischen neu und alt.

Dieser späte Rückbezug auf bereits Gewesenes läßt sich mit dem informationstheoretischen Begriff der *Rekursion* erklären. Bei Rekursionen handelt es sich abstrakt gesehen um eine Funktion oder Prozedur, die sich selbst aufruft. Innerhalb der Prozedur befindet sich eine undefinierte Aussage, die nur wieder durch Aufruf derselben Prozedur gelöst werden kann. Rekursive Prozeduren können zu einer endlosen Schleife im Programm führen, wenn der erneute Durchlauf unter denselben Bedingungen erfolgt. Das ist dann nicht der Fall, wenn die vorliegenden Daten aufgrund des ersten unvollständigen Prozedurlaufs anders interpretiert werden müssen.

Ein Beispiel für diese Art von Rückbezug ist in Abbildung 4.17 dargestellt: Im Menuett der Sinfonie Nr. 95, Takt 45, komponiert Joseph Haydn einen Des-Dur-Akkord innerhalb der Tonart c-Moll. Verstärkt durch die Generalpause, erscheint der Akkord sehr weit von der Tonart c-Moll entfernt zu sein; der Akkord ist in das aktivierte Tonalitäts-Schema zunächst nicht einzuordnen. Erst im Takt 46 wird durch die Doppeldominante wieder die Beziehung zu c-Moll hergestellt. Rückwirkend zeigt sich, daß der Des-Dur-Akkord ein sogenannter "Neapolitanischer Sextakkord" zu c-Moll war, ein Vertreter-Akkord für die Subdominante (s. Formel 4.15).

(4.15) $\hat{S}$ ($\hat{V}$ (Des-Dur, f-Moll), c-Moll)

Ist im vorherigen Beispiel der Akkord zunächst nicht einzuordnen und erst durch den Rückbezug auf die vorherige Tonart erklärbar, so paßt der Akkord im folgenden Beispiel zunächst in das tonale Schema, muß jedoch später aufgrund anderer Ereignisse umdefiniert werden. Im vierten Satz der Sinfonie Nr. 4 moduliert Beethoven ab Takt 104 von der Dominant-Tonart weg (Abb. 4.18). Mit dem Tutti-H in Takt 123 scheint die Dominante zu e-Moll erreicht zu sein: Die Bässe und Celli führen den Ton so weiter, daß der Eindruck eines Dominantseptnon-Akkords entsteht (Takt 125), der sich nach e-Moll auflöst (Takt 126). In Takt 127 folgt nun ein Dominantseptakkord für G-Dur: Rückwirkend werden die letzten vier Takte eingebunden in das neu entstehende Schema von G-Dur. Es handelt sich um eine retrospektive Umdeutung von funktionalen Beziehungen, die durch Rekursion möglich wird. Das Tutti-H könnte bereits eine rudimentäre Vorahnung des G-Dur-Tonika-Akkords gewesen sein, die Baßlinie in Takt 125 und 126 eine Verkürzung der Subdominant-Parallele und der Tonika-Parallele zu G-Dur.

Es zeigt sich hier übrigens das Prinzip der *Modulation*, also der Veränderung von Tonalitätsschemata: Ein musikalischer Abschnitt wird so komponiert, daß er sowohl zum Schema der Ausgangstonart als auch zum Schema der Zieltonart passen würde (der Dirigent und Musiktheoretiker Sergiu Celibidache spricht vom "neutralen Feld" einer Modulation). Im musikalischen Ablauf wird dieses Feld zunächst in bezug zum aktivierten Tonalitäts-Schema verarbeitet. Ein nun folgender Akkord macht die weitere Verarbeitung innerhalb des aktivierten Schemas unmöglich (hier Takt 127 aus Abb. 4.18). Die letzten vier Takte

Kapitel 4

Abb. 4.17: Takt 32-49 aus dem Menuett der Sinfonie Nr. 95 von Joseph Haydn.

werden rückwirkend umdefiniert und bilden zusammen mit dem letzten Akkord ein neues Tonalitäts-Schema, da bereits beide wichtige Propositionen

$$\hat{S} \text{ und } \hat{D}$$

rezipiert wurden.

Ein weiteres Beispiel, aus dem vierten Satz der Sinfonie KV 543 in Es-Dur von Wolfgang Amadeus Mozart, ist in den Abbildungen 4.19

Ganzheitliche Repräsentation von Musik

Abb. 4.18: Takt 108-142 aus dem 4. Satz der Sinfonie Nr. 4 von Ludwig van Beethoven.

Ganzheitliche Repräsentation von Musik

Kapitel 4

Abb. 4.20: Takt 49-73 aus dem 4. Satz der Es-Dur-Sinfonie von W.A. Mozart, KV 543.

Ganzheitliche Repräsentation von Musik

(Darstellung der Rekursion und retrospektiven Umdeutung) und 4.20 (Noten) aufgezeigt (nächste Seite). Hier gibt es vor der eigentlichen Umdefinition des Tonalitäts-Schemas schon eine früher liegende Stelle, an der das aktivierte Schema hätte umgedeutet werden können: Der h-Moll-Akkord in Takt 53 ist harmonisch nicht deutbar, läßt sich jedoch zunächst auch als chromatischer Durchgang ansehen. So kommt es erst in Takt 56 zur Aktivierung des veränderten Schemas und zur rückwirkenden Umdefinition der Akkorde in den Takten 53 bis 55. Die Takte 52 und 53 stellen das eben erwähnte *neutrale Feld* dar.

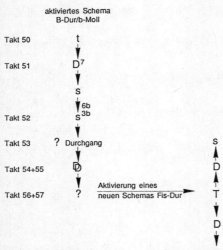

Abb. 4.19: Schematische Darstellung der retrospektiven Umdeutung von propositionalen Beziehungen in den Takten 50-57 des 4. Satzes der Es-Dur-Sinfonie von Mozart.

Das Beispiel aus der Es-Dur-Sinfonie von Mozart zeigt sogar einen interessanten weiteren Aspekt: Für den Musikhörer, der sehr vertraut mit klassischer Musik ist, wird mit der Rückmodulation nach B-Dur in den Takten 62 ff. deutlich, daß mit der Tonart Fis-Dur nur ein Sub-Schema im Sinne der Abbildung 3.7 aus dem vorigen Kapitel. aktiviert wurde.

4.7 Analogie zur Sprache

Bereits im 2. Kapitel wurde zwischen Musik und Sprache eine Beziehung hergestellt: Nicht nur, daß sich Musik und Sprache mithilfe derselben fünf Parameter beschreiben lassen und daß diese Informationen über dieselben Wahrnehmungskanäle verarbeitet werden (Stoffer, 1981, S. 79), man stellte in den letzten Jahrzehnten verschiedlich Überlegungen zu einer Strukturanalogie zwischen Musik und Sprache an. Zunächst interessierte der Aspekt der hierarchischen Gliederung im Sinne Chomskys, später wurden Untersuchungen in bezug auf die Repräsentation von Beziehungen in einem semantischen Raum durchgeführt (vgl. die Arbeiten von Krumhansl und Mitarbeitern, s. Kapitel 2). Schema-Theorien wurden in der Musik jedoch höchstens in Ansätzen formuliert. Eine Beschreibung der Analogie von Schemata der Musik zu Schemata der Sprache fehlt deshalb bisher.

Interessant sind im Zusammenhang mit der Theorie von Tonalitäts-Schemata die Repräsentation von größeren Zusammenhängen in der Sprache. Ebenso wie in der harmonischen Abfolge eines Musikstücks Makropropositionen definiert werden, können auch sprachliche Inhalte, also z.B. erzählte Geschichten in Makropropositionen dargestellt werden. Damit kein Mißverständnis entstehen kann, soll noch einmal betont werden, daß die Makropropositionen sowohl von Musik als auch von Geschichten nach dem im letzten Kapitel vorgestellten Informationsverarbeitungsmodell ganzheitlich und zeitkomprimiert repräsentiert und nicht auf sprachliche Darstellung oder Aussagen begrenzt werden. Die in Zusammenhang mit Propositionen angeführten schriftlichen Listen von Zusammenhängen sind lediglich Darstellung, Verdeutlichungen auf Papier.

Hoppe-Graff & Schöler (1981) unterscheiden drei Termini für die Repräsentation von Geschichten: Strukturmodelle von Geschichten, Geschichtengrammatiken und Geschichtenschemata. *Strukturmodelle* kann man als graphische Verdeutlichungen von Inhalten ansehen. Wenn Strukturmodelle analog zu Satzgrammatiken aufgebaut werden, bezeichnen Hoppe-Graff & Schöler sie als *Geschichtengrammatiken* (1981, S. 310). Wenn die Strukturen der Geschichten kognitiv repräsentiert sind, sprechen die Autoren von *Geschichtenschemata* (ebda. S. 311).

Brewer (1979, S. 172 ff.) differenziert zwischen drei Arten von Geschichtenschemata: event schemata, narrative schemata und story schemata. Diese Differenzierung wird jedoch nicht von allen Sprachforschern geteilt. Clarke (1983, S. 9) sagt dazu: "The structure of action and the structure of language share a number of technical features." Konversation und soziale Interaktion besitzen eine Grammatik, die eng mit dem System der Sprache verbunden ist. Mandler (1984, S. 1) geht sogar weiter: Geschichten, Skripts (Verhaltensschemata) und Szenen (Handlungen) haben gemeinsam, daß sie in *aufeinander bezogenen Schemata* organisiert sind. Die Repräsentation eines Textes ist nach Graesser (1981) *ganzheitlich* im Sinne von Bartlett (1932, s. Kapitel 3).

Hinweise auf die Ganzheitlichkeit der Repräsentation von Geschichten finden sich in der Art, wie sprachlich kodierte Sachverhalte verarbeitet werden. In Gedächtnisexperimenten zeigt sich, daß die Sachverhalte zu *chunks* zusammengefaßt repräsentiert und abgerufen werden (z.B. Black & Bower, 1979). Lernmaterial mit hohem Grad an Assoziativität aktiviert automatisierte Ordnungs- und Gedächtnisstrategien, die zu Kategorienbildung und Zusammenfassen von Sinneinheiten führen (z.B. Schneider, 1985). Bransford u.a. (1972, S. 206 f.) schreiben: " ... a sentence (or a set of sentences) is not merely a perceptual object which the listener may recall or recognize. If it were, a linguistic description might sufficiently characterize it as such. Rather a sentence is also a source of information which the listener assimilates to his existing source of cognitive knowledge ...". Die Autoren plädieren für eine konstruktive Sichtweise des Sprachverstehens: Bei Aufgaben zum Wiedererkennen bestimmter vorher gelernter Sachverhalte stellen sie fest, daß die Vpn mehr Informationen repräsentiert haben, als explizit in den vorgegebenen Sätzen enthalten war. Offensichtlich bauen Menschen aus vorgegebenen Inhalten eine "deep structural representation", eine Repräsentation der Tiefenstruktur auf. Textverstehen wird somit zu einer Handlung (Hoppe-Graff u.a., 1981) bzw. einer Anwendung von Handlungswissen (Hoppe-Graff, 1985, S. 23 ff.), bei der ein ganzheitliches Schema aufgebaut bzw. aktiviert wird.

Für den Aufbau dieser Repräsentation ist das "setting" der Geschichte wichtig: Die Einbindung der Geschichte in einen Handlungszusammenhang bewirkt die Aktivierung und Selektion von Schemata, die für die weitere Informationsintegration von entscheidender Bedeutung ist. Nach Bransford u.a. (1972, S. 207) dient linguistischer Input lediglich als Fingerzeig (cue), den man benutzt, um Vorwissen über reale Sachverhalte zu rekreieren und zu verändern. Hier lassen sich die ersten Parallelen zur Musik, insbesondere zur Entstehung harmonischer Schemata ziehen: Einzelne musikalische Akkorde lassen keine vollständige Aktivierung eines Schemas zu. Wichtig ist auch hier das "musikalische setting", die harmonische Umgebung des einzelnen Akkordes. Jeder Akkord wird vom Individuum als "Fingerzeig" benutzt, um ein Tonalitäts-Schema neu aufzubauen oder zu verändern.

Als besonders wichtig in der Erklärung von Verstehens- und Reproduktionsleistungen bei Geschichten haben sich *Inferenzen* erwiesen. Hier leistete Piaget (1932) gewissermaßen Pionierarbeit bei der Untersuchung moralischer Kategorien von Kindern: Kinder vollziehen *evaluative Inferenzen*, wenn es darum geht, Handlungen, Handlungsintentionen oder Handlungskonsequenzen zu beurteilen. Durch Inferenzen wird auf ausgelassene Textteile oder logische Verbindungen geschlossen (Stein & Trabasso, 1979, S. 220 f.) und es werden fehlende Sachinformationen ergänzt (Trabasso & Nicholas, (1980, S. 217). Waldmann (1987) untersuchte Inferenzen bei der Erinnerung von Szenen und Ereignissen. Er vermutet, daß Inferenzen aufgrund von Hypothesenbildung beim Abruf von Schemata entstehen, da mit steigendem Abstand vom Ereignis die Intrusionsrate steigt (ebda. S. 431 ff.). Die Art der Inferenzen ist von den zur Verfügung stehenden Schemata abhängig: Bei kleineren Kindern sind speziellere Inferenzen als bei älteren Kindern festzustellen (Mandler & Johnson, 1977; Stein & Glenn, 1979; Trabasso & Nicholas, 1980).

Analog dazu lassen sich Inferenzen in der Musik beschreiben: Aus der ersten Proposition (z.B. in Abb. 4.11) zu Beginn der Beethoven-Sinfonie wird ein Schema aktiviert. Die Anzahl der Propositionen ist jedoch noch nicht ausreichend für die Aktivierung des richtigen Tonalitäts-Schemas. Es wird gewissermaßen eine *Inferenz auf den bisher fehlenden Sachverhalt* der Subdominant-Proposition vollzogen. Bei Beethoven wird diese Inferenz durch die nächsten Akkorde falsifiziert. Bei der kleinen Nachtmusik (Abb. 4.10) bestätigt sich die Inferenz. Das erste aktivierte Tonalitäts-Schema erweist sich als zutreffend auf das Musikstück.

Auch in der Frage der retrospektiven Umdeutung von Sinnbezügen finden sich Parallelen zwischen Musik und Sprache: Eine sprachliche Aussage kann zunächst ohne Beziehung zur vorherigen Aussage sein. Durch Inferenzen wird eine subjektivierende (s. Kapitel 3) Beziehung zwischen den beiden Aussagen hergestellt; die zeitlich spätere Aussage bezieht sich auf eine bisher nicht verbundene, frühere Aussage. Durch später verarbeitete Informationen über den Sachverhalt wird die Relation zwischen den Aussagen hergestellt. Durch Rekursion verändert sich retrospektiv der Sinngehalt der vorherigen Proposition. Für die Musik sind Beispiele solcher Sachverhalte in Abschnitt 4.5 beschrieben.

4.8 Zusammenfassung

Im Anschluß an ein allgemeines theoretisches Modell ganzheitlicher Repräsentation von realen und potentiellen Sachverhalten im Kapitel 3 wurde in diesem Kapitel gezeigt, wie in der Verarbeitung sprachlicher Aussagen und harmonischer Abläufe in der Musik Sachverhalte ganzheitlich repräsentiert werden. Darüber hinaus wurden harmonische Abläufe als Propositionen dargestellt, die Zusammenhänge zwischen Akkorden in Schemata abbilden. Bestimmte Propositionen ($\hat{S}$ und $\hat{D}$) legen in westlich-europäischer Musik das Schema einer Tonalität fest, aufgrund dessen Wahrnehmungserwartungen bezüglich der folgenden Akkorde gebildet werden. Bestimmte Folgen von Propositionen können das Tonalitäts-Schema kurzfristig erweitern (tonale Ausweichungen) oder dauerhafte Veränderungen des tonalen Zentrums bewirken (Modulationen).

Als wichtiges Prinzip harmonischer Entwicklung wurde *Rekursivität* genannt: Durch Auftreten neuer propositionaler Beziehungen können zeitlich früher liegende Beziehungen rückwirkend umdefiniert werden.

Zum Schluß des Kapitels wurde noch einmal auf die Analogie Musik/Sprache eingegangen: Eine Analogie in bezug auf die ganzheitliche Aktivierung der Schemata von Sinnbezügen erschien insbesondere wegen der Inferenzen beim Musik- und Sprach-Verstehen und wegen Rekursion und retrospektiver Umdeutungen von Sinnbeziehungen plausibel.

5. Kapitel:

METHODIK DER EXPERIMENTELLEN UNTERSUCHUNG

5.1 Hypothesen

Aus den vorangegangenen Kapiteln ist zu ersehen, daß es sich beim Musikhören und beim Musizieren um zwei Aspekte des Umgangs mit einem Objekt unseres Kulturbereichs handelt. Musik, sowohl die erklingende als auch die schriftlich fixierte, ist strukturiert: Informationen über die Strukturen der Musik wie Tonfolgen, Melodieabschnitte oder Akkorde werden vom Menschen aufgenommen, verarbeitet und in Form von Schemata im Gedächtnis repräsentiert. Diese Schemata stehen in Beziehungen zueinander, die in den Regeln der Musiktheorie unserer Musikkultur beschrieben worden sind. Musiktheoretischen Regeln lassen sich in Form von Propositionen, ähnlich den Propositionen in der Sprache, ausdrücken.

Die *objektive Struktur* der Musik, des erklingenden Materials bildet ein "Angebot" (affordance im Sinne von Gibson, 1982), dessen sich der Musikhörer in der Wahrnehmungshandlung bedient. Durch die Konfrontation mit der Musik, also durch intentionales und nicht-intentionales Hören und durch Musizieren haben die Mitglieder unseres Kulturkreises Wahrnehmungs-, Verarbeitungs- und Handlungsschemata (*subjektive Strukturen*) entwickelt, die sie zum differenzierten Umgang mit dieser Musik befähigen. Die Fragen der experimentellen Untersuchung beziehen sich auf die subjektiven Strukturen und auf die Beziehung zwischen der objektiven und der subjektiven Struktur:

Welche subjektiven Schemata hat der Musikhörer in der Interaktion mit den objektiven Strukturen entwickelt? Können ganzheitliche Schemata im Hörer aktiviert werden, aus denen sich Reaktionen der Hörer vorhersagen lassen? Kann aus Reaktionen des Musizierenden auf eine bestimmte Struktur von aktivierten Schemata geschlossen werden?

Hypothesen der Untersuchung

(1) *Diskriminationsfähigkeit:* Die Mitglieder unseres Kulturkreises haben **Schemata** entwickelt, die sie in die Lage versetzen, musikalische Objekte zu verarbeiten und voneinander zu unterscheiden.

(2) *Differenzierungsfähigkeit:* Die Beziehungen zwischen musikalischen Objekten, die in der Musiktheorie westlich-europäischer Musik definiert sind, werden von Mitgliedern unseres Kulturkreises aufgrund von repräsentierten **propositionalen Verbindungen** zwischen den musikalischen Objekten erkannt.

(3) *Handlungsstrukturen:* Die Repräsentation von propositionalen Beziehungen zwischen musikalischen Objekten befähigt Mitglieder unseres Kulturbereichs, vorgegebene musikalische Objekte in eine nach der Musiktheorie **sinnvolle Ordnung** zu bringen.

(4) *Qualität der Repräsentation:* Das in ganzheitlichen propositionalen Schemata organisierte Wissen über musikalische Objekte muß **nicht notwendig deklarativ enkodiert** vorliegen. Es genügt prozedurales Wissen, um bei der Unterscheidung von musikalischen Objekten und bei der Hierarchisierung von propositionalen Beziehungen angemessene Beurteilungen abgeben und bei der Herstellung einer sinnvollen Ordnung von vorgegebenen Objekten eine angemessene Handlung vollziehen zu können.

5.2 Operationalisierung der Hypothesen

Die Operationalisierung der Hypothesen erfordert die Planung von drei Experimenten, die unabhängig voneinander sind, aber jeweils von allen Vpn durchgeführt werden müssen.

Im *Experiment 1* werden den Vpn jeweils zwei Akkorde vorgespielt, die auf einer 5-stufigen Ratingsskala auf ihre Ähnlichkeit hin beurteilt werden müssen. Der objektive Wert für die Ähnlichkeit der beiden Akkorde (objektive Struktur) ergibt sich aus der Anzahl der Töne, die sich vom ersten zum zweiten Akkord eines Paares ändern. Die Existenz adäquater Beurteilungsschemata (subjektive Struktur, Hypothese 1) wird mittels drei Parametern gemessen: (a) Inwieweit ist das Urteil konsistent, d.h. wiederholbar; (b) wie groß sind die durchschittlichen Abweichungen vom objektiven Wert für die Ähnlichkeit der Akkorde. Der Parameter (a) kann als *relative Asymmetrie* beschrieben werden und wird mit Formel (5.1) berechnet. Der Parameter (b) ist der *mittlere Fehler* in der Unterschiedung eines Akkordpaars und wird mit der Formel (5.2) berechnet.

(5.1) $\quad$ Urteil $= \dfrac{\Sigma\left[(MH_{unten} - MH_{oben})^2\right]^{1/2}}{55 \cdot 4}$

MH_{unten} – Wert aus der unteren Matrixhälfte
MH_{oben} – entsprechender Wert aus der oberen Matrixhälfte

Relative Asymmetrie – die Beträge aller zwischen der oberen und unteren Matrixhälfte auftretenden Abweichungen werden summiert, durch die Anzahl der möglichen Abweichungsbeträge dividiert und mit 100 multipliziert.

(5.2) $\quad$ Abweich $= \dfrac{\Sigma\left[\left[\dfrac{(MH_{oben}+MH_{unten}-2)}{2} - absolut\right]^2\right]^{1/2}}{141 \cdot 2 + 42}$

MH_{unten} – Wert aus der unteren Matrixhälfte
MH_{oben} – entsprechender Wert aus der oberen Matrixhälfte
absolut – objektive Wert für die Veränderung in einer Zelle der Matrix

Mittlerer Fehler – Die Beträge aller Abweichungen vom objektiven Wert (Anzahl der sich verändernden Töne + 1) werden summiert, durch die Anzahl aller möglichen Abweichungsbeträge dividiert und mit 100 multipliziert. Relative Asymmetrie und Mittlerer Fehler können Werte zwischen 0 und 100 annehmen und stellen somit prozentuale Fehlerbewertungen dar.

Im *Experiment 2* sollen die Vpn beurteilen, wie gut ein einzelner Akkord zu einer vorher gespielten Akkordreihe paßt. Die Akkordreihe stellt einen Ankerreiz für den zu beurteilenden Akkord da und festigt eine Dur-Tonart (im Sinne der *probe tone method*; s. Krumhansl & Shepard, 1979). Die Existenz von repräsentierten propositionalen Beziehungen (Hypothese 2) wird aus zwei Größen abgeleitet: (a) aus der Höhe des Ratings der Versuchsperson für den zu beurteilenden Akkord; (b) aus der Übereinstimmung mit der von der Musiktheorie postulierten Hierarchie der Beziehungen zwischen Akkordreihe und anschließendem Akkord (mittels mehrdimensionaler Skalierung, siehe Kapitel 6).

Im *Experiment 3* können die Vpn aus 60 vorgegebenen Akkorden Akkordreihen herstellen. Diese Akkordreihen sollen im Sinne westlich-europäischer Musiktradition *sinnvoll zusammenhängend* sein. Die Fähigkeit der Vpn, mit den vorgegebenen Akkorden aufgrund repräsentierter propositionaler Schemata handelnd umzugehen (Hypothese 3), wird daran gemessen, inwieweit die zusammengestellten Akkordreihen grundlegenden musiktheoretischen Prinzipien entsprechen (s. Kapitel 4).

Um aufzuzeigen, daß prozedurales Wissen ohne deklarative Wissensstrukturen ausreichend ist, um musikalische Objekte in angemessener Weise unterscheiden, in ihrem Zusammenhang zu anderen beurteilen und in eine sinnvolle Reihenfolge bringen zu können (Hypothese 4), werden alle drei Experimente an zwei Vpn-Gruppen durchgeführt: (a) an einer Expertengruppe mit hohem deklarativen Wissen über Harmonielehre und (b) an einer Novizengruppe ohne deklaratives Wissen (zur Auswahl der Vpn siehe Abschnitt 5.4).

Tab. 5.1: Design der experimentellen Untersuchung.

Vpn-Gruppe:	Versuchsablauf:
1. Novizen	Exp1 + Exp2 + Exp3
2. Experten	Exp1 + Exp2 + Exp3

Aus dieser Operationalisierung ergibt sich das in Tabelle 5.1 dargestellte Versuchsdesign. Unabhängige Variable ist die Zugehörigkeit der Vpn zu einer der beiden Experimentalgruppen. Abhängige Variablen sind: (a) die erhobene Diskriminierungsfähigkeit Experiment 1); (b) die erhobene Differenzierungsfähigkeit (Experiment 2); (c) die Handlungsstrukturen in bezug auf musikalische Akkorde (Experiment 3).

In der experimentellen Untersuchung geht es um die Prüfung einer Unterschiedshypothese: Die in Abschnitt 5.1 formulierten und in diesem Abschnitt operationalisierten Hypothesen müssen zurückgewiesen werden, wenn sich in den abhängigen Variablen signifikante Unterschiede zwischen den beiden Vpn-Gruppen zeigen.

5.3 Objekte der Untersuchung

Der Begriff des *musikalischen Objekts* kann sehr weit gefaßt werden. Analog zu den in Kapitel 2 definierten Bestimmungsgrößen der Musik (Parameter der Musik) können Klänge, Rhythmen, Melodien, Harmonien, Akkordreihen, Lieder oder ganze Musikstücke musikalische Objekte darstellen. Die musikalischen Objekte, auf die sich diese Untersuchung beschränken wird, sind eine begrenzte Anzahl von Akkorden. Es handelt sich um alle Drei- und Vierklänge, die sich aus großen und kleinen Terzen bilden lassen. Das sind zugleich alle Drei- und Vierklänge, die innerhalb einer Dur- oder Moll-Tonleiter gebildet werden können, ohne daß eine Stufe der Tonleiter chromatisch verändert werden muß (übliche Ausnahme: die Erhöhung der 7. Stufe in Moll). Die Akkorde sind in Abbildung 5.1 in ihren Grundstellungen in den Tonarten C-Dur und a-Moll dargestellt.

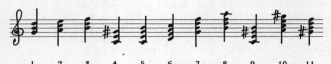

Abb. 5.1: Alle in der Untersuchung verwendeten Akkordtypen – Bezeichnung und Aufbau s. Tab. 5.2.

Im folgenden wird immer von *Akkordtyp* gesprochen, wenn ein Drei- oder Vierklang gemeint ist, der in einer bestimmten Weise aufgebaut ist. In Tabelle 5.2 sind die Akkord in der Reihenfolge aufgeführt, wie sie später in den Experimenten verwendet werden und in der Auswertung betitelt werden.

Tab. 5.2: Aufbau der in der experimentellen Untersuchung verwendeten musikalischen Akkorde. Im Experiment 3 wurden nur die fett gedruckten Akkorde verwendet.

Akkordname	Aufbau *		
1. **Dur-Dreiklang**	gr	+ kl	
2. **Moll-Dreiklang**	kl	+ gr	
3. verminderter Dreiklang	kl	+ kl	
4. übermäßiger Dreiklang	gr	+ gr	
5. großer Dur-Septakkord	gr	+ kl	+ gr
6. **kleiner Moll-Septakkord**	kl	+ gr	+ kl
7. **Dominantseptakkord**	gr	+ kl	+ kl
8. halbverminderter Septakk.	kl	+ kl	+ gr
9. großer übermäßiger Septakk.	gr	+ gr	+ kl
10. großer Moll-Septakkord	kl	+ gr	+ gr
11. **verminderter Septakkord**	kl	+ kl	+ kl

* gr – große Terz, kl – kleine Terz, jeweils von unten nach oben aufgebaut.

In den Experimenten 1 und 2 wurden alle elf verschiedenen Akkordtypen verwendet (s. Anhang 1). Im Experiment 3 mußte man sich aus auswertungstechnischen Gründen auf fünf Akkordtypen beschränken. Es

Methodik der experimentellen Untersuchung

wurden hier lediglich die Akkordtypen 1, 2, 6, 7 und 11 verwendet (in Tab. 5.2 fett gedruckt; s. Anhang 3). Die Auswahl dieser fünf Akkorde erfolgte nach einer Auswertung der Auftretenshäufigkeit aller elf Akkorde in vier Musikstücken aus der Klassik und Romantik (s.a. Tab. 5.3):

Beethoven, Klaviersonate op. 22 (B-Dur) 1. Satz (778 Akkorde)
Beethoven, Klaviersonate op. 106 (B-Dur) 1. Satz (1589 Akkorde)
Schubert, Klaviersonate DV 958 (c-moll) 1. Satz (608 Akkorde)
Brahms, Klaviersonate op. 5 (f-moll) 1. Satz (1194 Akkorde)

Die Häufigkeitsanalyse in der Tabelle 5.3 zeigt, daß drei Akkorde außerordentlich oft benutzt wurden: Dur- und Moll-Dreiklänge und der Dominantseptakkord. Diese Tatsache wird von Veröffentlichungen über Harmonielehre bestätigt (Grabner, 1977; de la Motte, 1985) und läßt sich nicht nur in klassischen und romantischen Werken, sondern auch im weitaus überwiegenden Teil westlich orientierter Volksmusik und der modernen Pop- und Rockmusikrichtungen feststellen.

Tab. 5.3: Auftretenshäufigkeit der Akkordtypen aus Tab. 5.1 in vier klassischen und romantischen Musikstücken.

Akkordtyp	Anzahl	Prozent
1. Dur-Dreiklang	1782	42.74 %
2. Moll-Dreiklang	644	15.45 %
3. verminderter Dreiklang	160	3.84 %
4. übermäßiger Dreiklang	17	0.41 %
5. großer Dur-Septakkord	24	0.58 %
6. kleiner Moll-Septakkord	53	1.27 %
7. Dominantseptakkord	1082	25.95 %
8. halbverminderter Septakkord	65	1.56 %
9. großer übermäßiger Septakk.	5	0.12 %
10. großer Moll-Septakkord	0	0.00 %
11. verminderter Septakkord	296	7.10 %
12. andere Akkordtypen	41	0.98 %

Für die Verwendung im Experiment 3 qualifizierten sich diese drei Akkordtypen aufgrund ihrer hoher Auftretenswahrscheinlichkeit. Weiterhin stand fest, daß der verminderte Septakkord aufgenommen werden soll. Da der verminderte Dreiklang (Akkordtyp 3) im verminderten Septakkord enthalten ist, wurde entschieden, diesen Akkordtyp nicht zusätzlich zum verminderten Septakkord in den Versuch einzubeziehen. Außerdem wurde der Akkordtyp 6 einbezogen, der allgemein als wichtiger Vertreter des Dur-Dreiklangs auf der 4. Stufe einer Dur-Tonleiter angesehen wird (Subdominante mit sixt-ajuté).

Alle Akkorde kommen in den Experimenten immer nur in ihrer Grundstellung vor, d.h. der unterste erklingende Ton ist immer der Grundton des Akkords. Die Lage des Akkords (und damit der obere Ton) wechseln je nach Zusammenhang: In Experiment 1 werden der untere und der obere Ton eines erklingenden Akkordpaares immer identisch gehalten. In Experiment 2 sorgt eine Prozedur innerhalb des Steuerprogramms dafür, daß die Oberstimme nie mehr als drei Halbtonschritte springt. Im Experiment 3 werden alle 60 verwendbaren Akkorde so gesetzt, daß in der Oberstimme keine Sprünge von mehr als vier Halbtonschritten möglich sind s. Anhang 3).

5.4 Auswahl der Versuchspersonen: Novizen und Experten

Das Ausmaß der repräsentierten Wissensstrukturen ist das entscheidende Kriterium für die Zugehörigkeit zu einer der beiden Vpn-Gruppen "Experten" oder "Novizen" (musikalische Laien). Wie in Kapitel 3 bereits ausgeführt wurde, lassen sich verschiedene Arten von Wissensrepräsentationen unterscheiden. Die Strukturen der Sachverhalte können deklarativ (explicit, declarative knowledge) oder prozedural (implicit, tacit knowledge) repräsentiert sein. Die Unterscheidung zwischen prozedural und deklarativ soll hier nicht vollständig im Sinne von Anderson (z.B. 1982, 1983) erfolgen. Unter deklarativem Wissen soll Wissen verstanden werden, das prinzipiell bewußtseinsfähig und verbalisierbar ist. Diese Definition könnte mit Andersons Definition von deklarativem Wissen übereinstimmen. Die Definition des Begriffs "prozedural" weicht jedoch von Anderson ab. Anderson (1982, 1983) behauptet, daß prozedurales Wissen grundsätzlich aus automatisiertem deklarativen Wissen entsteht. Das kann keineswegs als erwiesen angesehen werden (vgl. zur Kritik Anderson selbst in: Anderson u.a., 1981; Schneider, 1985; Mandl, Friedrich & Hron, 1986). Unter prozeduralem Wissen sollen hier Schemata verstanden werden, die nicht bewußtseinpflichtig und möglicherweise sogar nicht einmal bewußtseinsfähig sind (vgl. Kapitel 3). Auswirkungen prozeduralen Wissens können jedoch beobachtet werden (monitoring). Prozedurale Wissensstrukturen können auch ohne deklarative Wissensstrukturen erlernt werden (z.B. Sprache) oder sind sogar möglicherweise angeboren.

Deklarative Wissensstrukturen im Bereich der Musik können sich auf die Kenntnis von Musikstücken, auf didaktische Fähigkeiten im Bereich der Vermittlung von Techniken des Instrumentalspiels oder des Singen, auf musikpsychologische oder musiksoziologische Kenntnisse u.a.m. beziehen. Relevant im Rahmen dieser Untersuchung sind Kenntnisse in Musiktheorie, insbesondere in Harmonielehre und Satzlehre. Die Konstruktion eines Kenntnistests im Bereich der Musiktheorie und Harmonielehre erwies sich in Voruntersuchungen als überflüssig, da sich die Auswahl der Vpn nach den Kriterien einer klaren Definition beider Experimentalgruppen als effektiver erwies.

Experten sollen eine fortgeschrittene oder abgeschlossene Berufsausbildung im Bereich Musik vorweisen. Aus der Anzahl der möglichen musikalischen Berufsrichtungen werden die Bereiche Dirigieren, Komponieren, Kirchenmusik und Schulmusik (für Sekundarstufe 1 und 2) ausgewählt, da in diesen Bereichen aufgrund der Prüfungsanforderungen ein hoher Kenntnisstand in Musiktheorie und Harmonielehre vermittelt wird. Ab dem 5. Semester in Schulmusik oder Kirchenmusik, bzw. ab der Aufnahmeprüfung im Bereich Dirigieren und Komposition können somit deklarative Wissensstrukturen vorausgesetzt werden, die alle in dieser Untersuchung angesprochen Aspekte abdecken (s. Kapitel 4).

Novizen sollen musikalische Laien sein, die nie ein Musikinstrument gespielt haben oder Unterricht in Gesang oder einem Musikinstrument bekommen haben.

Das Ausmaß der deklarativen Wissensstrukturen, die im Musikunterricht an der allgemeinbildenden Schule erworben wurden, soll konstant gehalten werden: Alle Versuchspersonen, sowohl die Experten als auch die Novizen sollen ihre Schulausbildung mit dem Abitur abgeschlossen haben. Dadurch kann gewährleistet werden, daß das deklarative Wissen der Novizen nicht über den im Lehrplan vorgeschriebenen Stoff hinausgeht. Nach dem Lehrplan werden musiktheoretische Begriffe zwar vermittelt, jedoch nicht in Beziehung zum musikalischen Material eingeübt.

Ebenfalls konstant gehalten wird die Zugehörigkeit zum westlich-europäischen Kulturbereich: Keine Vp soll in einem außereuropäischen Kulturbereich aufgewachsen sein. Dadurch kann regelmäßiger passiver und aktiver Konsum von Musik unseres Kulturbereichs vorausgesetzt werden.

Die klare Trennung in zwei Vpn-Gruppen bringt zusätzliche Aspekte in die Untersuchung ein, die anhand einiger Ergebnisse der Intelligenz- und Wissensforschung nach dem Experte-Novize-Paradigma verdeutlicht werden sollen.

5.5 Der Experte in der psychologischen Forschung

Der Begriff *Experte* gewinnt in der Psychologie seit den Siebziger Jahren zunehmend an Bedeutung. Es entwickelte sich die Einstellung, daß die Funktionsweise der menschlichen Informationsverarbeitung besonders gut an Experten bestimmter Fachgebiete zu untersuchen sei. Ausgehend von spezialisierte Untersuchungsbereichen wie Problemlösungsvorgängen beim Schachspielen, bei Leseaufgaben, physikalischen und geometrischen Problemstellungen stellte man jedoch bald erhebliche Unterschiede zwischen Problemlösern fest, die mit einem Arbeitsgebiet vertraut waren (Experten), und solchen, die in diesem Gebiet Neulinge (Novizen, Laien) waren.

De Kleer (1977) trennt quantitative und qualitative Aspekte: Nicht nur die Menge der von Experten und Laien verarbeiteten Informationen unterscheidet sich, sondern auch die Art und Weise, wie diese Informationen verarbeitet werden. Erfahrene Leser können Wörter schneller lernen und haben eine größere Gedächtnisspanne als unerfahrene Leser (Perfetti & Hogaboam, 1975). Erfahrene Schachspieler können unter bestimmten Bedingungen mehr Figuren eines einmal gezeigten Spiels nachstellen als unerfahrene (Chase & Simon, 1973). Physiker können Aufgaben in ihrem Arbeitsbereich schneller lösen als Nicht-Physiker und gehen bei der Problemlösung anders vor (Simon & Simon, 1978). Die Pausen zwischen verschiedenen Lösungsversuchen sind bei Experten kürzer (Larkin, 1977). Außerdem ist die Anzahl der Fehler ist bei Experten kleiner (zusammenfassend Chi, Glaser & Rees, 1982).

Die Fragen, die im Rahmen der sich entwickelnden Experte-Novize-Forschung ergaben, lassen sich in drei Gebieten zusammenfassen: (a) Aufnahme von Wissen; (b) Repräsentation und Organisation von Wissen; (c) Anwendung von Wissen.

(a) Bei der *Aufnahme von Wissen* handelt es sich um den Entwicklungsaspekt: Wie entwickelt sich ein Experte. Wie eignet sich ein Novize das Wissen an, daß ihn später als Experten auszeichnet. Auf diesen entwicklungspsychologischen Aspekt soll hier nicht eingegangen werden. In den letzten Jahren zeigt sich ein steigendes Interesse an der Entwicklung von hochspezialisiertem Wissen und Können. Im Rahmen der Forschung zur Hochbegabtenförderung (vgl. z.B. Weinert & Waldmann, 1985; Heller & Feldhusen, 1986) ergeben sich neue Möglichkeiten des Erkenntnisgewinns über den Aspekt der Aufnahme von Wissen bei Experten und Novizen.

Die verstärkte Förderung der Hochbegabtenforschung nicht nur in der Bundesrepublik Deutschland muß jedoch mit einem lachenden und einem weinenden Auge zur Kenntnis genommen werden, da sie eine generelle Abwendung von den Bildungsidealen der Siebziger Jahre bedeutet. Ging es in den Siebziger Jahren darum, Bildungschancen möglichst breit zu streuen, um soziale Benachteiligungen auszugleichen, so ist die Tendenz der Achziger Jahre, die Bildungswege wieder stärker hierarchisch gegeneinander abzugrenzen. Förderung soll insbesondere solchen Personengruppen zuteil werden, die aufgrund höherer Leistung frühzeitig ausgelesen werden. Durch die für diese Zwecke in der Entwicklung begriffenen Testverfahren werden Bevölkerungskreise bevorzugt, die ohnehin aufgrund ihrer Herkunft die besseren Bildungschancen haben.

In letzter Zeit wird zunehmend auf die Bedeutung von umfangreichem bereichsspezifischen Wissen für Expertentum hingewiesen (Schneider, Körkel & Weinert, 1987). Nach Aussage von Chase & Simon (1973b) benötigt z.B. ein Schachexperte für eine außergewöhnlich Entwicklung ca. 5000 Stunden der Beschäftigung mit Schachproblemen. Ein Schach-Großmeister hat nach ihrer Schätzung das zehnfache an Lernzeit hinter sich. Bei der Entwicklung von Expertentum (auch im Bereich der Musik) scheinen daher motivationale Komponenten des Erwerbs wie Leistungsmotivation oder Persönlichkeitsmerkmale wie Ausdauer zum Teil einen größeren Einfluß zu haben als kognitive Variablen, die sich in Intelligenzwerten niederschlagen (dazu bereits Roe, 1953; Terman, 1954).

(b) Der Aspekt der *Wissenrepräsentation* ist bereits seit längerem wichtiges Forschungsgebiet der kognitiven Psychologie. Bekannt ist, daß Experten einen höheren Grad der Differenziertheit in der Organisation von Wissen in Schemata, Rahmen (frames) und Scripts (Schank & Abelson, 1977; Rumelhart & Norman, 1983) aufweisen als Novizen (vgl. Kap. 3). Die unterschiedlich komplexe Wissenorganisation bewirkt sowohl im Lernen als auch im Wahrnehmen ein unterschiedliches chunking (Zusammenfassen) von Informationen (Kintsch & van Dijk, 1978).

Empirische Ergebnisse zur Bedeutung des chunking im Bereich des Problemlösens liegen z.B. von Newell & Simon (1972) vor. Sie fanden, daß die Qualität der psychischen Repräsentation eines Problems die Leichtigkeit bestimmte, mit der das Problem gelöst werden konnte. Ähnliche Arbeiten finden sich bei Hayes & Simon (1976). Greeno vermutete bereits, daß die Repräsentation eines Problems in Form eines semantischen Netzes dargestellt werden könnte (Greeno, 1973). Chi, Feltovich & Glaser (1981) definieren den Begriff der Problemrepräsentation individuell und problemspezifisch: "A problem representation is a cognitive structure corresponding to a problem, constructed by a solver on the basis of his domain-related knowledge and its organization." (S. 121 f.). Die Problemrepräsentation wird im Zusammenhang mit mit dem für ein bestimmtes Problem zur Verfügung stehenden Wissen konstruiert. Chi, Feltovich & Glaser berufen sich damit ausdrücklich auf das Konzept des "perceptual chunking" bei Chase & Simon (1973a):

Die Problemrepräsentation von Novizen unterscheidet sich somit möglicherweise von der Experten-Problemrepräsentation durch schlecht ausgebildete, qualitativ unterschiedliche oder auch nicht existierende Wissenskategorien.

Empirische Belege für diese Annahme fanden Chi, Feltovich & Glaser (1981) in vier explorativen Studien über Problemlöseverhalten bei Physikaufgaben: Experten bilden ihre Problemrepräsentation überwiegend aufhand wichtiger physikalischer Grundprinzipien, Novizen aufgrund von Informationseinheiten, die sie ad hoc aus der Problemstellung ableiten konnten. Experten besaßen im untersuchten Bereich ein größeres implizites Wissen (tacit knowledge) als Novizen, das sie bei der Erstellung der Problemrepräsentation einsetzen konnten. Kotovsky, Hayes und Simon stellten fest, daß Vpn die Aufgabe des "Turm von Hanoi" leichter lösen konnten, wenn Teilabschnitte der Problemlösung zu vollautomatisierten Handlungen wurden. Das Arbeitsgedächtnis konnte dadurch entlastet werden (Kotovsky, Hayes & Simon, 1985, S. 290).

(c) Kolodner (1983) weist auf den dritten Aspekt des Expertentums hin, auf die *Anwendung des Wissens:* " In considering what distinguishes a novice from an expert, we notice two major differences: experts are more knowledgeable and an expert knows how *to apply and use his knowledge more effectively* than does a novice" (Kolodner, 1983, S. 497). Es geht um den qualitativen Aspekt der effektiveren Anwendung und Verwendung von Wissen, häufig um das Meta-Wissen Handlungsstrategien. Qualitative Unterschiede sind schwerer nachzuweisen, insbesondere in empirischen Arbeiten. Dennoch werden derzeit bedeutende Bereiche qualitativer Unterschiede zwischen Experten und Novizen genannt:

Zur *Verwendung prozeduralen und deklarativen Wissens:* Wenn ein angemessenes Schema zur Problemrepräsentation aktiviert ist, werden sowohl prozedurales Wissen (implicit, tacit knowledge) als auch deklaratives Wissen (explicit, declarative knowledge) dieses aktivierten Schemas benutzt, um das Problem einer Lösung zuzuführen (Chi, Feltovich & Glaser, 1981, S. 150). *Deklaratives Wissen* im aktivierten Schema der Problemrepräsentation generiert mögliche Problemkonfigurationen und Anwendungsbedingungen für Lösungsprozeduren. *Prozedurales Wissen* generiert mögliche Lösungsmethoden, die auf das Problem angewendet werden können. Die tatsächliche Lösung des Problems findet in Interaktion von bottom-up-Prozessen (mit prozeduralem Wissen) und top-down-Prozessen (mit deklarativem Wissen) statt (Chi, Feltovich & Glaser, 1981, S. 150 f.). Bei Experten und Novizen stehen die Verarbeitungsrichtungen in unterschiedlichem Verhältnis zueinander, da die Schemata bei Novizen und Experten unterschiedlich hohe Anteile an prozeduralem, bzw. deklarativem Wissen haben.

Die *Häufigkeit der Meta-Stellungnahmen:* Nach Beobachtungen von Simon & Simon (1978) ist die Anzahl der "meta-statements", also die Äußerung von Meta-Überlegungen beim Problemlösungsprozessen von Experten und Novizen deutlich unterschiedlich: Während Experten im Durchschnitt nur eine Meta-Bemerkung je Problem machten, äußerten sich Novizen durchschnittlich fünfmal zum Vorgang des Problemlösens. Im Fall der Untersuchung von Simon & Simon waren es durchweg Bemerkungen zu einem gerade gemachten Fehler, Kommentare zur Bedeutung einer physikalischen Formel und Stellungnahmen zu Plänen und Intentionen. Zum einen könnte sich das daraus erklären, daß Experten meist mehrere Wege wissen, um ein Problem zu lösen, so daß sie Ergebnisse schneller auf die Richtigkeit hin untersuchen können (Simon & Simon, 1978). Außerdem können Experten die Richtigkeit einer Lösung schneller erkennen, so daß sie Unsicherheiten nicht aussprechen müssen (Chi, Glaser & Rees, 1982, S. 19).

Der *Lösungsweg:* Bereits in der frühen Forschung zum Problemlöseverhalten wurde gefunden, daß von den Versuchspersonen unterschiedliche Lösungswege eingeschlagen wurden: Vorwärts-Strategien (working forward), die von Fakten in der Problemstellung ausgehen und Rückwärts-Strategien (working backward), die von der gesuchten Lösung ausgehen. Simon & Simon (1978) fanden, daß Novizen in erster Linie rückwärts arbeiten und Experten eher von den Fakten der Problemstellung ausgehen. Nach Chi, Glaser & Rees (1982, S. 19) scheint es also so, als ob gerade die Novizen zielorientierter seien als die Experten. Als Interpretation für diesen Widerspruch geben sie die Erklärung, daß Experten möglicherweise bereits übersehen können, daß sie mit direkter Kalkulation der Unbekannten (bei mathematischen Formeln, in denen unbekannte Größen ersetzt werden müssen) aus den gegebenen, bekannten Größen zum Ziel kommen würden. Tatsächlich verändert sich die einfache Vorwärts-Strategie der Experten in ausgefeilte Rückwärts-Strategien, wenn die zu lösenden Probleme komplizierter werden (Larkin, 1977). Die Experten scheinen also nicht nur selektiv Lösungswege auszuwählen, die direkt zum Ziel führen (wie beim Schach, s. Newell & Simon, 1972), sondern auch zu entscheiden, welche Vorgehensrichtung bei einem bestimmten Problem effizienter ist.

5.6 Das Experte-Novize-Paradigma in dieser Untersuchung

Entwicklungspsychologische Aspekte der Aufnahme und Integration neuer Informationen in bestehende Wissensstrukturen gehen in diese experimentelle Untersuchung nicht ein. Hauptthema ist die Frage der Aktivierung von bereits repräsentierten Strukturen und ihre Dokumentation in Handlungen. Aus den Ergebnissen der Untersuchung sollen Rückschlüsse darauf gezogen werden, inwieweit bestimmte objektive Strukturen in den subjektiven Strukturen analog repräsentiert sind. Sind die objektiven Kategorien bei Experten und Novizen in gleichem Ausmaß repräsentiert? Bilden Laien möglicherweise andere Kategorien als Experten? Die Beziehungen zwischen den repräsentierten Informationen, die sich z.B. auch in chunks beim Problemlöseverhalten zeigt, stehen im Mittelpunkt des Interesses. Weiterhin ist die Unterscheidung in der Anwendung von deklarativen und prozeduralen Strukturen wesentlicher Bestandteil der Unterscheidung, sie fungiert als Kriterium für die Trennung der beiden Gruppen.

Da es sich bei allen drei Experiment um komplexe Problemlösungsvorgänge handelt, soll die Gelegenheit wahrgenommen werden, nicht nur die Ergebnisse, sondern auch den Ablauf zu beobachten. In der Auswertung der einzelnen Experimente wird jeweils auf prozeßanalytische Aspekte eingegangen: Nach Abschluß der Experimente 1 und 2 werden die Vpn befragt. In Experiment 3 wird der Verlauf der Generierung von Akkordreihen protokolliert. Während in den Experimenten 1 und 2 somit anhand von metakognitiven Statements die psychische Repräsentation der Problemstellung erfragt wird, so läßt sich in Experiment 3 der Lösungsweg verfolgen. Gehen Novizen anders vor als Experten? Wenden Experten deklaratives Wissen in effektiver Weise an? Die Ergebnisse sollen referiert werden, obwohl sie zur Klärung der Hypothesen im engeren Sinn wahrscheinlich nur unwesentlich beitragen.

5.7 Aufbau der Versuchsapparatur und Ablauf der Untersuchung

Mit dem Versuchsaufbau mußte ein Problem gelöst werden: In den Experimenten sollen sowohl Wahrnehmungsstrukturen als auch Handlungsstrukturen untersucht werden. Das gestaltet sich im Bereich der Musik schwierig. Die Wahrnehmungshandlung ist experimentell nicht direkt zugänglich. Das Musizieren als Handlung, die einer Untersuchung zugänglich ist, stellt sich in unserem Kulturbereich als hochspezialisierte Tätigkeit dar, die nur von einem geringen Teil der Gesellschaft erlernt wird (im Gegensatz zu anderen Kulturbereichen; s. Shuter-Dyson, 1985). Die Kompetenz von Experten, also ausgebildeten Musikern, würde nicht nur die Fingerfertigkeit auf einem Musikinstrument einschließen, sondern auch die Möglichkeit, musikalische Sachverhalte verbal auszudrücken. Musikalisch nicht ausgebildete Personen können beides nicht. Musikalische Laien und Experten jedoch können Musik verstehen, obwohl Laien eine explizite Analyse der harmonischen Abläufe nicht vornehmen. Laien besitzen somit musikalische Kompetenz, da sie in der Lage sind, die richtige Musik (z.B. Schallplatte) für eine bestimmte Situation zu wählen oder sich für den Besuch eines Konzerts zu entscheiden. Die gezielte Auswahl von Musik zeigt Fähigkeiten im differenzierten Umgang mit Musik, die nicht deklarative Wissensstrukturen darstellen.

Die Experimente müssen deshalb so geplant sein, daß zur Untersuchung der Wahrnehmungs- und Handlungskompetenz eine Möglichkeit der Performanz geschaffen wird, die eine Untersuchung der subjektiven Strukturen von Novizen und Experten ermöglicht, ohne daß Experten durch ihre spezifische Berufsausbildung den Novizen gegenüber Vorteile haben. Ziel der beiden ersten Experimente wird es sein, die Differenzierungs- und Diskriminationsfähigkeit bei der Wahrnehmung von Dreiklängen und Vierklängen festzustellen, ohne daß die Kenntnis von Notensystemen wirksam wird. Ziel des Experiments 3 soll sein, die Vpn Akkordfolgen herstellen zu lassen, ohne daß Laien aufgrund einer fehlenden Instrumentalausbildung den Experten gegenüber benachteiligt sind.

Dieses Ziel kann mit einem Synthesizer (Korg Poly 800) erreicht werden, der über das MIDI-Interface von der Firma Roland (MPU-401) an einen Personalcomputer (IBM-AT mit 80286-Prozessor) angeschlossen war.

Die Steuerprogramme wurden eigens für die Experimente geschrieben und sind beim Verfasser anzufordern. Für die Programmierung des IBM-Computers wurde die Programmiersprache Turbo-Pascal von der Firma Heimsoeth-Software benutzt. Die Informationen über die MIDI-Schnittstelle stammen von Phillip (1984, 1986), Moog, Powell & Anderton (1985) und Aicher (1986).

In den Experimenten 1 und 2 werden auf dem Synthesizer Akkorde gespielt, die die Vpn über Kopfhörer hören. Die Akkorde werden lediglich mit einem kleinen Symbol (ascii-Zeichen Nr. 14) und einer Zahl auf dem Bildschirm angezeigt, während sie erklingen (s. Anhang). Die Vpn können die Akkorde beliebig oft wiederholen, bis sie sich zu einer Bewertung entschließen. Nach Eingabe des Rating-Werts spielt der Computer die nächste zu beurteilende Akkordgruppe. Der Speichervorgang wird von den Vpn nicht wahrgenommen, da die Ergebnisse im Hauptspeicher (RAM-disc) abgelegt werden und erst am Ende des Experiments auf Diskette übertragen werden.

Im Experiment 3 werden 60 Akkorde in für jede Vp unterschiedlicher, randomisierter Anordnung auf 30 Tasten der Schreibmaschinentastatur des Personalcomputers übertragen. Mit jedem Druck auf eine dieser Tasten erklingt über Kopfhörer vom Synthesizer einer von 30 Akkorden; durch Kombination der 30 Tasten mit der alt-Taste können die anderen 30 Akkorde zum Erklingen gebracht werden (zur genauen Beschreibung der verwendeten Akkordtypen siehe Abschnitt 5.3). Die Experten haben somit aus der Anlage des Experiments keine Vorteile gegenüber den Laien, da eine Übertragung von instrumentspezifischen Fähigkeiten oder musiktheoretische Kenntnisse nicht möglich ist. Auch im Experiment 3 wird der Speichervorgang zum Löschungsvorgang für die Vpn nicht wahrnehmbar. Jeweils nach Abschluß der Zusammenstellung einer Akkordreihe werden alle Zwischenergebnisse und das Endergebnis auf Diskette übertragen.

> Für die Zusammenstellung der Akkordreihen haben die Vpn verschiedene Möglichkeiten: Die gespielten Akkorde werden zunächst in einen Arbeitsspeicher mit einer Kapazität von 50 Akkorden genommen. Aus diesem Arbeitsspeicher lassen sich die Akkorde entweder mit der Funktionstaste F5 vollständig oder mit der Taste F7 einzeln abhören. Die Ablehnung eines Akkords ist mit der Lösch-Taste, die Ablehnung mehrerer Akkorde mit der Taste F3 und die Ablehnung der gesamten Akkordreihe im Arbeitsspeicher mit der Taste F1 möglich. Ist eine Akkordreihe nach der Vorstellung der Vpn fertig, so muß die Reihe mit der Taste F9 bestätigt werden. Dann werden alle zwischengespeicherten Ablehnungen (Lösch-Taste, F1 und F3) und die fertiggestellte Akkordreihe auf Diskette übertragen. Die Einführung in die Benutzung der Funktionstasten erfolgt in zwei vorgeschalteten Lernphasen (s. Versuchsanweisungen, Abschnitt 5.8).

Die Daten werden auf Disketten (getrennt für jede Vpn) übertragen, so daß keine Verwechslung erfolgen kann. Als Gesamtdauer für die Durchführung der experimentellen Untersuchung wird ca. eineinhalb bis zwei Stunden veranschlagt. Da diese Zeit ziemlich lang ist, werden die drei Einzelexperimente so angelegt, daß sie an unterschiedlichen Tagen durchgeführt werden können, falls die Vpn dies wünschen sollten.

5.8 Versuchsanweisungen

Die Formulierung der Versuchsanweisung ist in jedem Experiment ein wesentlicher Gesichtspunkt, der spätestens mit der Wertung der Ergebnisse des Experiments zum tragen kommt. Probleme ergeben sich keine, wenn die Ergebnisse genau den Hypothesen entsprechen, wenn also die subjektive Struktur der Versuchspersonen der objektiven Struktur der Musik isomorph ist. In diesem Fall ist es gleichgültig, ob die Versuchspersonen nach einer strikten Arbeitsanweisung mit den Experimenten begonnen haben oder ob die Ergebnisse aus der freien Angabe: "Machen Sie im Rahmen der Versuchsanordnung das, wozu Sie Lust haben" entstanden sind. Die objektive Struktur der Musik hätte dann eine so starke Entsprechung in der subjektiven Struktur der Versuchspersonen gehabt, daß sich die Aufgabe aus der objektiven Struktur der Versuchsstimuli selbst gestellt hätte.

Schwierigkeiten in der Deutung der Ergebnisse ergeben sich in jedem Fall bei Abweichungen von den gestellten Hypothesen. Wenn die Vpn im dritten Experiment sehr komplexe Akkorde bzw. Akkordfolgen herstellen, bleibt die Frage, aus welchem Grund diese Ergebnisse so komplex sind:

– Sind die Akkordfolgen komplex, weil die Vpn die propositionalen Beziehungen tatsächlich repräsentiert haben?
– Sind die Folgen so komplex, weil die Vpn zwar nur einfache Beziehungen repräsentiert haben, sich aber durch ungewöhnliche Folgen interessant machen wollen?
– Sind die Folgen so komplex, weil die Vpn zwar die propositionalen Beziehungen gut repräsentiert haben, diesen Tendenzen aber bewußt widersprechen wollen?

Bei den Vpn soll es sich ausschließlich um Personen handeln, die mit der westlich-europäischen Musikkultur von Kind an vertraut sind. Keiler (1981, S. 152) spricht vom "native listener of western tonal music". Steedman (1984, S. 52) führt den Begriff der "musical native language" ein. Auf die Zugehörigkeit der Vpn zu einer bestimmten *musikalischen Muttersprache* – also auf den gesellschaftlichen Hintergrund und die Kulturgebundenheit der Experimente – soll in jeder Versuchsanweisung explizit bezug genommen werden. Im ersten Experiment soll darauf hingewiesen werden, daß die zu beurteilenden Akkorde alle tonal gebunden sind und in der Musik vorkommen, die uns täglich umgibt. Im zweiten Experiment wird darauf hingewiesen, daß die Akkordfolgen daraufhin beurteilt werden sollen, wie sie in unserem Kulturkreis, also westlich-europäischer Musikkultur in tonaler Musik benutzt werden. Die Akkorde sollen "sinnvoll zusammenhängend im Sinne unserer Musikkultur" sein.

Durch diese genaue Festlegung auf das *Nachvollziehen europäischer Traditionen* soll vermieden werden, daß Regeln der objektiven Struktur im Ablauf des Experiments entweder aus Nachlässigkeit oder gezielt verletzt werden. Nach Steedman (1984, S. 55) tendieren musikalische Experten dazu, bewußte Regelverletzungen in Kompositionen zu begehen. Auch Butler & Brown (1984, S. 22) berichten, daß ausgebildete Musiker "surprising answers" geben. Insbesondere Experten müssen deshalb darauf hingewiesen werden, daß sie sich mit ihrer Tätigkeit im Rahmen der europäisch-tonalen Musik zu bewegen haben.

Die Einstimmung auf die Tätigkeit im Rahmen westlich-europäischer Musikkultur erfolgt für jede Vp vor Beginn des Experiments 1. Diese

Anweisung ist schriftlich festgelegt worden, wird jedoch jedesmal mündlich vorgetragen, um einem Problem aus dem Weg gehen zu können, von dem Heller (1986, S. 124) berichtet: Die Teilnehmer eines am Computer durchgeführten Psychomotorik-Tests wollten lieber gleich mit dem Drücken von Tasten beginnen, als sich die Erklärungen auf dem Bildschirm durchzulesen. Danach wird der Ablauf des Experiment 1 und die Bedienung der Funktionstasten erklärt. Die Aufgabenstellung wird auf dem Bildschirm bei jeder Akkordgruppe erneut angezeigt: "Wie ähnlich sind die beiden Akkorde?" Die Verankerung der Ratings erfolgt mündlich für jede Stufe (s. Tab. 5.4), auf dem Bildschirm lediglich für die beiden Pole.

Tab. 5.4: Verankerung der Ratings in Experiment 1 und 2

Experiment 1: Die beiden Akkorde sind ...
1 – vollständig identisch
2 – wenig unterschiedlich
3 – etwas deutlicher unterschiedlich
4 – ziemlich unterschiedlich
5 – vollständig anders

Experiment 2: Der letzte Akkord ist eine ...
1 – ausgezeichnete ...
2 – ziemlich gute ...
3 – noch akzeptable ...
4 – nicht sehr gute ...
5 – ziemlich schlechte ...
... Fortsetzung der Akkordfolge

Auch für Experiment 2 wird wieder eine Versuchsanweisung mündlich referiert, die vorher schriftlich festgelegt worden ist. Wieder werden alle Stufen der Rating-Skala mündlich verankert, auf dem Bildschirm nur an den Polen (ebenfalls in Tab. 5.4).

Im Gegensatz zu der in den meisten amerikanischen Untersuchungen (s. Kapitel 2) verwendeten siebenstufigen Ratingskala in beiden Experimenten eine fünfstufige Ratingskala verwendet. In früheren eigenen Arbeiten (s. Pekrun & Bruhn, 1986; Bruhn & Pekrun, 1987) hat der Verfasser festgestellt, daß bei siebenstufigen Skalen Stufen unbenutzt bleiben, deutliche Antworttendenzen zu Extrembeurteilungen hin bestehen und die Vpn sich oft dahingehend äußern, daß die hohe Differenzierung sie überfordern würde. Wahrscheinlich aus diesen Gründen zeigte ein Musiktest (Münchner Musikwahrnehmungs-Skalen, MMWS) in der Fassung mit einer fünfstufigen Ratingskala eine höhere Varianz als in der Fassung mit einer siebenstufigen

Skala. Auch Rohrmann (1978) berichtet, daß fünfstufige Ratingskalen von Probanden am besten angenommen werden. Im Raum der Bundesrepublik Deutschland ist vermutlich die fünfstufige Ratingskala jeder anderen vorzuziehen, weil die Bewertungsstufen der Schulzensurengebung verwendet werden können. Die Schulzensuren arbeiten mit sechs Stufen, von denen die sechste als Ausnahmebewertung gelten kann. Besonders sinnvoll scheint die Anlehnung an Schulzensuren, wenn sich außerdem subjektiv die Beziehung zwischen 1 = sehr gut und 5 = sehr schlecht herstellen läßt. Das ist bei Ähnlichkeits- und Nähebeurteilungen möglich. Weitere Ergebnisse, die für fünfstufige Ratingskalen sprechen, finden sich bei Lissitz & Green (1975).

Experiment 3 läuft programmgesteuert in vier Phasen ab: Die 1. Phase ist eine drei Minuten dauernde Einhör-Phase in die verwendeten Akkorde. Durch einen Zufallsalgorithmus sind die Akkorde vorher auf die Tasten verteilt worden. Die Vp wird in der Anweisung aufgefordert, die Akkorde auszuprobieren. In Experiment 3 sind alle Anweisung, die mündlich referiert werden, gleichzeitig auf dem Bildschirm zu lesen. Den Vpn soll damit die Möglichkeit gegeben werden, den referierten Anweisungstext anhand der schriftlichen Darstellung zu vertiefen. Vor allem visuell orientierten Vpn soll die Gelegenheit zu optimalem Verständnis aller Möglichkeiten der Versuchsapparatur geboten werden.

In der 2. Phase wählt der Computer fünfmal per Zufall einen der fünf Akkordtypen aus und spielt ihn in einer ebenfalls zufällig gewählten Tonhöhe. Die Vpn werden aufgefordert, einen passenden zweiten Akkord zu finden. Für diesen Abschnitt stehen Funktionstasten zum Löschen, Anhören und Speichern zur Verfügung.

In der 3. Phase von Experiment 3 wird wieder fünfmal einer der verwendeten Akkordtypen ausgewählt und auf einer zufälligen Tonhöhe gespielt. Diesmal sollen zwei weitere Akkorde hinzugefügt werden. Die zur Verfügung stehenden Funktionstasten werden um eine Löschmöglichkeit für einzelne Akkorde und eine Spielmöglichkeit für einzelne Akkorde erweitert.

Die 4. Phase wird als "freie Kompositionsphase" angekündigt: Die Vpn sollen nun alle Akkorde selbst bestimmen. Für das Löschen von Abschnitten von Akkordreihen im Arbeitsspeicher wird eine weitere Funktionstaste eingeführt. Im Arbeitsspeicher können sich bis zu 50 Akkorde befinden.

Die Phasen 1 bis 3 werden jeweils vom Computer abgebrochen, die neue Versuchsanleitung erscheint automatisch auf dem Bildschirm. Der Versuchsleiter wird durch einen Signalton aufmerksam gemacht, daß die nächsten Erklärungen notwendig werden. Die vierte Phase von Experiment 3 dauert für alle Vpn 45 Minuten.

5.9 Die Wahl des Meßmodells und damit verbundene Probleme

Von grundsätzlicher Bedeutung für den Forschungsprozeß ist die Definition des Meßmodells. Betrachtet man den Forschungsprozeß als fünfstellige Relation (Gigerenzer, 1981, 1985; s. Abb. 5.2), so müssen mehrere Probleme gelöst werden.

Zunächst definiert der Forscher ein Ziel. Das Ziel wird aus dem theoretischen Anliegen des Forschungsvorhabens abgeleitet (s. Kapitel 3 und 4). Durch die Präzisierung spezifischer Hypothesen (s. Abschnitt 5.1) konzentriert sich die Untersuchung auf einen bestimmten Gegenstandsbereich (Abschnitt 5.2) und damit auf eine Menge abgegrenzter Objekte. Die Objekte des Gegenstandsbereichs stehen in bestimmten Beziehungen zueinander: Sie stellen ein *empirisches System* dar. Dieses empirische System wird auf ein *numerisches System* abgebildet. Dabei versteht man unter "Abbildung" die Erklärung, "wie die realen Objekte, bzw. die Relationen der Objekte untereinander (empirisches Relativ) den symbolischen Abbildern bzw. deren Relationen (symbolisches Relativ) zugeordnet werden ... Besteht das symbolische Relativ aus Zahlen (numerisches Relativ) und existiert zudem eine Abbildungsvorschrift, die die Zuordnung von Zahlen zu den Objekten des empirischen Relativs regelt, so bezeichnen wir dies zusammen als numerisches Modell oder eine Skala" (Bortz, 1984, S. 43).

In den Experimenten 1 und 2 werden den Ähnlichkeits- bzw. Nähebeziehungen von den Vpn Zahlen zugeordnet (vgl. Stevens, 1959, S. 18). Die Abbildungsvorschrift über die Regeln der Zuordnung von Zahlen erfolgt mit der Erklärung und Verankerung der Ratingsskalen (vgl. Abschnitt 5.6; Tab. 5.4). Im Experiment 3 erfolgt die Abbildung in numerische Systeme lediglich durch Auszählen von Häufigkeiten (sowohl der verwendeten Akkorde als auch der auftretenden Akkordverbindungen).

Darüber hinaus gilt es jedoch, zwei weitere Probleme zu lösen, die Gigerenzer (1981, S. 66 ff.) *Abgrenzungsproblem* und *Repräsentationsproblem* nennt.

Beim *Abgrenzungsproblem* (s. Gigerenzer, 1985, S. 490 f.) handelt es sich um ein Problem in der Beziehung zwischen dem Gegenstandsbereich, den der Forscher ausgewählt hat, und dem empirischen Relativ, also der Explikation der Fragestellung gegenüber dem untersuchten Individuum. Trivial ist die Feststellung, daß der Forschungsgegenstand das empirische Relativ gestaltet: Der Forscher wählt die an das untersuchte Individuum gerichteten Fragen so, daß seiner Ansicht nach der Forschungsgegenstand bestmöglich erfaßt wird. Das empirische Relativ gestaltet jedoch umgekehrt auch den Gegenstandsbereich: Das untersuchte Individuum versteht die

Methodik der experimentellen Untersuchung

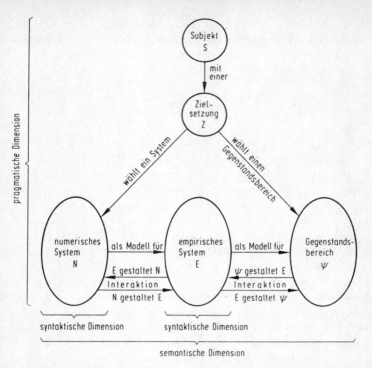

Abb. 5.2: Der Forschungsprozeß in der Psychologie als fünfstellige Relation: Subjekt − Ziel − Gegenstandsbereich, empirisches System − numerisches System (Gigerenzer, 1981, S. 31).

Fragestellung auf seine Weise: Dieser Verstehensprozeß ist ein Vorgang der Subjektivierung (vgl. Kapitel 3; s. Oerter, 1985) − das Individuum assimiliert die vom Forscher angebotenen Informationen und formt möglicherweise ein eigenes Verständnis von der Fragestellung, das nicht notwendig mit der objektiv vom Forscher vorgegebenen Fragestellung übereinstimmt. Die so veränderte Fragestellung verändert gleichermaßen auch den Gegenstandsbereich. Gerade im Bereich musikpsychologischer Untersuchungen sieht Gigerenzer (1985, S. 491) Probleme, da interindividuelle Unterschiede hier besonders interessieren.

Die Lösung des Abgrenzungsproblems steht im Mittelpunkt der Experimente 1 und 2: In beiden Fällen werden die Vpn zu Beurteilungen einer Menge von Objekten (musikalischen Akkorden) aufgefordert, zu denen eine objektive Klassifizierung vorliegt. Die musiktheoretisch begründeten Beziehungen zwischen den Akkorden werden in Experiment 1 durch die Anzahl der sich verändernden Töne und in Experiment 2 durch die aus der

Harmonielehre abgeleiteten Entfernungen definiert. Aus dem Vergleich zwischen den objektiven Beziehungsmaßen und den Beurteilungen der Vpn läßt sich ableiten, ob die Vpn tatsächlich die Merkmale beurteilt haben, die vom Forscher vorgegeben wurden.

Das *Repräsentationsproblem* bezieht sich auf die Relationen zwischen den zu beurteilenden Objekten: Haben die empirischen Relationen des untersuchten Systems dieselben Eigenschaften wie die numerischen Relationen (vgl. Gigerenzer, 1985, S. 491). Auch dieses Problem läßt sich anhand der Ergebnisse von Experiment 1 und 2 untersuchen: Die Beziehungen zwischen den untersuchten Objekten (Akkorden oder Akkordfolgen) müssen sich in den numerischen Relationen der Ratings widerspiegeln. In Experiment 1 sind die erklingenden Akkordverbindungen von je zwei Akkorden zum Beispiel symmetrisch: d.h. die Verbindung von Akkord A mit Akkord B ist theoretisch gleich ähnlich wie die Verbindung von Akkord B mit Akkord A. Dieses Postulat müßte sich in spiegelsymmetrischen Matrixhälften der Ergebnismatrix zeigen.

5.10 Skalenniveau des Meßmodells

Für die Auswertung der Ergebnisse ist das *Skalenniveau* des Meßmodells von Bedeutung: In den ersten beiden Experimenten werden die Ergebnisse in Form von Ratings erhoben. Ratings sind ordinalskaliert. Bei Ratings werden in der psychologischen Forschung oft Statistikprozeduren angewandt, die eigentlich Daten nicht unter Intervallskalenniveau voraussetzen. Mittelwertsberechnungen, Varianzanalysen, Pearson-Korrelationen oder die Faktorenanalyse werden eingesetzt, meist ohne daß die Voraussetzungen kritisch reflektiert werden (Bruhn, 1985b, S. 497).

Der Fehler, der durch die Verwendung von statistische Verfahren gemacht wird, ist oft gering, wie jeder aus eigener Erfahrung berichten kann: Die Unterschiede zwischen Produkt-Moment- und Rang-Korrelationskoeffizienten treten erst in der dritten oder vierten Stelle hinter dem Komma auf und sind bei der Unschärfe der erhobenen Daten in vielen Fällen tatsächlich zu vernachlässigen. Ingenkamp (1981, S. 74) hält es für ein allgemeines Problem sozialwissenschaftlicher Forschung, daß meßtheoretisch zu hohe Skalenniveaus angenommen werden. Er entscheidet sich aus pragmatischen Gründen jedoch für die "Annahme" von Intervallskalenniveau auch bei Ratings, weil die parametrischen Verfahren leichter verfügbar sind und weniger Information vergeben. Bortz (1977) bietet eine methodische Rechtfertigung:

"Messungen in den Sozialwissenschaften sind deshalb im allgemeinen zwar eher dem ordinalen Niveau zuzuordnen; es handelt sich aber um Ordinalskalen, bei denen nicht nur die Monotoniebedingung erfüllt ist, sondern zusätzlich eine für Ordinalskalen nicht erforderliche, systematische und begrenzte Variation der Intervallbreiten vorliegt. Sozialwissenschaftliche Messungen sind somit im allgemeinen besser als ordinale Messungen, aber schlechter als Messungen auf Intervallskalen." (Bortz, 1977, S. 30).

Auch Kerlinger (1973, S. 440) meint, daß sich psychologische Skalen (hier: Ratings) dem Niveau gleicher Intervalle gut annähern. Rohrmann (1978) referiert empirische Daten, die ebenfalls für die Äquidistanz von Rating-stufen sprechen. Baker, Hardyck & Petrinovich (1966) haben sogar Berechnungen mit systematisch verzerrten Intervallskalen angestellt: Sie kamen zum Ergebnis, daß die statistische Entscheidung (bei 4000 t-Tests über je zwei zufällig gezogene Stichproben) von der Skalenqualität weitgehend unbeeinflußt blieb. Deshalb scheint es ratsam zu sein, die qualitativ besseren Verfahren für intervallskalierte Daten auch auf ordinalskalierte Ratings anzuwenden. Zur Vorsicht bei der Interpretation der Ergebnisse wird jedoch geraten (Kerlinger, 1973; Ingenkamp, 1981, S. 74; Bruhn, 1985b, S. 497).

Eine weitere Methode, die zur Auswertung und Darstellung der erhobenen Daten verwendet werden soll, ist die *mehrdimensionale Ähnlichkeitsstrukturanalyse*, in vielen Fällen noch *multidimensionale Skalierung* genannt. Für diese Methode gibt es Auswertungsprogramme, die speziell für ordinalskalierte Daten geschaffen wurden. Auf die mehrdimensionale Ähnlichkeitsstrukturanalyse (im folgenden kurz MDS genannt) wird in Kapitel 6 näher eingegangen.

5.11 Zur Frage der Validität und damit verbundener Probleme

Die vorliegende Untersuchung beschäftigt sich mit einer außerordentlich künstlichen Situation: Im Laborexperiment werden Vpn über Kopfhörer mit Computer-generierten Akkordfolgen konfrontiert. Die *ökologische Validität* der Untersuchung (Oerter, 1979; Bronfenbrenner, 1981) in bezug auf die Wahrnehmung von Musik des westlichen-europäischen Kulturbereichs ist relativ gering: Mit den Akkordfolgen werden lediglich *einzelne* Regeln der westlichen-europäischen Harmonielehre simuliert und abgefragt, die für die Untersuchung bestimmter Aspekte einer kognitiven Repräsentation der Versuchsobjekte nützlich sind. *Externe Validität* ist bei dieser Untersuchung gegeben, wenn von den Ergebnissen möglichst sicher auf zugrundeliegende kognitive Strukturen geschlossen werden kann. Aus dem Grunde soll die *interne Validität* möglichst hoch sein. Der Umgang der Vpn mit den vorgegebenen Versuchsstimuli soll unverfälscht auf die kognitiven Mechanismen schließen lassen. Interne Validität hängt maßgeblich davon ab, inwieweit methodische Probleme bewältigt werden konnten. Auf einige Probleme soll deshalb hier noch eingegangen werden.

Kontrolle

Die *Versuchsstimuli*, die musikalische Akkorde, werden in drei musikalischen Parametern (vgl. Kapitel 2) *kontrolliert:* (1) Der Rhythmus bleibt aus der Untersuchungssituation eliminert. (2) Melodiebewegungen werden durch den Satz der Akkorde vollständig oder zumindest überwiegend eliminiert (vgl. Abschnitt 5.2). (3) Der Klang der Akkorde bleibt über den Versuchsablauf und die Vpn gleich.

Meßfehler

Ein gewisser *Meßfehler* ist in jeder Untersuchung unvermeidbar. Wichtig war, systematische Einflüsse wie z.B. *Reihenfolgeeffekte* auszuschalten. Die Akkordpaare (Experiment 1) und die Akkordreihen (Experiment 2) werden in für jede Vp unterschiedlicher, randomisierter Reihenfolge gespielt. Durch die randomisierte Reihenfolge soll in erster Linie eine weitere, systematische Verfälschung jeweils der ersten Akkordbeurteilungen vermieden werden: Es ist zu erwarten, daß die ersten Akkorde inkonsistent bewertet werden, da jede Vp (sowohl Experten als auch Novizen) im Verlauf der ersten Akkorde einen Maßstab für die Beurteilung entwickeln wird. Diese Fehlerabweichung vom Erwartungswert verteilt sich nun im günstigsten Fall auf alle Objektbewertungen, so daß sie sich letztlich nur in einer zufallsbedingten Verschlechterung der Ergebnisse niederschlagen kann. Weiterhin wurde durch die randomisierte Reihenfolge vermieden, daß sich ein prägnanter Akkord systematisch auf die Beurteilung der nachfolgenden Akkorde auswirkt: Wie bereits dargelegt (Kapitel 3), ist das Ultrakurzzeitgedächtnis (sensorischer Speicher) im auditiven Bereich relativ lang (s. Plattig, 1985). Insbesondere im Experiment 1 und 2 wären deshalb negative Auswirkungen zu befürchten gewesen.

Randomisierung

Eine ebenfalls systematische Verzerrung der Ratings wäre zu erwarten, wenn die Akkorde und Akkordfolgen immer in *derselben Tonart* zu beurteilen sind. Aus diesem Grunde wurde ein Algorithmus programmiert, der die Tonart für jedes Akkordpaar (Experiment 1) bzw. jede Akkordfolge (Experiment 2) zufällig auswählt.

Die *Verwendung der Tastatur* in Experiment 3 wurde kontrolliert, indem die den Vpn zur Verfügung stehenden Akkorde ungeordnet und für jede Vp unterschiedlich den Tasten der Computer-Tastatur zugeordnet wurden. Dadurch wurde zum einen der Vorteil der Experten im Umgang mit den Akkorden aufgehoben und außerdem vorgebeugt, daß einzelne Akkorde häufiger (z.B. im mittleren Bereich der Tastatur) und andere Akkorde kaum (die Akkorde mit der alt-Taste) benutzt werden.

Äußere Bedingungen

Die *räumlichen Bedingungen* für die Durchführung der Experimente wurden durchgängig konstant gehalten. Obwohl die Versuche in drei verschiedenen Räumen des psychologische Instituts, einem Raum der Musikhochschule und dem privaten Arbeitszimmer des Versuchsleiters stattfanden, konnte gewährleistet werden, daß die Vpn ungestört von äußeren Einflüssen arbeiten konnten: Die Arbeit der Vpn wurde nicht unterbrochen; es waren keine störenden Geräusche zu hören; die Vpn konnten ihre Pausen so einteilen, wie sie es für sinnvoll hielten.

Besondere Vorkommnisse (insbesondere Nachfragen der Vpn oder Bemerkungen der Vpn zum Versuchsablauf) werden protokolliert und im Kapitel 7 berichtet.

6. Kapitel:

MULTIDIMENSIONALE ÄHNLICHKEITSSTRUKTURANALYSE

6.1 Einleitung

Wie im letzten Kapitel bereits ausgeführt wurde, handelt es sich bei den in Experiment 1 und 2 erhobenen Daten um ordinalskalierte Werte, die in der Auswertung bestimmten Beschränkungen gegenüber intervallskalierten Werten unterliegen. Zur Umgehung der methodischen Probleme mit dem Skalenniveau läßt sich ein Verfahren einsetzen, das Ähnlichkeitsbeziehungen im mehrdimensionalen Raum darstellt: das Verfahren der *Mehrdimensionalen Ähnlichkeits-Strukturanalyse*, in vielen Fällen noch *multidimensionale Skalierung* (MDS) genannt. Seit 1962 (Shepard 1962) gibt es eine zunehmende Zahl von Computerprogrammen, die ordinalskalierte Daten aus Ähnlichkeitsbeurteilungen analysieren und in eine räumliche Darstellung mit einer beliebigen Anzahl von Dimensionen überführen können.

Da diese Verfahren nicht in allen Wissenschaftsbereichen in dem Ausmaß bekannt sind wie in der Psychologie, soll an dieser Stelle ausführlicher darauf eingegangen werden, als es für ein anderes Auswertungsverfahren üblich wäre. Kenner der MDS können dieses Kapitel überschlagen.

Bei den Verfahren wird zwischen nicht-metrischen und metrischen Analysen unterschieden: In metrischen Verfahren wird vorausgesetzt, daß die Funktion, die die zu verarbeitenden Daten in "wahre Werte" überführt, linear ist oder zumindest eine definierte parametrische Form hat (Carroll, 1983, S. 203). Diese Forderung ist bei den Ähnlichkeitsbeurteilungen von Akkorden nicht erfüllt. Es lassen sich zwar Rangreihen aufstellen. Aber selbst wenn es eine parametrische Beziehung zwischen den Ratings und der tatsächlichen Ähnlichkeit der beurteilten Objekte gibt, wäre das Raster einer 5-stufigen Ratingskala zu grob, um die Funktion zu definieren.

Für nicht-metrische Verfahren muß lediglich vorausgesetzt werden, daß diese Funktion monoton ist. In den nächsten Abschnitten soll zunächst auf die Frage der Repräsentation des Objektbereichs durch ein numerisches System (Repräsentationsproblem) eingegangen und verschiedene elementare

Voraussetzungen für den Einsatz einer nichtmetrischen Skalierung erörtert werden. Danach wird auf die Prüfung von Zufallshypothesen durch geometrische Meßmodelle und die Möglichkeit einer Signifikanzprüfung beim Vergleich von zwei MDS-Konfigurationen eingegangen. Schließlich werden zwei Programme, die verwendet werden sollen, vorgestellt.

6.2 Ähnlichkeitsbeurteilung und räumliche Nähe

Vor der Wahl eines Auswertungsprogramms muß sichergestellt sein, daß die Auswertungsmethode ein angemessenes numerisches System für den untersuchten Gegenstandsbereich darstellt. Die Frage ist: Repräsentiert das numerische System einer Mehrdimensionalen Ähnlichkeits-Strukturanalyse (im folgenden MDS abgekürzt) Relationen des empirischen Systems (Repräsentationsproblem; Gigerenzer, 1985, S. 491 f.; s. Kapitel 5)? Eingabedaten für eine MDS-Lösung sind Rangordnungen, die aus der Beurteilung der Ähnlichkeit von je zwei Objekten entstanden sind. Diese Rangordnungen werden in eine graphische Darstellung umgewandelt, in der große Ähnlichkeit durch räumliche Nähe dargestellt wird.

Die Gleichsetzung von Ähnlichkeit und räumlicher Nähe in der Auswertung psychologischer Daten läßt sich aus Alltagsvorstellungen ableiten. Sie findet sich bereits im Sprachgebrauch: Zwei verschiedene Leistungen liegen "auf gleicher Höhe". Menschen sind "eng" miteinander verwandt. Ideen liegen "nahe" beieinander. Gerade in der Musik finden sich viele weitere Beispiele: Unterschiedlich hohe Töne sind nah oder fern voneinander, Akkorde sind nah oder fern miteinander verwandt, Interpretationen von Musikstücken liegen nahe beieinander. Ähnlichkeit scheint durch einen psychologischen Raum repräsentiert zu sein (s.a. Gigerenzer, 1981).

Probleme bereitet jedoch die Beschaffenheit dieses psychologischen Raums. Räumliche Vorstellungen bewegen sich oft lediglich im Rahmen euklidischer Metrik, also der Geometrie unserer Alltagswelt. Diese Metrik läßt sich durch die folgende Definition für Distanzen d zwischen zwei Punkten a und b in einem n-dimensionalen Raum beschreiben:

$$(6.1) \quad c = [a^2 + b^2]^{1/2}$$

x_{ai} ist dabei die Projektion des Punktes a auf die Dimension i, x_{bi} des Punktes b auf dieselbe Dimension. Im zweidimensionalen Fall entspricht diese Formel dem Satz des Pythagoras (in Formel 1 lediglich in Koordinatenform geschrieben):

(6.2) $$d_{ab} = \left[\sum_{i=1}^{n} \{x_{ai} - x_{bi}\}^2 \right]^{1/2}$$

Es ist jedoch keineswegs sicher, daß die psychologische Repräsentation von Ähnlichkeiten in einem euklidischen Raum erfolgt. Die euklidische Metrik ist nur Spezialfall einer unendlich großen Menge von Metriken, die unter dem Namen *Minkowski-Metriken* zusammengefaßt werden (vertiefend s. Bruhn & Gigerenzer, 1987).

Durch Veränderung der Exponenten in Gleichung 6.1 lassen sich die Bedeutungen der Dimensionen verändern: Sie gehen in das Ergebnis in anderer Gewichtung ein. Kluck (1978, S. 257) wagte aufgrund von Ergebnissen aus der Wahrnehmungspsychologie (Wender, 1971) die Hypothese, daß man aus dem Metrik-Parameter auf die kognitive Differenziertheit des Wahrnehmenden schließen könnte.

Dieser Forschungsansatze schien sehr vielversprechend; dennoch hat man sich in den letzten Jahren zunehmend darauf beschränkt, die Ergebnisse einer MDS in euklidischer Metrik darzustellen. Häufig wird einfach angenommen, daß die wahre psychologische Distanz die euklidische ist (vgl. dazu Cross, 1965, S. 72). Das hängt damit zusammen, daß die Interpretation graphischer Darstellungen in einer ungewohnten Metrik größere Übung erfordert. Fehlinterpretationen sind daher die Regel (zu weiteren Problemen der Verwendung von Minkowski-Metriken s. Borg, 1981, S. 361 ff.; Schönemann & Borg, 1983, S. 278). Auch aus Gründen der Bequemlichkeit wird oft lediglich die euklidische Distanz berechnet (s. Cross, 1965), da nicht-euklidische Verfahren mathematisch deutlich komplizierter sind. Sulz (1980, S. 117) kritisiert: "... die Annahme geometrischer Strukturen von Kognitionen oder Gedächtnis erscheint ebenso naiv wie das Wasserfluß-Modell beim elektrischen Strom".

Wenn in dieser Arbeit MDS-Konfigurationen vorgestellt werden, so soll damit nicht behauptet werden, daß die Repräsentation der Stimuli im Gedächtnis in dieser Weise erfolgt. Die MDS-Konfiguration ist eine Form der *Skalierung* von Ähnlichkeiten, die aus Gründen der Anschaulichkeit eine simplifizierende Modellvorstellung anbietet. Die tatsächliche Repräsentation der Stimuli läßt sich aus dem in Kapitel 3 vorgestellten Modell ableiten. Für eine ganzheitliche Repräsentation von Sachverhalten lassen sich visuell nur unzulängliche Verdeutlichungen herstellen.

6.3 Elementare Voraussetzungen und Algorithmus

Die Eingabedaten für ein MDS-Programm sind Ähnlichkeiten oder Unähnlichkeiten zwischen Untersuchungsgegenständen. Diese Daten können auf verschiedene Weise erhoben worden sein: Wenn sie aus vollständigen Paarvergleichen stammen, so existiert bereits für jedes Paar ein Wert. Stammen die Daten aus Ratings oder anderen Maßen für einzelne Objekte, so muß auf eine dem psychologischen Modell angemessene Art und Weise (Differenz- oder Quotientbildung, Korrelation) ein Wert für die Nähe oder Ähnlichkeit von jedem Objektpaar hergestellt werden. Korrelationen zwischen den Daten erfordern jedoch besondere Achtsamkeit, da sich die Aussage der erhobenen Daten durch die bei Korrelationskoeffizienten vorgenommene Normierung der Daten ergibt (vgl. Gigerenzer, 1977b; s.a. Kapitel 9).

Die grundsätzliche Angemessenheit einer Auswertungsmethode wird meist veranschaulicht, indem man Daten eines Gegenstandsbereichs berechnet, für den aufgrund anderer Berechnungen oder theoretischer Überlegungen das Ergebnis bereits bekannt ist. Ein solches Beispiel wäre der Quintenzirkel, der von der Musiktheorie definierten räumlichen Darstellung einer vermutlich auch psychologisch repräsentierten Objektmenge von Akkorden, soll das verdeutlicht werden. In Tabelle 6.1 wurde eine vollständige untere Dreiecksmatrix erstellt. Der Wert für ein Akkordpaar ist der Abstand zwischen den Akkorden in Quinten. Die erste Zeile und die letzte Spalte der Matrix ebenso wie die Diagonale der Matrix (die hier nur Nullen enthalten würde) werden an das Computer-Programm als Daten nicht eingegeben (diese Angaben können von Programm zu Programm geringfügig variieren).

Tab. 6.1: Untere Dreiecksmatrix der Nähe von Akkorden innerhalb des Quintenzirkels.

	F	C	G	D	A	E	H	Fis	Cis	As	Es	B
1. F-Dur	-	-	-	-	-	-	-	-	-	-	-	-
2. C-Dur	1	-	-	-	-	-	-	-	-	-	-	-
3. G-Dur	2	1	-	-	-	-	-	-	-	-	-	-
4. D-Dur	3	2	1	-	-	-	-	-	-	-	-	-
5. A-Dur	4	3	2	1	-	-	-	-	-	-	-	-
6. E-Dur	5	4	3	2	1	-	-	-	-	-	-	-
7. H-Dur	6	5	4	3	2	1	-	-	-	-	-	-
8. Fis-Dur	5	6	5	4	3	2	1	-	-	-	-	-
9. Cis-Dur	4	5	6	5	4	3	2	1	-	-	-	-
10. As-Dur	3	4	5	6	5	4	3	2	1	-	-	-
11. Es-Dur	2	3	4	5	6	5	4	3	2	1	-	-
12. B-Dur	1	2	3	4	5	6	5	4	3	2	1	-

Um die Ähnlichkeit zwischen den Objekten in einer MDS sinnvoll darstellen zu können, müssen die räumlichen Distanzen und die wahrgenommenen Beziehungen übereinstimmende Eigenschaften besitzen. Die wesentlichen Eigenschaften der Distanzen einer MDS sind *Positivität*, *Symmetrie* und die Postulate der *Dreiecksungleichung*. Diese Postulate müssen auch von den Daten erfüllt sein:

1. *Positivität*

Die Distanz eines Objekts mit sich selbst ist gleich 0. Die Distanz eines Objekts mit einem beliebigen anderen Objekt ist nie kleiner als 0.

(6.4) $\quad d_{ab} \geq d_{aa}$

2. *Symmetrie*

Die Distanz von einem Objekt a zum Objekt b ist ebenso groß wie die Distanz von Objekt b zu Objekt a.

(6.5) $\quad d_{ab} = d_{ba}$

3. *Dreiecksungleichung*

Die Distanz zwischen zwei Objekten a und b darf nie größer sein als die Summe der Distanzen zwischen diesen beiden Objekten und einem beliebigen dritten Objekt c.

(6.6) $\quad d_{ab} \leq d_{ac} + d_{cb}$

Die Daten des Quintenzirkels erfüllen diese Voraussetzungen: Die Abstände zwischen zwei Akkorden sind immer positiv und symmetrisch. Die Ähnlichkeitswerte zwischen zwei Akkorden sind immer kleiner als die Summe der Werte dieser beiden Akkorde mit einem beliebigen dritten.

Die Programme der MDS versuchen nun, ein Konfiguration herzustellen, in der die Rangfolge der Distanzen zwischen den Objekten möglichst genau der Rangordnungen der Eingabedaten entspricht. Ausgangsbasis bildet eine Zufallskonfiguration, die schrittweise verändert wird. Bei manchen Programmen kann der Anwender auch eine Ausgangskonfiguration für den Programmstart eingeben. Abbildung 6.1 zeigt die Ergebniskonfiguration der Quintenzirkeldaten.

Während des Programmablaufs wird fortwährend die *Monotonität* zwischen den Rangordnungen der Eingabedaten und den Distanzen in der erreichten Konfiguration geprüft. Im sogenannten *Shepard-Diagramm* kann sie dargestellt werden. In Abbildung 6.2 ist oben das Shepard-Diagramm einer beliebigen Ausgangskonfiguration aufgezeichnet, unten ist die Darstellung der Ergebniskonfiguration der Quintenzirkeldaten. Alle Shepard-Diagramme in dieser Arbeit sind mit einem eigenen Programm gerechnet worden (Programm MDSGOOD; s. Bruhn, 1987). Die Kurve, die die Beziehung zwischen den Eingabedaten und den Distanzen darstellt, ist im Idealfall streng monoton wachsend. Tatsächlich kommt es oft vor, daß unterschiedliche Ränge durch gleiche Distanzen dargestellt werden. Die

Multidimensionale Ähnlichkeitsstrukturanalyse

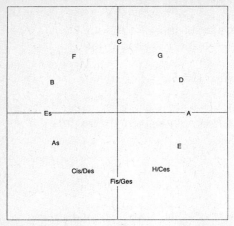

Abb. 6.1: Ergebniskonfiguration der Ähnlichkeitsdaten aus dem Quintenzirkel (MDS-Programm KYST; Kruskal u.a., 1978).

streng monotone Funktion wird somit zur schwach montonen Funktion. Es handelt sich hier jedoch nur scheinbar um ein Problem: Bereits durch eine minimale Neigung der Kurve nach rechts wäre die Monotonitätsbedingung wieder erfüllt, die numerische Abweichung der Daten würde in der graphischen Darstellung keine Veränderung bewirken (Borg, 1981, S. 56).

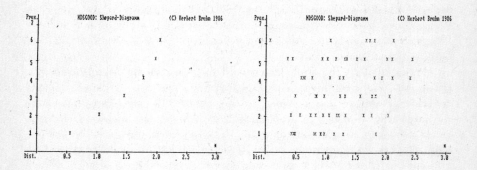

Abb. 6.2: Shepard-Diagramm der Ergebniskonfiguration (links) und einer Ausgangskonfiguration des Programms KYST (rechts) – Auf der Abszisse sind die Distanzen der beurteilten Objekte in der graphischen Darstellung abgetragen, in der Ordinate die ordinalskalierten Ausgangsdaten (Programm MDSGOOD).

Das Shepard-Diagramm, das heutzutage leider nicht mehr bei allen Untersuchungen mitveröffentlicht wird, bietet die Möglichkeit einer Sicht-Kontrolle der Güte von Ergebniskonfigurationen. Mathematisch wird die Anpassungsgüte in *Stress-Werten* definiert. Der Stress einer Konfiguration errechnet sich aus den definierten Bedingungen zur Monotonität der Regressionskurve zwischen Ähnlichkeitsdaten und Distanzen (s. Borg, 1981, S. 75 ff.). Die in Abbildung 6.1 gezeigte Konfiguration des Quintenzirkels hat den Stress 0, sie ist also eine ideale räumliche Repräsentation der Ausgangsdaten.

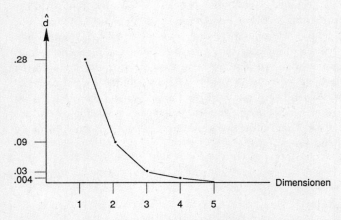

Abb. 6.3: Stress-Kurve für die Ergebniskonfigurationen zu den Daten einer Vp aus Experiment 1. Aus dieser Kurve kann abgeleitet werden, daß eine dreidimensionale graphische Darstellung den Daten angemessen wäre.

Die Stresswerte haben im Verlauf der Berechnung einer Ergebniskonfiguration eine wichtige Funktion: Die zufällig erstellte Ausgangskonfiguration wird in mehreren Schritten mit dem Ziel verändert, den Stress einer graphischen Darstellung zu verringern. Wenn ein bestimmter voreingestellter Wert der Stress-Verringerung zwischen zwei Konfigurationen im Iterationsprozeß unterschritten wird, so wird der Rechenprozeß abgebrochen und die letzte Konfiguration als Ergebnis ausgegeben (Probleme, die sich aus diesem teilweise rein zufälligen Ablauf ergeben, sind bei Borg, 1981, S. 295 ff. besprochen).

Eine weitere Funktion hat der Stress-Wert bei der Entscheidung für die Dimensionalität der Ergebniskonfiguration. Meist läßt man für einen bestimmten Datensatz mehrere Konfigurationen mit unterschiedlicher Dimensionalität errechnen. Die Stress-Werte für die unterschiedlichen Konfigurationen werden in ein Koordinatensystem übertragen (Abb. 6.3). Die Verbindung der erhaltenen Punkte zeigt häufig bei einer Dimensionalität einen deutlichen Knick, woraus ersichtlich wird, daß sich für die nächsthöhere Anzahl von Dimensionen eine wesentlich verringerte Stress-Verbesserung ergibt. Die Dimensionenzahl an dieser Stelle wird meist als angemessene Lösung akzeptiert.

Die Entscheidung über die Dimensionalität läßt sich absichern, wenn man zudem die Shepard-Diagramme aller n-dimensionalen Lösungen betrachtet: Theoretisch ist eine Lösung erst akzeptabel, wenn die Beziehung zwischen Daten und Distanzen monoton ist (s.o.). Aus den Shepard-Diagrammen in den Abbildungen 6.4 a bis d (von einer Dimension bis zu vier Dimensionen, Darstellung derselben Daten wie in Abb. 6.3) kann man ersehen, daß erst die vierdimensionale Darstellung die erforderliche monotone Beziehung zwischen den Ratings und den Distanzen ergibt. Häufig ist jedoch bei der Skalierung von vielen Objekten aus Gründen einer angemessenen Interpretation eine Lösung mit weniger Dimensionen anzuraten. Diese angenäherte Lösung ermöglicht, klarere Aussagen abzuleiten. In der Praxis zeigt das Shepard-Diagramm der gewählten Lösung also eine größere Zahl von Monotonitätsverletzungen auf.

6.4 Hypothesentest

Wegen des Näherungs-Charakters der meisten MDS-Lösungen eignet sich die MDS grundsätzlich eher zum Generieren von Hypothesen als zum Testen. Geht man einmal davon aus, daß erkennbar ist, ob eine räumliche Darstellung empirisch überhaupt relevant ist (s. Schönemann & Borg, 1983, S. 333), so kann das Ergebnis der Berechnungen dennoch Artefakt des Programm-Algorithmus sein (siehe dazu später). Bestimmte Datenkonstellationen führen bei der Berechnung mit einigen Programmen zu sogenannten *degenerierten Lösungen*, in denen entweder alle Punkte in den Ursprung fallen oder mehrere dichtgedrängte Punktwolken weit voneinander entfernt gebildet werden (s. Abb. 6.5 links). Diese Konfigurationen haben z.T. sehr geringe Stress-Werte und spiegeln eine gute Anpassung vor. Aussagen lassen sich aus solchen Konfigurationen jedoch nicht ableiten. Eine Lösung dieses Problems wäre, die Daten mit zwei Programmen zu berechnen, die nach einem unterschiedlichen Algorithmus vorgehen. In Abbildung 6.5 rechts ist zu sehen, daß durch Berechnung der Daten mit einem anderen Programm die Clusterung der Objekte gleich bleibt, die Beziehungen zwischen den Objekten jedoch deutlicher wird. Degenerierte Lösungen sind

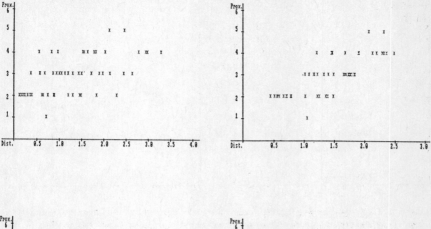

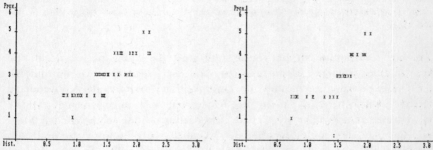

Abb. 6.4: Shepard-Diagramme für die Konfigurationen der in Abb. 6.3 bereits beschriebenen Daten: Für die Darstellung der Daten von einer Dimension bis vier Dimensionen ergibt sich eine sichtbare Verbesserung der Reggression. (a) eine Dimension der Darstellung; (b) zwei Dimensionen; (c) drei Dimensionen; (d) vier Dimensionen.

auch von Daten zu erwarten, die sich auf weniger als 12 Objekte beziehen (weitere Informationen zu degenerierten Lösungen: s. Borg, 1981, S. 171 ff.).

Der wichtigste Grund, weshalb die MDS eher zur Hypothesengenerierung geeignet ist, wurde bereits angesprochen: Jede MDS-Lösung setzt die Gültigkeit der jeweils verwendeten Metrik voraus. Bruhn & Gigerenzer (1987) empfehlen folgendes Vorgehen: Hat man mittels einer MDS Hypothesen über die Anzahl und Art der Beurteilungsdimensionen entwickelt, so kann man die Gültigkeit der Metrik über sogenannte *geometrische Meßmodelle* testen (vgl. dazu Gigerenzer, 1981, S. 254-283). Bei der MDS setzt

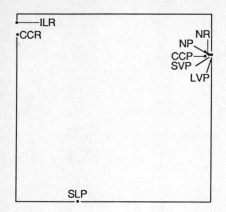 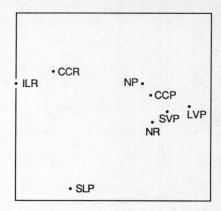

Abb. 6.5: Links degenerierte MDS-Lösung aus einer Darstellung mit dem Programm SSA, rechts dieselben Daten mit dem Programm MRSCAL berechnet (nach Borg, 1981, S. 169 und 173).

man eine bestimmte Metrik voraus und stellt die Frage nach Anzahl und Art der Dimensionen. Wenn man jetzt von der festgelegten Anzahl und Art der Dimensionen ausgeht und die Gültigkeit der Axiome der verwendeten Metrik überprüft, kann man die Richtigkeit der angewendeten Metrik entweder bestätigen oder verwerfen. Die Methoden der geometrischen Meßmodelle und der multidimensionalen Ähnlichkeitstrukturanalyse sind also komplementär, sie ergänzen sich sinnvoll (Gigerenzer, 1981, S. 411 ff.).

6.5 Signifikanzprüfung

Für die Zurückweisung der "nullsten aller Null-Hypothesen" (Borg, 1981, S. 183), also der Frage, ob die Eingabedaten strukturlos oder völlig zufällig sind, gibt es Tabellen, die sich auf die Stress-Werte der Ergebniskonfigurationen beziehen (Borg, 1981, S. 184 ff.). In den Tabellen sind die Werte von MDS-Berechnungen mit zufallsgenerierten Daten aufgelistet, z.T. als kumulative Verteilung der relativen Häufigkeiten von bestimmten Stress-Werten. Daraus läßt sich die Wahrscheinlichkeit ableiten, mit der ein gegebener Stress-Wert aufgrund von Zufallsdaten zustande gekommen sein kann. Als Anhaltspunkt für die kritischen Stress-Werte von alpha = .01 kann die Tabelle 6.2 gelten. Diese Tabelle bietet erst ab Konfigurationen mit mehr als 11 Objekten Werte an, da man festgestellt hat, daß Konfigurationen mit weniger Objekten außerordentlich inkonsistent sind. Simulationen haben gezeigt, daß bei zehn Objekten ca. 50 %, bei neun Objekten sogar 80 % aller zufälligen Rangordnungen zu MDS-Lösungen führen, deren Stress-Werte zu einer fälschlichen Zurückweisung der Null-Hypothese führen würden (nach Gigerenzer, 1981, S. 352 f.).

Tab. 6.2: Schätzungen der kritischen Stress-Werte von MDS-Konfigurationen für das Signifikanzniveau alpha = .01 (s. Gigerenzer 1981, S. 353).

Anzahl der Objekte	Anzahl der Dimensionen				
	1	2	3	4	5
12	.341	.201	.111	.057	.021
14	.379	.232	.142	.088	.052
16	.408	.253	.164	.109	.073
18	.432	.270	.180	.126	.090
20	.448	.284	.194	.140	.104
22	.461	.296	.206	.152	.116
24	.474	.306	.216	.162	.126
26	.486	.316	.226	.172	.136
28	.493	.321	.232	.177	.141
30	.498	.327	.237	.183	.147
32	.504	.332	.242	.188	.152
34	.509	.336	.246	.192	.156
36	.513	.340	.250	.196	.160
38	.519	.345	.255	.201	.165
40	.523	.348	.258	.204	.168
42	.527	.352	.262	.208	.172
44	.532	.355	.265	.211	.175
46	.536	.359	.269	.215	.179
48	.540	.362	.272	.218	.182

In vielen Fällen legt bereits der Versuchsplan und der untersuchte Gegenstandsbereich aus theoretischen Überlegungen eine bildliche Repräsentation als Modell nahe. Als Beispiel dafür könnten wieder die Daten für den Quintenzirkel gelten: Aus musiktheoretischen Überlegungen ist die Kreisdarstellung bereits bekannt. Die empirisch gewonnenen Daten (z.B. aus Ähnlichkeitsbeurteilungen von Akkorden) könnten mit einer MDS dargestellt werden. Die Ergebniskonfiguration aus den empirischen Daten wird nun mit dem Modell verglichen. Der Kongruenzkoeffizient von Leutner, Lingoes und Borg (s. Lingoes & Borg, 1983; Leutner & Borg, 1983, 1985) bietet die Möglichkeit, die Signifikanzen der Übereinstimmung zwischen zwei Skalierungslösungen zu berechnen (Formel 6.7).

Multidimensionale Ähnlichkeitsstrukturanalyse

$$(6.7) \quad c = \frac{\sum_{i=1}^{n} (D_{ai} \cdot D_{bi})}{(\sum_{i=1}^{n} D_{ai}^2 \sum_{i=1}^{n} D_{bi}^2)}$$

D_{ai} ist die Distanz eines Punktes i aus der Konfiguration a zum Ursprung des Koordinatensystems, D_{bi} die Distanz des analogen Punktes in der Konfiguration b. n ist die Anzahl der dargestellten Objekte, also die Anzahl der zu berechnenden Distanzen.

Da der Wert von c relativ schnell gegen 1 tendiert, wird vorgeschlagen, anstelle eines Kongruenzkoeffizienten den *Alienationskoeffizienten* nach Formel 6.8 zu berechnen.

$$(6.8) \quad c' = (1 - c^2)^{1/2}$$

Beim Alienationskoeffizienten handelt es sich um ein *quasi-statistisches* Modell, nach dem über die Ähnlichkeit von zwei Konfigurationen geurteilt werden kann (z.B. auch für Faktor-Konfigurationen; s. Leutner & Borg, 1983, S. 320). Aus einer Monte-Carlo-Studie mit Konfigurationen aus zufallsgenerierten Zahlen leiteten Leutner & Borg (1983) Tabellen mit mittleren Auftretenswahrscheinlichkeiten von bestimmten Werten des Alienationskoeffizienten ab, aus denen eine zufallskritische Bewertung der Ähnlichkeit vorgenommen werden kann.

6.6 Verwendete Skalierungsprogramme

MINISSA

Das MDS-Programm MINISSA ist von Lingoes & Roskam (1973) entwickelt worden. Die mathematische Grundlage des Programms wird erstmals von Roskam (1969) diskutiert. Das Programm gilt als zuverlässiges Verfahren; es handelt sich um die verbesserte Version eines älteren Programms (SSA). Insbesondere werden bei MINISSA degenerierte Konfigurationen vermieden, da der Programmalgorithmus kleinere Differenzen stärker gewichtet als größere (s. Borg, 1981, S. 174). Das Programm kann Berechnungen in jeder beliebigen Minkowski-Metrik vornehmen. Nach der Erstellung einer zufälligen Ausgangskonfiguration geht MINISSA in zwei Schritten vor: Zunächst wird eine grobe Verbesserung des Stress-Werts durch rank-image-Permutation erreicht. Danach wird nach den Werten einer

Regression zwischen Distanzen und rank-image in einer Serie von Iterationen der Stress-Wert minimiert.

INDSCAL

Das Programm INDSCAL wurde von Carroll & Chang (vgl. 1970) zur Darstellung individueller Differenzen bei multidimensionaler Skalierung entwickelt. Es wird im INDSCAL-Modell angenommen, daß die Ähnlichkeitsdaten jedes Individuums auf eine Anzahl von Distanzen zurückgeführt werden kann, deren Dimensionen von den Individuen lediglich unterschiedlich gewertet werden. Für jedes Individuum gilt:

(6.9) $s_{jk}^{(i)} = f_i (d_{jk}^{(i)})$

s_{jk} ist die Ähnlichkeit zwischen zwei Objekten j und k, d_{jk} ist die individuell gewichtete euklidische Distanz zwischen diesen Objekten, die in Formel 6.10 dargestellt ist. Mit i wird ein bestimmtes Individuum bezeichnet, t bezeichnet die Anzahl der Dimensionen 1 bis r für jede Ergebniskonfiguration, w_{it} ist der Wert für die individuellen Gewichte jeder Dimension.

(6.10) $d_{jk}^{(i)} = \left[\sum_{t=1}^{r} w_{it} (x_{jt} - x_{kt})^2 \right]^{1/2}$

Wie bei MINISSA werden die Objekte in einem mehrdimensionalen *Stimulusraum* skaliert. Zusätzlich dazu wird ein zweiter Raum benutzt, der "subjekt space", in dem die individuellen Gewichte als Vektoren eingetragen sind.

INDSCAL ist ein "quasi-nonmetrisches" Programm. Es wurde aus einer ursprünglich metrischen Fassung entwickelt und wechselt iterativ zwischen einer metrischen Lösung (nach einer kanonischen Dekomposition von Mehrwegtafeln; s. Carroll & Chang, 1975) und einer monotonen Funktionsschätzung.

6.7   Zusammenfassung

Die Methode MDS läßt sich als Auswertungsmethode für Ähnlichkeitsbeurteilung auch in der musikpsychologischen Forschung einsetzen (s. Marx, 1985; Bruhn & Gigerenzer, 1987). Der Anwender muß jedoch die Grenzen der Möglichkeiten von MDS-Programmen kennen:
   – Die Lösungskonfigurationen sind keine Skalierungsmethoden im Sinne eines Metermaßes, sondern immer *Versuche* einer metrischen Anpassung

an empirische Daten. Jeder Stress-Wert größer als Null zeigt eine unzulängliche Repräsentation an, die nicht überinterpretiert werden darf.

– Mit verschiedenen Programmen kann man unter bestimmten Umständen sehr differierende Ergebniskonfigurationen von denselben Ursprungsdaten bekommen. Bei auftretenden Problemen sollten dieselben Daten immer noch einmal mit einem zweiten Programm berechnet werden.

– Der Einsatz der MDS als konfirmatorisches Verfahren (Borg 1981, S. 291 ff.) ist nur begrenzt möglich. Ebenso wie die Faktorenanalyse bieten MDS-Programme hauptsächlich eine Möglichkeit der übersichtlichen Darstellung von empirischen Daten. Darüber hinaus testet die MDS Hypothesen über Anzahl und Art der Dimensionen, jedoch immer aufgrund der *ungeprüften* Hypothese, daß eine Minkowski-Metrik die Struktur der Ähnlichkeitsurteile darstellt.

– Die Überprüfung der Übereinstimmung einer MDS-Lösung mit einem theoretischen Modell oder der Vergleich individueller Unterschiede in MDS-Lösungen stellen weitere Möglichkeiten dar. Beim Vergleich von Lösungen oder bei der Überprüfung des Ausmaßes der Übereinstimmung von zwei Konfigurationen ergeben sich jedoch auch wieder Probleme, die mit der speziellen Situation des Skalenniveaus zusammenhängt: Die Ordinaldaten werden durch den Programmalgorithmus zu metrischen Daten (zu Problemen der Konfigurationsähnlichkeit siehe Droge & Bien 1985, Borg & Leutner 1985).

7. Kapitel:

STICHPROBE UND VERSUCHSABLAUF

7.1 Auswahl der Versuchspersonen

Die Teilnahme am Versuch erfolgte freiwillig. In größeren Vorlesungen und Seminaren wurden die Experimente kurz geschildert. Dann wurden die anwesenden Studenten um ihre Mitarbeit gebeten. Andere Vpn, insbesondere musikalische Experten, wurden vom Versuchsleiter persönlich angesprochen. Es erwies sich als notwendig, die Beschreibung der Novizen-Gruppe etwas zu verändern: Unterricht auf der Blockflöte bis zum achten Lebensjahr mußte ausgenommen werden, da sich die Vpn-Gruppe der Novizen sonst schwer hätte zusammenstellen lassen: Außerordentlich viele der angesprochenen Personen, auch solche, die sich als "absolute Laien" bezeichneten, hatten zumindest für wenige Jahre Instrumentalunterricht (insbes. Klavier, Geige, Gitarre; s. dazu auch Kirchner, 1985) und mußten deshalb ausgeschlossen werden. Die Erweiterung in der Definition von Novizen erweist sich nicht als problematisch, da im Blockflötenunterricht in den ersten Schuljahren keine deklarativen Wissensinhalte außer rudimentären Notenkenntnissen vermittelt werden.

Die Suche nach den Vpn dauerte von Anfang Juli 1986 bis Mitte Januar 1987. Die Datenerhebung erstreckte sich über den Zeitraum von Ende Juli 1986 bis Mitte Januar 1987. Insgesamt nahmen 56 Vpn an den Experimenten teil: 28 Laien und 28 Experten. Zwei Drittel der Vpn waren 26 Jahre alt oder jünger (s. Tab. 7.1): In beiden Vpn-Gruppen wurde auf Studenten zurückgegriffen. Bei der Experten-Gruppe wurden jedoch die in Kapitel 5 aufgestellten Auswahlkriterien voll berücksichtigt: Schulmusiker und Kirchenmusiker wurden erst ab dem 7. Fachsemester als Versuchsteilnehmer akzeptiert.

Die Berufszugehörigkeit der Vpn ist in Tabelle 7.2 zu sehen. Die Gruppe der Studenten unter den Novizen wurde von Studenten der Psychologie, Pädagogik, Theologie und Physik gebildet. Die Gruppe der Professoren und Dozenten kam aus den Bereichen Psychologie und Pädagogik. Die anderen Akademiker waren Journalisten, Physiker und Verwaltungsbeamte.

Stichprobe und Versuchsablauf

Tab. 7.1: Altersverteilung.

Alter	Anzahl	Prozent	Prozentsumme
19	3	5.4	5.4
20	4	7.1	12.5
21	3	5.4	17.9
22	11	19.6	37.5
23	10	17.9	55.4
24	4	7.1	62.4
26	2	3.6	66.0
27	2	3.6	69.6
28	2	3.6	73.2
29	1	1.8	75.0
30	2	3.6	78.6
32	1	1.8	80.4
33	1	1.8	82.1
34	3	5.4	87.5
35	1	1.8	89.3
42	2	3.6	92.9
43	2	3.6	96.4
48	1	1.8	98.2
53	1	1.8	100.0

Tab. 7.2: Berufe der Versuchspersonen.

		Anzahl	Prozent
Laien:	Studenten	17	30.4
	Professoren und Dozenten	4	7.1
	andere Akademiker	7	12.5
Experten:	Dirigenten	3	5.3
	Komponisten	3	5.3
	Schulmusiker	14	25.0
	Kirchenmusiker	8	14.3

Tab. 7.3: Geschlechtszugehörigkeit der Versuchspersonen.

	Novizen	Experten	Gesamt
männlich	16	21	37
weiblich	12	7	19

In der Gruppe der Experten wirkten nicht nur Studenten als Vpn mit, sondern auch qualifizierte Berufsmusiker (Dirigenten, Kirchenmusiker).

Leider nicht ausgeglichen werden konnte der Anteil an männlichen und weiblichen Vpn. Die größere Beteiligung von männlichen Vpn ist auffallend (s. Tab. 7.3). Sie ist vermutlich darauf zurückzuführen, daß die differenzierte Beschreibung der drei Experimente bei der Vpn-Suche z.T. den technischen Aspekt deutlich zeigte. Aus persönlichen Rückmeldungen konnte der Versuchsleiter erfahren, daß sich weibliche Probanden zögernder zur Teilnahme an den Experiment bereit fanden, weil sie befürchteten, aufgrund mangelnder Computer-Kenntnisse mit dem Experiment nicht fertig zu werden. Männliche Probanden zeigten sich dagegen besonders interessiert, als von der Computer-Steuerung der Experimente gesprochen wurde. Im Bereich der Novizen konnte diesem Trend bei den Vpn etwas entgegengewirkt werden, indem der Versuchsleiter auf die Bedeutung von Computern bei der Auswertung von Diplomarbeiten hinwies. Bei den Experten konnte ein ähnlicher Appell keinen Erfolg haben. Deshalb soll hier kurz der Frage einer möglichen Geschlechtsspezifität der Ergebnisse nachgegangen werden.

7.2 Zur möglichen Geschlechtsabhängigkeit der Ergebnisse

In bezug auf die Musikpräferenzen werden üblicherweise Sozialschicht, Bildungsniveau, Alter und Geschlecht als bedeutendste Moderatorvariablen genannt (Shuter, 1968; Dollase, Rüsenberg & Stollenwerk, 1985, S.36; Behne, 1986, S.181 f.). Auch musikalische Fähigkeiten sind älteren Arbeiten zufolge stark geschlechtsabhängig (vgl. Shuter, 1968, S.89 ff.). Wahrscheinlich sind diese Unterschiede jedoch auf unterschiedliche Sozialisation von Männern und Frauen zurückzuführen: Wenn man nämlich Männer und Frauen ohne musikalische Ausbildung miteinander vergleicht, so ergibt sich kein Unterschied (gemessen mit: Seashore-Test, Kvalwasser-Test, Drakes Rhythmus-Test; s. Shuter, 1968, S.88). Das liegt sicherlich an den Rückwirkungen von der bis heute andauernden Benachteiligung der Frauen in musikalischen Berufen auf Studienmotivation und Berufsziel: Höher qualifizierte Berufe wie Dirigentin, Komponistin, Musikerin in einem großen Orchester oder die Universitätslaufbahn sind auch heute noch für Frauen kaum zu erreichen. Deshalb werden solche Studiengänge und damit auch die Ausbildung höherer Fähigkeiten nicht angestrebt (s. Rieger, 1981, 1987) und somit ein höheres Fähigkeitsniveau seltener erreicht.

Interessanterweise liegt eine Untersuchung über die Wahrnehmung von Harmonien vor, die im Zusammenhang mit dieser Arbeit allein wichtig ist:

Tab. 7.4: Geschlechtsabhängigkeit der Daten.

	t-Wert	Freiheitsgrade	p
Experiment 1			
URTEIL	-.64	54	.524
ABWEICH	.48	54	.636
Ausführungszeit	-.13	53.29 *)	.899
Experiment 2			
Ausführungszeit	.44	53.68 *)	.659
Experiment 3			
akzeptierte Akkorde	1.39	53.61 *)	.171
Typ 1 (Dur)	1.66	51.71 *)	.104
Typ 2 (Moll)	.18	54	.858
Typ 3 (S_p^7)	1.81	53.95 *)	.076
Typ 4 (D^7)	1.47	52.43 *)	.148
Typ 5 (7^v)	1.27	53.29 *)	.211
abgelehnte Akkorde	.14	54	.888
Typ 1 (Dur)	-.10	54	.918
Typ 2 (Moll)	-.35	24.59 *)	.731
Typ 3 (S_p^7)	.76	54	452
Typ 4 (D^7)	.79	54	.434
Typ 5 (7^v)	1.14	54	.261
Verwendung der Löschtasten			
Lösch (am Ende)	.96	54	.342
Lösch (aus der Mitte)	-.73	26.76 *)	.473
F1	-.82	54	.416
F3	.41	53.54 *)	.680

*) getrennte Varianz-Schätzung (F-Test, alpha kleiner/gleich .01)

Petzold (1966) fand, daß trotz hochsignifikanter Unterschiede im Gesamttestergebnis zwischen Jungen und Mädchen in einer Langzeitstudie keine signifikanten Unterschiede im Bereich von Harmonieaufgaben auftraten. Weiterhin kann man feststellen, daß auch die Arbeiten der Forschergruppe um Krumhansl und Bharucha (s. Kapitel 2) keine Unterschiede zwischen männlichen und weiblichen Vpn berichten, obwohl die Gruppen getrennt ausgewertet wurden.

Nach dem Augenschein verhielten sich die weiblichen Vpn während der Versuchdurchführung nicht anders als die männlichen Vpn. Wie aus Tabelle 7.4 ersichtlich ist, sind in den Ausführungszeiten für die drei Experimente keine signifikanten Unterschiede zu sehen. Ebenso zeigen sich keine geschlechtsspezifischen Unterschiede in den Variablen zur Urteilskonsistenz und dem mittleren Fehler in Experiment 1 (siehe Kapitel 5). Die ungleiche Besetzung der beiden Gruppen dürfte sich somit nicht nachteilig auf das Gesamtergebnis auswirken.

7.3 Ablauf der Versuche

Der Versuchsaufbau erwies sich als außerordentlich zuverlässig: Lediglich eine einzige technische Panne trat während der 56 Versuchsabläufe auf: Kurz vor Beendigung des Experiment 3 funktionierte bei einer Vp die alt-Taste der Computer-Tastatur unregelmäßig. Dieser Fehler wurde nur vom Versuchsleiter bemerkt und bewirkte für die Vp keine Beeinträchtigung des Ablaufs. Es wurde dadurch lediglich die Anzahl der verwendeten Akkorde erhöht, die mit zusammen mit der alt-Taste erzeugt werden mußten. Die Tastatur konnte sofort ausgetauscht werden, so daß die nächste Vp bereits wieder die ursprünglichen Bedingungen antraf.

Nicht vollständig ausgeschlossen werden kann ein *Versuchsleitereffekt* (Bortz, 1984, S.61 f.). Alle Vpn wurden von einer Person betreut. Die Beeinflussung der Vpn kann in zweierlei Hinsicht erfolgt sein: Zum einen wurde die standardisiert auf dem Bildschirm erscheinende Versuchsanweisung jeweils zusätzlich mündlich referiert, damit ein vollständiges Verstehen gewährleistet werden konnte. Die Vpn benötigten in unterschiedlichem Ausmaß zusätzliche Hilfen: Einzelne überhaupt nicht – viele hingegen noch während der ersten Beurteilungen (bzw. während der Komposition der ersten Akkordreihen in Experiment 3). Die meisten Unterbrechungen durch Nachfragen gab es beim Experiment 1, obwohl es sich hier sicher um das einfachste Experiment handelte. Vermutlich versuchten die Vpn, ihre persönliche Unsicherheit im psychologischen Experiment und im Umgang mit dem ihnen meist fremden Instrument "Computer" zu überspielen.

Außerordentlich große Schwierigkeiten bereitete manchen Vpn die Bezeichnung "Akkord": Nach Anhören des ersten Akkordpaars äußerten mehrere Novizen spontan, daß sie die vorgegebenen Stimuli eher als "Töne" bezeichnen würden. Vom Versuchsleiter darauf hingewiesen, daß jeder Akkord aus mehreren gleichzeitig erklingenden Tönen zusammengesetzt sei, fühlten sich die betreffenden Vpn zunächst sehr verunsichert und meinten, für das Experiment nicht geeignet zu sein. Weitere Erläuterungen von seiten des Versuchsleiters führten jedoch dazu, daß die Vpn die Durchführung des Experiment 1 aufnahmen. Eine spätere Kontrolle der Werte in den Variablen URTEIL und ABWEICH zeigte, daß diese Vpn keineswegs deutlich abweichende Werte aufwiesen (vgl. Tab. 7.5).

Tab. 7.5: Die Werte der Variablen URTEIL und ABWEICH.

Kürzel	URTEIL	ABWEICH		Kürzel	URTEIL	ABWEICH	
Novizen				*Experten*			
SCHL	22.73	11.73	*1	MK	15.45	6.48	*2
RENA	22.27	13.43		JOHA	10.00	11.11	*2
BERG	16.82	19.60		RAPH	9.55	12.81	*2
DONP	24.55	15.74		46BH	12.73	12.35	*2
HART	15.00	9.10		BES	7.27	4.94	
FLO	24.09	12.19		ARDT	3.64	16.98	
STEV	18.64	12.81		ASPE	15.00	11.57	
JKL	15.45	14.51		BRUC	16.36	9.26	
KARO	17.73	13.12	*1	RIFI	10.45	11.27	
CHRI	20.45	10.96		AMPE	22.27	12.81	
ANDR	20.45	14.35		SCHM	13.64	10.80	
ASCF	14.55	15.12		TAPI	9.09	14.81	
XX	11.36	17.13		HEIN	20.00	10.19	
NASE	21.36	13.73		STEP	11.36	9.41	
GEN	26.82	12.50		ANN	22.27	10.03	
LEOB	15.45	7.41		TRAE	11.82	12.65	
JOSL	16.36	8.95		JUDI	17.73	11.27	*2
RUME	25.45	10.19		LILL	20.45	11.57	
NORB	16.36	20.37	*1	KIT	13.64	7.72	
MOND	20.00	14.51		WIND	8.18	15.43	
SEPP	28.18	14.51		MICK	2.27	6.33	*2
AM	15.45	9.57		SEF	19.55	10.34	
HAEG	33.64	20.06		RTIN	12.73	4.63	
WILL	20.45	12.19		NR	8.18	10.49	
BELL	16.82	17.75	*1	AIRA	10.45	5.71	
ANNA	26.82	13.73		LUI	15.45	7.72	
JUJA	28.64	12.50		ORGE	18.18	9.26	
GRUE	24.09	14.35		LUAG	18.64	10.03	*2

*1 "Akkorde erscheinen als Töne"
*2 Vpn mit absolutem Gehör

Natürlich sind unterschiedliche Instruktionen nicht mit dem Design einer experimentellen Untersuchung (Bortz, 1984) zu vereinbaren. Es erschien dem Versuchsleiter jedoch wichtig, einzelnen Vpn größere persönliche Zuwendung zu geben, um systematische Fehler in den Ergebnissen zu vermeiden. Gerade durch individuell unterschiedliche Instruktionen konnte gewährleistet werden, daß die Ergebnisse tatsächlich auf unterschiedliche kognitive Strukturen in bezug auf die Versuchsstimuli hinweisen und nicht auf unterschiedliches Verständnis in bezug auf die Versuchsapparatur. Auf eine ursprünglich geplante Auswertung der Arbeitszeiten (Antwortzeiten in Sekunden) mußte deshalb jedoch leider verzichtet werden.

Nach der Durchführung der Experimente 1 und 2 wurde jede Vp befragt, ob sie das Gefühl hätten, einen gleichbleibenden Bewertungsmaßstab gefunden zu haben. Für das Experiment gaben alle Versuchspersonen an, innerhalb der ersten zehn Akkorde einen Maßstab entwickelt zu haben, den sie bis zum Schluß durchhalten konnten. Vier Vpn gaben jedoch an, daß es ihnen gegen Ende schwerer gefallen wäre, sich auf die Akkorde zu konzentrieren. Allen Vpn fiel die Festlegung auf einen Bewertungsmaßstab im Experiment 2 leichter als im Experiment 1. Drei Vpn (zwei Novizen, ein Experte) äußerten jedoch nach Beendigung des Experiments 2, daß sie zunächst nur drei Stufen benutzt hätten (Stufen 1, 3 und 5) und erst später die Zwischenstufen 2 und 4. Es konnte nicht geklärt werden, ob diese Beantwortungseigenheit auf mangelnde Differenzierungsfähigkeit dieser Vpn oder auf die (randomisierte) Reihenfolge der Stimuli zurückzuführen war.

Obwohl die Experimente so gestaltet worden waren, daß die Vpn sie auf zwei Tage verteilt durchführen konnten, absolvierten fast alle Vpn die drei Experimente an einem Tag. Fünf Vpn (zwei Novizen und drei Experten) machten Experiment 3 an einem anderen Tag als Experiment 1 und 2. Weitere vier Vpn machten eine kurze Kaffee- bzw. Zigarettenpause vor Beginn von Experiment 3. Außer den immer wieder auftauchenden Nachfragen zum Ablauf des Experiments zeigten die Vpn keine besonderen Verhaltensweisen. Lediglich bei den Experten zeigte sich ein Mitsummen beim Experiment 1, vermutlich beim Versuch, den Verlauf der schwer zu hörenden Mittelstimmen der Akkordpaare zu bestimmen. Eine Vp (weiblich, Novize) fiel dadurch auf, daß sie die F5-Taste zur Wiederholung der Akkordpaare überhaupt nicht betätigte. Auf Befragen nach Ende des Experiment 1 sagte sie, daß sie die Akkordpaare "im Kopf" wiederholt hätte.

Drei Vpn (Experten) äußerten im Experiment 3 den Wunsch, auf einem Blatt Papier Notizen machen zu dürfen. Diesem Wunsch wurde entsprochen. Die Vpn machten jedoch von dieser Notizmöglichkeit kaum Gebrauch: Auf den Zetteln standen drei, bzw. vier Buchstaben (Kennzeichnungen bestimmter Tasten).

Insgesamt sieben Vpn hatten ein *absolutes Gehör*. Das Ausmaß des absoluten Gehörs dieser Vpn variierte erheblich, wie auch aus anderen Untersuchungen zu erwarten war (Andres, 1985): Selten wurde angegeben, daß Akkorde in jedem Fall absolut identifiziert werden konnten. Die meisten gaben an, Tonhöhen und Akkorde unter der Voraussetzung bestimmter Klangfarben identifizieren zu können (Orchesterklänge, Klavier), in der vorliegenden Untersuchung (Synthesizer-Klänge) jedoch nicht durchgängig sicher zu sein. Die Werte dieser Vpn sind ebenfalls in Tabelle 7.5

gekennzeichnet, sind jedoch nur in einem Fall außergewöhnlich gut (Vp "Mick").

Kritik an der Art der Programme wurde lediglich in einem Punkt geäußert: Experten beklagten, daß keine Rhythmisierung der komponierten Akkordfolgen in Experiment 3 möglich sei. Einer dieser Experten behalf sich mit der Rhythmisierung durch die Funktionstaste "Akkorde einzeln spielen".

7.4 Zusammenfassung

In diesem Kapitel wurde die Gruppe der Vpn beschrieben. Nach Abschluß der Datenerhebung konnte festgestellt werden, daß die in Kapitel 5 formulierten Ziele in bezug auf die Auswahl der Versuchspersonen erreicht werden konnten.

Sorgen bereitete während der Datenerhebung die Tatsache, daß sich weniger weibliche als männliche Vpn gewinnen ließen. Theoretische Überlegungen und empirische Daten älterer Untersuchungen legen die Vermutung nahe, daß bei der Untersuchung kognitiver Strukturen musikalischer Sachverhalte keine geschlechtsspezifischen Unterschiede zu erwarten sind. Eine Auswertung verschiedener Daten aus allen drei Experimenten mittels F-Test für Varianzunterschiede und t-Test für Mittelwertsunterschiede bestätigt diese Vermutung.

8. Kapitel:

AUSWERTUNG DER DATEN AUS EXPERIMENT 1

8.1 Die Variablen URTEIL und ABWEICH

Bei den Variablen URTEIL und ABWEICH handelt es sich um Werte, die für jede Vp aus Abweichungen der Ratings in Experiment 1 vom objektiven Wert errechnet wurden (s. Kapitel 5). Die Berechnung der Werte wurde so gewählt, daß beide Variablen als relativer Beurteilungsfehler in Prozent angesehen werden können. Die Werte für jede Vp wurden bereits in Tab. 7.5 abgebildet (s. Kapitel 7). In Abb. 8.1 und 8.2 sind die Verteilungen der Variablenwerte dargestellt.

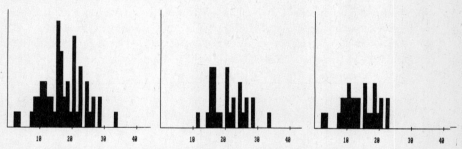

Abb. 8.1: Verteilung der Variablenwerte URTEIL – (a) links: alle Vpn; (b) Mitte: Novizen; rechts: (c) Experten.

Wie aus den Abbildungen 8.1a und 8.2a zu ersehen ist, ergeben sich in beiden Variablen annähernd glockenförmige Hüllkurven, so daß für weitere Berechnung die Annahme einer Normalverteilung nicht unangemessen erscheint. Die Trennung zwischen den Novizen und Experten (Abb. 8.1b und 8.2b für die Novizen, Abb 8.1c und 8.2c für die Experten) wird auf den ersten Blick deutlich. Der Vergleich der Mittelwerte zeigt für beide Variablen hochsignifikante Unterschiede zwischen den Experimentalgruppen: Sowohl in der Variable URTEIL (t = 5.15, FG = 54, gemeinsame Varianzschätzung) als auch in der Variable ABWEICH (t = 3.99) ist die Irrtums-

Experiment 1

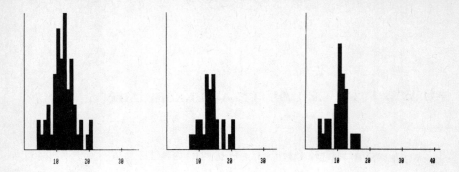

Abb. 8.2: Verteilung der Variablenwerte ABWEICH. (a) links: alle Vpn; (b) Mitte: Novizen; rechts: (c) Experten.

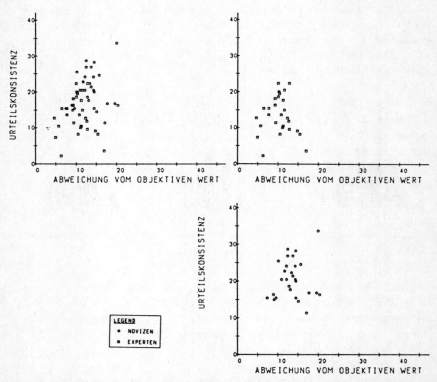

Abb. 8.3: Streudiagramm der Beziehung zwischen den Variablen URTEIL und ABWEICH. (a) oben links: alle Vpn; (b) oben rechts: Novizen; unten rechts: (c) Experten.

wahrscheinlichkeit alpha für die Annahme von zwei getrennten Gruppen kleiner als 0.001.

Abbildung 8.3 zeigt die Streudiagramme der Beziehung zwischen den Variablen URTEIL und ABWEICH. Graphik (a) vermittelt den Eindruck, als bestünde eine Beziehung zwischen den beiden Variablen. Die Graphiken (b) und (c) zeigen jedoch, daß Novizen und Experten zwei abgeschlossene Punktewolken bilden, deren Regressionsgraden fast parallel zur x-Achse verlaufen. Trotz der hohen Signifikanz bei der Trennung zwischen den Experimentalgruppen mittels beider Variablen deutet die nicht allzu hohe Interkorrelation darauf hin, daß die Variablen voneinander unterscheidbare Konstrukte erfassen (Produkt-Moment-Korrelation, r = .29, alpha = .02).

8.2 Bearbeitungzeit

Wie bereits im 7. Kapitel ausgeführt wurde, ließen sich die Zeiten, die von den Vpn für jeweils eine Beurteilung benötigte, nicht auswerten, da gerade im Experiment 1 besonders viele Nachfragen zum Ablauf des Experiments erfolgten. Die Gesamtbearbeitungsdauer des Experiment 1 scheint jedoch dennoch Aussagen zu versprechen.

Der Mittelwert der Bearbeitungsdauer lag bei 20:39 Minuten. Experten benötigten mit 23:37 Minuten länger als die Laien (17:43 Minuten). Die Unterschiede zwischen den Experimentalgruppen sind nicht signifikant (t = -1.58; bei FG = 39.57 alpha = .12).

Tab. 8.1: Korrelation der Bearbeitungsdauer mit den Variablen URTEIL und ABWEICH.

	alle Vpn	Novizen	Experten
URTEIL	-.19	-.26	-.02
ABWEICH	-.27 *	.23	-.40 *

* alpha .05 für r .22

Tabelle 8.1 zeigt sind die Korrelationen zwischen der Bearbeitungsdauer und den Variablen URTEIL und ABWEICH. Die negative Korrelation mit der Variablen URTEIL ist fast ausschließlich von den Werten der Novizen verursacht: Je schneller die Novizen das Experiment durchführten, desto größer waren die Abweichungen zwischen den beiden Hälften der Ergebnismatrix. Die negative Korrelation mit der Variablen ABWEICH vereint zwei unterschiedliche Tendenzen: Bei Novizen sind die Abweichungen von den objektiven Unterschieden zwischen den Akkordpaaren eher größer, wenn die Vpn länger für die Beurteilungen benötigten. Bei den Experten sind die Abweichungen vom objektiven Wert signifikant geringer, wenn die Durchführung des Experiments 1 länger dauerte. Die Wechselwirkungen (mit der Gruppenzugehörigkeit und der Bearbeitungsdauer als unabhängigen und dem Ausmaß der Abweichung vom objektiven Wert als abhängigem Faktor) sind nicht signifikant (F = 5.43, FG = 1, alpha = .61).

8.3 Reihenfolge-Effekte

Zum Vergleich der Novizen und Experten war ursprünglich geplant, die Daten mittels MDS (s. Kapitel 6) darzustellen und zu vergleichen. In Abbildung 8.4 findet sich die MINISSA-Skalierung und das Shepard-Diagramm der theoretischen Zusammenhänge zwischen den Akkorden. Bereits die zweidimensionale Darstellung hat einen Stress von $\hat{d}$ = .00. Das Shepard-Diagramm zeigt nur wenige Verletzungen der Monotonität. Probeweise wurden Berechnungen für einige Vpn durchgeführt, die zu ähnlich guten Ergebnissen und zu hohen Übereinstimmungen mit der Skalierung der theoretischen (objektiven Struktur) ergaben.

Es zeigte sich jedoch, daß die Reihenfolge-Effekte, die sich in der Variablen URTEIL dokumentieren, nicht als Zufallsabweichungen interpretiert werden können: t-Tests zwischen je zwei Elementen der Ergebnis-Matrix wiesen signifikante Abweichungen der Mittelwerte sowohl bei den Novizen als auch bei den Experten nach. Die weitere Auswertung der Unterschiede mit dem Vorzeichentest (Siegel, 1985, S. 65 ff.) zeigte sogar signifikante Richtungsabweichungen für einen Teil der Akkorde. Die Ergebnisse der Signifikanztests sind in Tabelle 8.2 abgebildet. In Abbildung 8.5 sind die betreffenden Akkordpaare dargestellt. Es wurde jeweils die Reihenfolge aufgeschrieben, die im Mittel von den Vpn das geringere Rating bekam.

Es ist auffällig, daß alle Tonveränderungen der besser bewerteten Akkordpaare nach unten zeigen. Novizen bewerten weiterhin die Auflösung der aggressiv klingenden großen Septime (3./10./15.) und den Übergang von einem beliebigen Vierklang in den halbverminderten Septakkord (4./5./10.) besser als die umgekehrte Richtung. Experten bewerten insbesondere den Übergang in den kleinen Mollseptakkord besser (7./9.). In diesen beiden Akkordpaaren (und in Akkordpaar 13.) sind die Unterschiede zwischen den Reihenfolgen nur bei den Experten signifikant. Sonst sind Unterschiede

Kapitel 8

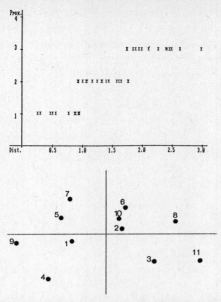

Abb. 8.4: Die Daten der objektiven Struktur aus Experiment 1, dargestellt mit dem Programm MINISSA. Oben: Shepard-Diagramm; unten: zweidimensionale Skalierung.

Abb. 8.5: Notendarstellung der in Tab. 8.4 aufgeführten Akkordpaare. Es wurde jeweils die Reihenfolge dargestellt, die im Mittel von den Vpn ein geringeres Rating bekamen.

Experiment 1

Tab. 8.2: Reihenfolge-Effekte – Signifikanz-Niveau und Richtung.

	t-Tests			Richtung +/-	Vorzeichen-Test		
	Gesamt	Novizen	Experten		Gesamt	Novizen	Experten
1. übermäßig/verm.Dreikl.	o	n.s.	n.s.	+	n.s.	n.s.	n.s.
2. kl.Mollsept./gr.Dursept.	o	n.s.	n.s.	-	n.s.	n.s.	n.s.
3. Dominantsept./gr.Dursept.	*	**	n.s.	-	o	*	n.s.
4. halbverm.Sept./Dur-Dreikl.	n.s.	*	n.s.	-	n.s.	o	n.s.
5. halbverm.Sept./kl.Mollsept.	n.s.	n.s.	n.s.	-	n.s.	*	n.s.
6. gr.überm.Sept./gr.Dursept.	**	o	o	+	*	*	o
7. gr.überm.Sept./kl.Mollsept.	*	n.s.	*	+	n.s.	n.s.	o
8. gr.Mollsept./verm.Dreikl.	o	n.s.	o	+	o	n.s.	n.s.
9. gr.Mollsept./kl.Mollsept.	o	n.s.	*	+	*	n.s.	o
10. gr.Mollsept./halbverm.Sept.	**	**	n.s.	+	***	***	n.s.
11. gr.Mollsept./gr.überm.Sept.	*	*	n.s.	-	n.s.	o	n.s.
12. verm.Sept./Moll-Dreikl.	**	*	n.s.	-	*	n.s.	n.s.
13. verm.Sept./kl.Mollsept.	**	o	*	-	**	n.s.	*
14. verm.Sept./Dominantsept.	*	**	n.s.	-	o	**	n.s.
15. verm.Sept./gr.überm.Sept.	**	*	n.s.	-	*	*	n.s.

Zeichenerklärung
Signifikanzen:
  o $a \leq .10$
  * $a \leq .05$
  ** $a \leq .01$
  *** $a \leq .001$
  n.s. nicht signifikant

Richtungen:
+ das Rating war niedriger, wenn der erstgenannte Akkord zuerst gespielt wurde
- das Rating war niedriger, wenn der zweitgenannte Akkord zuerst gespielt wurde

eher bei den Novizen signifikant. Bemerkenswert ist die bessere Bewertung von Reihenfolgen, in denen der verminderte Septakkord an zweiter Stelle steht (12. bis 15.): Dieser Akkord galt noch in der ersten Hälfte des 19. Jahrhunderts als größtmögliche Dissonanz.

8.4 Teil-Interpretation

Zusammenfassend kann man sagen, daß die Ergebnisse unerwartet sind. Zum einen trennen sich die beiden Experimentalgruppen aufgrund der Werte in den Variablen URTEIL und ABWEICH signifikant. Außerdem zeigen die hohen Werte in den beiden Variablen, daß die Vpn nicht besonders gut zwischen den elf unterschiedlichen Akkordtypen diskriminieren: Es gab mehrere Vpn, die zwei absolut gleiche Akkorde nicht als identisch, dafür aber sehr unterschiedliche Akkorde als identisch angesehen haben. Die Abweichungen der Ratings von der tatsächlich sich verändernden Zahl der Töne innerhalb eines Akkordpaars zeigen, daß die Akkordveränderungen nicht eindeutig gehört werden konnten (Variable ABWEICH).

Besonders verwirrend ist die Tatsache, daß die Reihenfolge der Akkorde eine so große Rolle für die Beurteilung von Akkorden spielt. Die signifikanten Differenzen zwischen den beiden Hälften der Ergebnismatrix (Variable URTEIL) zeigen, daß die Abfolge der beiden Akkorde einen systematischen Einfluß auf die Beurteilung hat.

Zwei Erklärungshypothesen bieten sich an: (1) Die Vpn haben die aufwärtsgerichteten Veränderungen in manchen Akkordpaaren besser entdeckt als die abwärtsgerichteten. In der Literatur der Gehörbildung gibt es jedoch für diesbezügliche systematische Fehler bisher keine Hinweise. (2) Die Vpn haben sich bei der Beurteilung der Akkordpaare von funktionalen Beziehungen beeinflussen lassen.

Für die zweite Erklärungshypothese würde folgendes sprechen: Bereits in Vorversuchen zum Experiment 1 wurde festgestellt, daß man als Vp leicht geneigt sein könnte, das Ausmaß der *sinnvollen Fortsetzung* zu bewerten. Aus dem Grunde wurde in die Versuchsanweisung der folgende Satz eingefügt: " Bitte beurteilen Sie nicht, ob die Akkorde zusammenpassen". Spielt man sich die Akkordpaare aus Abb. 8.5 vor, so entsteht der Eindruck, als ob die Akkorde in der abgedruckten Richtung eher eine Auflösung darstellen als in der umgekehrten. Die Rating-Unterschiede wären somit auf die Auflösungstendenz zurückzuführen. Dagegen spricht jedoch, daß diese Auflösungstendenz musiktheoretisch schwer begründbar ist. Sicher ist, daß alle Vpn Akkordpaare mit seltener auftretende Akkordtypen besser bewertet haben (kleineres Rating), wenn der seltene Akkordtyp an erster Stelle erklang. Damit wäre auch die gute Bewertung des verminderten Septakkords, der in der heutigen Pop-Musik oft verwendet wird, erklärbar.

Experiment 1

Zum Schluß soll noch eine Hypothese für die tendenziell vorhandene Wechselwirkung zwischen Bearbeitungszeit und Gruppenzugehörigkeit geäußert werden. Vermutlich liegt der Unterschied zwischen Novizen und Experten daran, daß die beiden Experimentalgruppen die Aufgabe anders gesehen haben. Die Experten wußten nach den ersten Akkordpaaren, worum es bei der Beurteilung gehen sollte: um die Anzahl der sich verändernden Töne (aus Befragungen nach Abschluß des Experiments ersichtlich). Die Bearbeitungszeit ist bei den Experten somit ein Index für die Sorgfalt, die sie auf das Experiment angewandt haben: Wenn sie sich mehr Zeit bei den Beurteilungen gelassen haben, lagen die Ratings näher an den objektiven Werten. Bei den Novizen waren die Abweichungen vom objektiven Wert größer, wenn die Bearbeitungszeit länger war. Die meisten Novizen waren wahrscheinlich nicht in der Lage, die sich verändernden Töne aus den Akkorden herauszuhören. Die Verlängerung der Bearbeitungszeit deutet somit eher auf größere Unsicherheit im Umgang mit den Akkordbeurteilungen hin: Je unsicherer die Novizen sich waren, desto größer waren die Abweichungen vom objektiven Wert.

9. Kapitel:

AUSWERTUNG DER DATEN AUS EXPERIMENT 2

9.1 Bearbeitungszeit

Wie in Experiment 1 wichen auch in Experiment 2 die Bearbeitungszeiten der Vpn stark voneinander ab: Insbesondere *innerhalb* der Gruppe der Experten zeigte sich ein unterschiedliches Beurteilungsverhalten. Die Varianzen der Experten unterschieden sich von denen der Novizen so, daß die Annahme von zwei unterschiedlichen Grundgesamtheiten nach der Varianz auf dem 0.1 % - Niveau signifikant war. Die Mittelwerte der beiden Gruppen unterschieden sich jedoch nicht signifikant (t = -1.26, FG 30.08, alpha = .217).

Die Variable ABWEICH korreliert besonders hoch mit der Bearbeitungszeit (r = -.25, alpha = .03). Diese Korrelation ist lediglich auf die Gruppe der Experten zurückzuführen (r = -.32, alpha = .049). Bei den Novizen ist die Beziehung zwischen der Zeit und der Variable ABWEICH praktisch gleich null. Die Experten, die Experiment 1 besonders sorgfältig bearbeitet haben und dadurch weniger Fehler gemacht haben als die anderen, zeigten offensichtlich auch in Experiment 2 ein besonders überlegtes Vorgehen, obwohl hier keine objektiven Kriterien abgefragt wurden, sondern subjektive Beurteilungen gewünscht waren.

9.2 Ratings

Tabelle 9.1 zeigt die Mittelwerte der Ratings für die beiden Experimentalgruppen und das Signifikanzniveau für Mittelwertsunterschiede nach dem t-Test. Der F-Test für Varianzunterschiede deutet bei fast allen Akkordbeurteilungen auf eine gleiche Grundgesamtheit hin (nicht in die Tabelle übertragen).

Die Beurteilung der Dur- und Moll-Dreiklänge spiegelt eindeutig den Tonart-Modus des Ankerreizes, der einleitenden Kadenz wider. Bei den

Experiment 2

Tab. 9.1: Mittelwerte der Ratings für alle Akkorde.

	I	#I	II	#II	III	IV	#IV	V	#V	VI	#VI	VII
1............Dur	1.55	2.77	1.91	2.16	2.00	1.39	2.57	1.66	2.21	2.27	2.46	2.54
Novizen:	1.74	2.96	2.11	2.18	2.07	1.43	2.36	1.79	2.36	2.64	2.64	2.61
Experten:	1.40	2.57	1.71	2.14	1.93	1.36	2.79	1.56	2.07	1.90	2.29	2.46
	n.s.	n.s.	n.s.	n.s.	n.s.	n.s.	n.s.	n.s.	n.s.	*	n.s.	n.s.
2............Moll	2.23	3.25	1.96	3.21	1.68	1.79	2.74	2.21	2.96	1.79	2.73	2.73
Novizen:	2.61	3.54	1.96	3.43	1.82	1.93	2.71	2.71	3.32	2.15	3.07	3.00
Experten:	1.86	2.97	1.96	3.00	1.54	1.64	2.71	1.72	2.61	1.43	2.39	2.46
	**	*	n.s.	n.s.	n.s.	n.s.	n.s.	**	*	**	*	n.s.
3......vermindert	2.77	2.71	3.16	3.04	2.68	2.84	2.61	2.80	3.16	2.65	2.80	2.84
Novizen:	3.00	3.32	2.71	3.07	2.46	3.03	2.64	3.14	3.25	2.96	3.00	2.75
Experten:	2.54	2.11	3.61	3.00	2.89	2.64	2.57	2.46	3.07	2.32	2.61	2.93
	n.s.	***	**	n.s.	n.s.	n.s.	n.s.	n.s.	n.s.	*	n.s.	n.s.
4........übermäßig	3.20	3.66	3.13	3.02	2.66	3.41	3.38	3.00	3.52	3.77	3.84	2.99
Novizen:	3.39	3.71	2.86	2.86	2.57	3.29	3.18	3.36	3.68	3.96	3.75	3.14
Experten:	3.00	3.61	3.39	3.18	2.75	3.56	3.57	2.64	3.36	3.57	3.93	2.82
	n.s.	n.s.	n.s.	n.s.	n.s.	n.s.	n.s.	*	n.s.	n.s.	n.s.	n.s.
5.....gr.Dursept.	2.82	3.73	4.25	3.84	4.14	3.61	3.45	3.75	3.90	4.07	3.75	3.82
Novizen:	2.64	3.89	4.18	3.50	4.00	3.64	3.21	3.39	3.93	4.00	3.50	3.61
Experten:	3.00	3.57	4.32	4.18	4.29	3.57	3.68	4.11	3.86	4.14	4.00	4.04
	n.s.	n.s.	n.s.	*	n.s.	n.s.	n.s.	*	n.s.	n.s.	n.s.	n.s.
6....kl.Mollsept.	3.30	3.59	2.63	3.68	2.80	3.36	3.23	3.34	3.70	2.95	3.66	3.13
Novizen:	3.71	3.79	3.07	4.00	2.85	3.61	3.36	3.57	3.79	3.14	4.07	3.11
Experten:	2.89	3.39	2.18	3.36	2.75	3.11	3.11	3.11	3.61	2.75	3.25	3.14
	**	n.s.	**	*	n.s.	n.s.	n.s.	n.s.	n.s.	n.s.	**	n.s.
7...Dominantsept.	1.95	2.55	1.70	2.40	1.95	2.36	2.39	2.21	2.36	2.34	2.66	2.45
Novizen:	2.61	3.36	2.36	2.86	2.43	2.71	2.93	2.79	2.86	2.96	3.07	3.04
Experten:	1.29	1.75	1.36	1.93	1.46	2.00	1.86	1.64	1.86	1.71	2.25	1.86
	***	***	**	**	***	*	***	***	***	***	*	***
8..halbverm.Sept.	3.34	3.27	3.05	3.61	2.80	3.57	2.29	3.23	3.59	3.21	3.45	2.95
Novizen:	3.50	3.46	3.50	3.79	3.07	3.79	2.36	3.64	3.64	3.71	3.57	3.18
Experten:	3.18	3.07	2.61	3.43	2.54	3.36	2.21	2.82	3.36	2.71	3.32	2.71
	n.s.	n.s.	**	n.s.	n.s.	n.s.	n.s.	*	n.s.	***	n.s.	n.s.
9..gr.überm.Sept.	4.04	4.21	4.50	3.75	4.09	4.27	4.43	4.09	4.16	4.50	4.34	4.25
Novizen:	3.82	3.96	4.25	3.25	3.71	4.25	4.18	3.93	3.71	4.29	4.07	4.04
Experten:	4.25	4.46	4.75	4.25	4.46	4.29	4.68	4.25	4.61	4.71	4.61	4.46
	n.s.	n.s.	**	**	**	n.s.	n.s.	n.s.	***	*	*	n.s.
10....gr.Mollsept.	3.52	4.32	4.50	4.41	4.02	4.05	4.00	4.36	4.07	3.97	4.09	4.09
Novizen:	3.32	4.21	4.21	4.21	3.75	3.89	3.64	4.14	4.11	3.61	3.64	3.68
Experten:	3.71	4.43	4.79	4.61	4.29	4.21	4.36	4.57	4.04	4.32	4.54	4.50
	n.s.	n.s.	**	n.s.	n.s.	n.s.	**	n.s.	n.s.	*	***	**
11......verm.Sept.	2.66	2.32	2.66	2.50	2.57	2.29	2.41	3.04	3.02	2.43	2.68	2.79
Novizen:	3.39	2.50	2.86	2.93	3.00	2.54	2.89	3.50	3.57	2.93	3.14	3.07
Experten:	1.93	1.96	2.46	2.07	2.14	2.04	1.93	2.57	2.46	1.93	2.21	2.50
	***	*	n.s.	**	**	n.s.	***	***	***	***	**	n.s.

Signifikanzen: *   a ≤ .05
              **   a ≤ .01
             ***   a ≤ .001
             n.s.   nicht signifikant

Dur-Akkorden sind die Akkorde auf den Stufen I, IV und V am besten beurteilt, bei den *Moll-Akkorden* die Akkorde auf den Stufen II, III, IV und VI. Es handelt sich hier um die Tonleiter-eigenen Akkorde Tonika, Subdominante, Dominante (Dur), Subdominant-, Dominant- und Tonika-Parallele (Moll) und um die Moll-Version der Subdominante. Sieht man von der Fortsetzung der Dur-Kadenz (Ankerreiz) durch die Moll-Tonika einmal ab, unterscheiden sich Novizen und Experten in der Beurteilung der Grundfunktionen nur bei der Tonikaparallele, obwohl die Novizen dennoch die Zugehörigkeit zur Tonart durch ein niedriges Rating bestätigen.

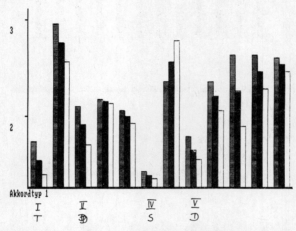

Abb. 9.1: Akkordtyp 1 (Dur-Dreiklang) als Fortsetzung der Ankerreiz-Kadenz.

Die Abbildungen 9.1 und 9.2 verdeutlichen die Ergebnisse: Dunkelgrau dargestellt ist der Mittelwert für alle Vpn, hellgrau der Mittelwert für die Novizen und weiß der Mittelwert für die Experten. In Abb. 9.1 zeichnet sich eindeutig die Bevorzugung von Tonika, Dominante und Subdominante ab. Außerdem fällt der niedrige Wert der Experten für den Dur-Akkord auf der Stufe II auf: Es handelt sich funktional gesehen um die *Doppeldominante* (die Dominante zur Dominante). In den signifikanten Unterschieden zwischen Novizen und Experten (s. Tab. 9.1) bei den Moll-Akkorden zeigt sich eine größere Akzeptanz der Experten für die jeweiligen Moll-Varianten der Funktionen. Die Moll-Subdominante (IV) wird von von beiden Experimentalgruppen gleich akzeptiert. Die Moll-Tonika (I) und die Moll-Dominante (V) wird eher von den Experten akzeptiert.

Die Beurteilung der *verminderten* und *übermäßigen Dreiklänge* (Abb. 9.3 und 9.4) zeigt kaum Tonalitäts-bezogene Beurteilungsunterschiede. Der

Experiment 2

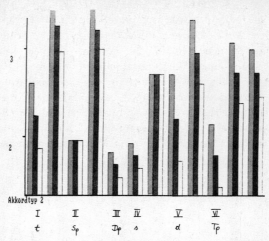

Abb. 9.2: Akkordtyp 2 (Moll-Dreiklang) als Fortsetzung der Ankerreiz-Kadenz.

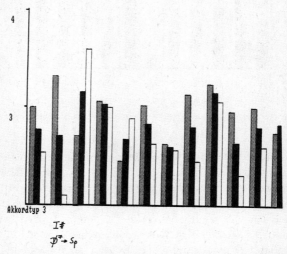

Abb. 9.3: Akkordtyp 3 (verminderter Dreiklang) als Fortsetzung der Ankerreiz-Kadenz.

verminderte Dreiklang auf der Stufe VII wäre Teil der Ankerreiz-Tonart. Der Tonalitätsbezug schlägt sich im Rating-Mittelwert nicht nieder. Eine erstaunlich gute Beurteilung bekommt der übermäßige Dreiklang auf der Stufe III: Dieser Akkord kann als Tonika-Dreiklang mit hochalterierter Quinte und mit Terz im Baß gedeutet werden. Signifikante Unterschiede

Kapitel 9

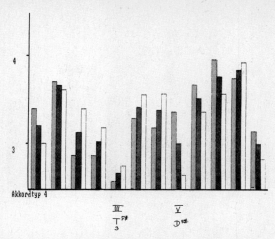

Abb. 9.4: Akkordtyp 4 (übermäßiger Dreiklang) als Fortsetzung der Ankerreiz-Kadenz.

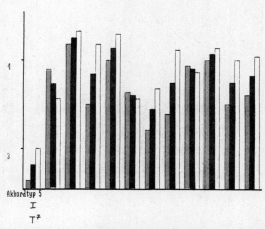

Abb. 9.5: Akkordtyp 5 (großer Durseptakkord) als Fortsetzung der Ankerreiz-Kadenz.

zwischen Novizen und Experten zeigen sich in drei verminderten Dreiklängen und in einem übermäßigen Dreiklang (s. Tab. 9.1). Der verminderte Dreiklang auf der erhöhten Stufe I läßt sich als verkürzter Dominantseptakkord (partitive Relation) für die Subdominant-Parallele deuten, der übermäßige Dreiklang auf der Stufe V als Dominant-Dreiklang mit hochalterier-

Experiment 2

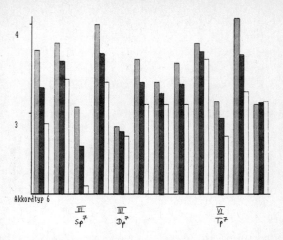

Abb. 9.6: Akkordtyp 6 (kleiner Mollseptakkord) als Fortsetzung der Ankerreiz-Kadenz.

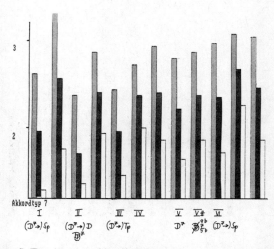

Abb. 9.7: Akkordtyp 7 (Dominantseptakkord) als Fortsetzung der Ankerreiz-Kadenz.

ter Quinte. Beide Akkorde werden von Experten besser beurteilt.

Der *große Durseptakkord* (Abb. 9.5) bekommt durchweg schlechte Beurteilungen. Das niedrigste Rating bekommt der Akkord auf der Stufe I, wobei auffällt, daß Novizen den Akkord eher als sinnvolle Fortsetzung ansehen als Experten.

Der *kleine Mollseptakkord* (Abb. 9.6) wird sowohl von Novizen als auch Experten auf den Stufen II, III und VI besser beurteilt als auf den anderen Stufen. Diese Akkord sind die tonalen Septakkorde zur Subdominant-, Dominant- und Tonika-Parallele. Vier Akkordbeurteilungen zeigen signifikante Unterschiede zwischen Novizen und Experten: Die Experten beurteilen den kleinen Mollseptakkord als Fortsetzung einer Kadenz durchweg besser als die Novizen.

Durchweg gute Beurteilungen von Novizen und Experten bekommen die *Dominantseptakkorde* auf den verschiedenen Stufen (Abb. 9.7). Die Bewertungen der Experten sind jedoch deutlich besser: Deshalb sind alle Mittelwertsunterschiede zwischen den Experten und Novizen mindestens auf dem 5 % - Niveau signifikant (Tab. 9.1). Die tonale Organisation spiegelt sich bei Novizen und Experten in analoger Weise wider. Bevorzugt werden die Akkorde auf den Stufen II, III, bei den Experten zusätzlich die Akkorde auf den Stufen I, V und VI.

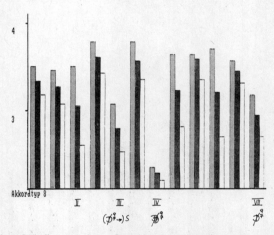

Abb. 9.8: Akkordtyp 8 (halbverminderter Septakkord) als Fortsetzung der Ankerreiz-Kadenz.

Die Ratings für die jetzt folgenden Vierklänge sind höher als die bisherigen Werte. Es handelt sich um seltener in Kompositionen verwendete Akkorde. Trotz des grundsätzlich höheren Bewertungsniveaus sind jedoch Tonart-gebundene Unterschiede festzustellen.

Beim *halbverminderten Septakkord* sind drei Akkorde relativ gesehen besser beurteilt worden als die anderen: die Akkorde auf den Stufen III, IV + und VII (Abb. 9.8). Es handelt sich um die Akkorde, die als verkürzte Dominantseptnonakkorde angesehen werden können. Der Akkord

Experiment 2

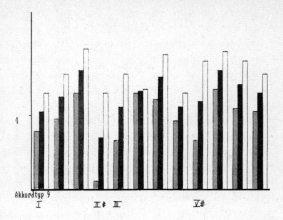

Abb. 9.9: Akkordtyp 9 (gr. übermäßiger Septakk.) als Fortsetzung der Ankerreiz-Kadenz.

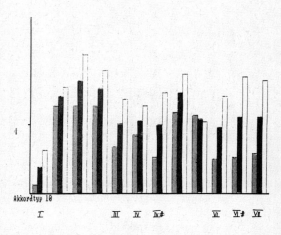

Abb. 9.10: Akkordtyp 10 (großer Mollseptakkord) als Fortsetzung der Ankerreiz-Kadenz.

auf der Stufe VII ist der verkürzte Dominantseptnonakkord zur Stufe I, der Akkord auf der erhöhten Stufe IV die verkürzte Doppeldominante und der Akkord auf der Stufe III die verkürzte Nebendominante zur Subdominante. Experten beurteilen den halbverminderten Septakkord wieder meist besser, so daß sich drei signifikante Unterschiede ergeben (Tab. 9.1).

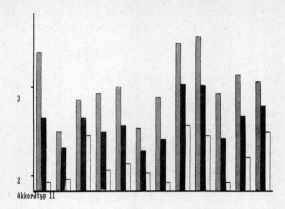

Abb. 9.11: Akkordtyp 11 (verminderter Septakkord) als Fortsetzung der Ankerreiz-Kadenz.

Der *große übermäßige Septakkord* (Abb. 9.9) wird generell schlecht beurteilt. Interessant ist aber, daß sich das Verhältnis zwischen den Beurteilungen der Novizen und Experten hier umdreht: Bei den bisher betrachteten Akkord-Typen waren meist die Experten-Ratings besser, hier sind alle Novizen-Ratings besser, in sechs Fällen sogar signifikant (s. Tab. 9.1).

Dieselbe Tendenz zeigt sich beim *großen Mollseptakkord* (Abb. 9.10). Bis auf eine Ausnahme beurteilen die Novizen die Akkorde besser als die Experten, fünf Unterschiede sind signifikant (Tab. 9.1). Besonders niedrig ist das Rating für den großen Mollseptakkord auf der Stufe I.

Der *verminderte Septakkord* wird wieder von den Experten besser beurteilt als von den Novizen (Tab. 9.1 und Abb. 9.11). Fast alle Unterschiede zwischen den Experimentalgruppen sind signifikant. Die absolute Höhe der Ratings liegt wesentlich unter den Ratings für die letzten drei Septakkorde, bei Novizen und Experten ungefähr bei den Werten für Dur- und Moll-Dreiklänge.

9.3 Korrelationen mit der Variablen ABWEICH

Für alle Ratings wurden Korrelationen mit den Werten der Variablen ABWEICH berechnet (Produkt-Moment-Korrelation). Die Korrelationen mit den Ratings für die Dur- und Moll-Akkorde, den verminderten Drei-

Experiment 2

klang und den übermäßigen Dreiklang ergaben keine interpretierbaren Ergebnisse. Interessant sind die Korrelationen mit den Ratings für die Septakkord (Vierklänge; s. Tab. 9.2).

Tab. 9.2: Korrelationen der Ratings für die Septakkorde mit der Variablen ABWEICH.

Akk-Typ	I	I#	II	II#	III	IV	IV#	V	V#	VI	VI#	VII
5.	-.28	-.17	-.25	-.46	-.37	-.19	-.16	-.32	-.14	-.22	-.30	-.31
6.	-.05	-.05	-.05	-.05	-.12	-.07	-.33	-.06	-.09	-.07	-.01	-.34
7.	.28	.30	.38	.13	.22	.01	.15	.25	.24	.26	.14	.15
8.	.00	.03	.17	-.13	.03	-.10	.07	.22	-.01	.23	.04	.08
9.	-.25	-.35	-.25	-.40	-.25	-.05	-.27	-.06	-.35	-.32	-.35	-.26
10.	-.27	-.23	-.21	-.22	-.18	-.26	-.26	-.33	-.12	-.14	-.46	-.28
11.	.36	.15	.09	.23	.20	.14	.12	.14	.22	.15	.28	.05

a $\leq$ .05 für r $\geq$ .22

Bezeichnungen der Akkordtypen:
Akktyp 5 - großer Durseptakkord
Akktyp 6 - kleiner Mollseptakkord
Akktyp 7 - Dominantseptakkord
Akktyp 8 - halbverminderter Septakkord
Akktyp 9 - großer übermäßiger Septakkord
Akktyp 10 - großer Mollseptakkord
Akktyp 11 - verminderter Septakkord

Für den großen Durseptakkord (Akkordtyp 5), den großen übermäßigen Septakkord (Akkordtyp 9) und den großen Mollseptakkord (Akkordtyp 10) ergeben sich deutliche, meist signifikante negative Korrelationen: Für den kleinen Mollseptakkord ergeben sich nur für zwei Akkorde deutliche negative Korrelationen, nämlich für die Akkorde auf der erhöhten Stufe IV und auf der Stufe VII. Vpn mit höheren Werten in der Variablen ABWEICH bewerten diese Akkorde besser: Sie akzeptieren diese Akkorde eher als sinnvolle Fortsetzung der Ankerreiz-Kadenz als Vpn mit niedrigen Werten in der Variablen ABWEICH.

Die Korrelation der Ratings für die Akkordtypen 7 (Dominantseptakkord) und 11 (verminderter Septakkord) mit der Variablen ABWEICH sind positiv und ebenfalls meist signifikant: Vpn mit niedrigen Werten in der Variablen ABWEICH sehen Akkorde dieser Typen eher als sinnvolle Forsetzung an als Vpn mit höheren Werten.

Eine Mittelstellung nimmt der halbverminderte Septakkord (Akkordtyp 8) ein: Der Wert des Akkordes auf der erhöhten Stufe II korreliert negativ, die Werte der Akkorde auf den Stufen II, V und VI korrelieren positiv.

9.4 MDS-Darstellung der Urteilsübereinstimmungen

Zur Darstellung der Urteilsübereinstimmungen sind Korrelationen berechnet worden. Die Produkt-Moment-Korrelation nimmt eine Standardisierung der Werte mit einem Mittelwert = 0 und einer Streuung = 1 vor (vgl. Gigerenzer 1977b, S. 748). Daher spiegeln die Korrelationskoeffizienten keine Aussagen über die Objekte wider, sondern Aussagen über den Profilverlauf der Ratings (ebda, S. 749 f.). Der Wert einer Person bei den Ratings entspricht bei dieser Art von Normierung der Merkmalsausprägung relativ zu den übrigen Personen. Die Korrelationen können somit als Ähnlichkeitsmaße für das Urteilsverhalten der Vpn angesehen werden.

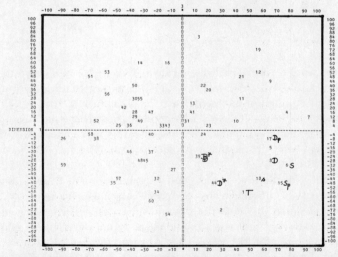

Abb. 9.12: MINISSA-Darstellung der Korrelationen zwischen je zwei Akkordbeurteilungen (Stresswert für die abgebildete zweidimensionale Lösung $\hat{d}$ = .28, für die dreidimensionale Lösung $\hat{d}$ = .21). Erklärung der Bezifferung: 1-12 Dur, 13-24 Moll, 25-36 kleiner Mollseptakkord, 37-48 Dominantseptakkord, 49-60 verminderter Septakkord (jeweils Stufe I bis VII).

Eine Berechnung aller möglichen Beziehung war aufgrund von Speicherplatzbeschränkungen nicht möglich (die Datenmatrix hätte eine Größe von

Experiment 2

132 x 132 gehabt). Deshalb wurden die für das Experiment 3 interessanten Akkordtypen ausgewählt: Im Experiment 3 wurden lediglich die Dur- und Moll-Dreiklänge, der kleine Mollseptakkord, der Dominantseptakkord und der verminderte Septakkord verwendet. Die Werte der Korrelationsmatrix (Produkt-Moment-Korrelation, 60 x 60) wurden mit dem Programm MINISSA skaliert. Abbildung 9.12 zeigt die Projektion der dreidimensionalen Skalierung auf die Ebene der Dimensionen 1 und 3. Die wichtigsten Akkordfunktionen werden im vierten Quadranten abgebildet. Nach der Höhe der Stresswerte sind sowohl die zwei- als auch die dreidimensionale Lösung signifikant überzufällig (s. Tab. 6.2 und 6.3, Kapitel 6).

Tab. 9.3: Konfigurationsähnlichkeit zwischen den MINISSA-Skalierungen für Novizen, Experten und alle Vpn.

	zweidimensionale MDS		dreidimensionale MDS	
	Novizen	Experten	Novizen	Experten
Experten	.53		.42	
alle Vpn	.44	.34	.35	.26
alpha = .05:	c' = .558		c' = .465	

Gesondert wurden die Urteilsübereinstimmungen der Novizen und Experten berechnet und mit MINISSA skaliert. Die Ergebniskonfigurationen wurden mit dem Konfigurationskoeffizienten von Leutner & Borg (1983) auf ihre Ähnlichkeit überprüft. Es stellt sich heraus, daß sowohl die zweidimensionalen als auch die dreidimensionalen Konfigurationen einen Wert für c' bekamen, der auf eine überzufällige Ähnlichkeit hinweist (s. Tab. 9.3; vgl. Kapitel 6).

Wegen der Normierung durch die Produkt-Moment-Korrelation auf einen Mittelwert von 0 gingen in die Skalierung der Werte sowohl die übereinstimmend guten als auch die übereinstimmend schlechten Bewertungen ein. Ein klareres Bild von funktionalen Zusammenhängen gibt die MINISSA-Darstellung, für die diejenigen Akkorde ausgewählt wurden, die innerhalb eines bestimmten Akkordtyps ein relativ gutes Rating bekommen haben. Es handelt sich um die Hauptfunktionen Tonika-, Subdominant- und Dominantakkord (T, S, D), der Dreiklang auf der Stufe III (Doppeldominante), die jeweiligen Moll-Parallelen (T_p, S_p, D_p), die zu den Parallelen gehörenden Septakkorde (T_p^7, S_p^7, D_p^7) und drei Dominantseptakkorde (der Dominantseptakkord, der Doppeldominantseptakkord und der Dominantseptakkord zur Tonikaparallele).

Tab. 9.4: Konfigurationsähnlichkeit zwischen den MINISSA-Skalierungen für Novizen, Experten und alle Vpn – Konfiguration mit 14 ausgewählten Akkordn.

	zweidimensionale MDS		dreidimensionale MDS	
	Novizen	Experten	Novizen	Experten
Experten	.53		.42	
alle Vpn	.40	.42	.28	.31
alpha = .05:	c' = .504		c' = .417	

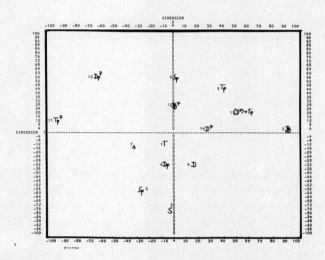

Abb. 9.13: Skalierung der 14 Akkorde, die innerhalb der jeweiligen Akkordtypen am besten bewertet wurden (dreidimensionale Skalierung mit dem Programm MINISSA, Projektion auf die Ebene der Dimensionen 1 und 2, Stress d = .17).

Abb. 9.13 zeigt die tonalen Beziehungen sehr deutlich: Subdominant- und Dominantakkord und ihre Vertreter liegen jeweils dicht beieinander und umrahmen den Tonikaakkord. Die Nebendominante zur Tonikaparallele (Akkord 13) liegt direkt neben der Tonikaparallele. Sogar die Beziehung zwischen dem Septakkord der Doppeldominante und der Subdominantparallele (sie unterscheiden sich lediglich in einem Ton) kommt in der Darstellung zum Ausdruck. In Abb. 9.14 sind die propositionalen Beziehungen zwischen den Akkorden eingezeichnet. Subdominant- und Dominantpropo-

Experiment 2

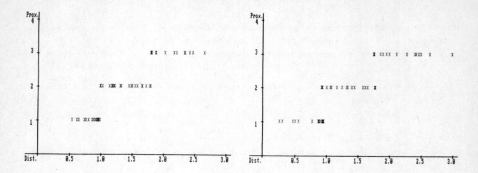

Abb. 9.14: Shepard-Diagramm für die Konfiguration aus Abb. 9.13.

sitionen sind geeignet, direkt nebeneinanderliegende Akkorde miteinander zu verbinden. Der Septakkord der Subdominantparallele zeigt hier auch seine Subdominantbeziehung zur Tonikaparallele, der Septakkord der Dominantparallele (Vertreter für die Dominante) seine Tonikafunktion für die Doppeldominante.

Die Beziehung zwischen den Werten der Novizen und Experten läßt sich herstellen, indem getrennt für die beiden Experimentalgruppen MDS-Konfigurationen der Korrelationen berechnet und mittels des Konfigurationsähnlichkeitskoeffizienten von Leutner & Borg (1983) verglichen werden. Es stellt sich heraus, daß die Konfigurationen beider Experimentalgruppen mit der Gesamtdarstellung signifikant ähnlich sind, die beiden Konfigurationen der Experimentalgruppen zueinander jedoch nicht (s. Tab. 9.4). Die Signifikanz wird jedoch gerade verfehlt, so daß man von einer tendenziell vorhandenen Ähnlichkeit sprechen kann.

Weiterhin wurden die Korrelationen für Novizen, Experten und alle Vpn mit dem Programm INDSCAL skaliert. Die drei Vektoren im vierten Quadranten der Abb. 9.15 zeigen die Gewichtung der Dimensionen: Es ist zu sehen, daß sich die Experimentalgruppen nur wenig unterscheiden. Die nicht dargestellte dritte Dimension spielt in der Gewichtung keine Rolle.

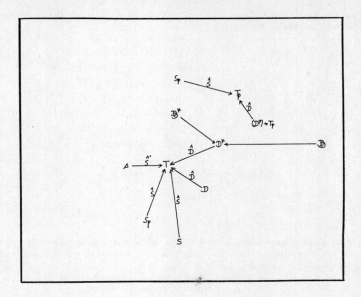

Abb. 9.15: Dieselbe MDS-Lösung wie in Abb. 9.13, jedoch mit den propositionalen Beziehungen zwischen den Akkorden. Deutlich sichtbar liegen die Akkorde, zwischen denen eine enge Relation besteht, auch nahe nebeneinander.

9.5 Vergleich mit der objektiven Struktur

Um einen direkten Vergleich der Ratings aller Vpn mit der objektiven Struktur durchführen zu können, wurde aus der Harmonielehre von Grabner (1977) eine Hierarchie der Verwandtschaft für die in den letzten Abbildungen dargestellten 14 Akkorde abgeleitet. Die drei Dur-Akkorde (Dominant-, Subdominant- und Tonika-Akkord) gelten als Akkorde des ersten Verwandtschaftsgrades (ebda. S. 27 ff.), die Parallelen stehen an zweiter Stelle. Der Dominantseptakkord und die Neben-Dominantseptakkorde (ebda. S. 61) werden an nächster Stelle genannt, gefolgt von den Septakkorden der anderen Stufen (ebda. S. 68 f. und S. 90 f.). Dann geht Grabner auf die Durchdringung der Tonartmodi Dur und Moll ein und schließt damit die Moll-Subdominante ein (ebda. S. 159). Die Zwischendominanten werden als letztes genannt (S. 170 ff.). Tab. 9.5 zeigt die Verwandtschaftshierarchie als Ordinalskalierung.

Die Differenzen der Ordinalwerte wurden mit dem Programm

Experiment 2

Tab. 9.5: Ordinalskalierung der 14 am besten bewerteten Akkorde aus Experiment 2, abgeleitet aus der Verwandtschaftshierarchie der Akkorde in der Harmonielehre von Grabner (1977). (Zeichenerklärung in Kapitel 4).

(1) S, D, T	(Hauptfunktionen in Dur)
(2) S_p, D_p, T_p	(Vertreter der Hauptfunktionen)
(3) D^7	(Dominantseptakkord)
(4) S_p^7, D_p^7, T_p^7	(Nebenseptakkorde)
(5) s	(Moll-Subdominantakkord)
(6) (D –) D,	(Doppeldominante)
(D^7 –) T_p,	(Zwischendominante)
(D^7 –) D	(Doppeldom. als Septakkord)

Tab. 9.6: Konfigurationsähnlichkeit zwischen den MINISSA- Skalierungen für Novizen, Experten und alle Vpn und der MINISSA- Skalierung für die objektive Struktur (Konfiguration mit 14 ausgewählten Akkorden).

	2-Dim	3-Dim	4-Dim
Novizen	.548	.434	.351
Experten	.492	.423	.349
alle Vpn	.506	.417	.332
alpha = .05:	c' = .504	c' = .417	c' = .360

MINISSA skaliert und mit den Konfigurationen der Urteilsübereinstimmungen verglichen. Die Werte für c' sind in Tab. 9.6 dargestellt. Die vierdimensionalen Konfigurationen von Novizen und Experten sind der Konfiguration der objektiven Struktur signifikant ähnlich.

9.6 Teil-Interpretation der Ergebnisse von Experiment 2

Die Mittelwerte der Ratings, die Vergleiche zwischen den beiden Experimentalgruppen und die MDS-Darstellung der Korrelationen zwischen ausgewählten Akkordtypen oder Akkorden zeigen, daß die Vpn aufgrund der gespielten Ankerreiz-Kadenz eine Tonalitätsvorstellung aufgebaut haben, die eine deutliche Bevorzugung von funktional angebundenen Akkorden als sinnvolle Fortsetzung der Kadenz zur Folge hat. In der Bewertung der Grundfunktionen Tonika, Subdominante, Dominante und ihrer nächsten Vertreterakkorde (Parallelen) zeigen sich zwischen Novizen und Experten keine, bzw. keine signifikanten Unterschiede. Selbst eher ungewöhnliche Akkorde wie ein hochalterierter Dreiklang (übermäßiger Dreiklang auf der Stufe III) oder verkürzte Dominantseptnonakkorde (bzw. Nebendominantseptnonakkorde; halbverminderte Septakkorde) werden von Novizen in derselben Weise als zur Tonart zugehörig beurteilt wie von Experten.

Unterschiede zwischen Novizen und Experten treten auf, sobald es sich um größere tonale Entfernungen handelt. Bereits die Doppeldominante wird als Dreiklang und als Septakkord von Experten deutlich besser bewertet als von Novizen (Akkordtyp 1 bzw. 7 auf Stufe III). Die guten Werte der Experten für die anderen Dominantseptakkorde und die verminderten Septakkorde bedeuten vermutlich, daß Experten sich das Ausweichen in entferntere Tonarten als Fortsetzung der einfachen Ankerreiz-Kadenz besser vorstellen konnten als Novizen. Diese Vermutung wird unterstützt durch die signifikanten Korrelationen zwischen dem Rating für die Dominantseptakkorde und die verminderten Akkorde und den Werten der Variablen ABWEICH: Im Ausmaß der Abweichungen von den objektiven Veränderungen in Experiment 1 hat sich die Diskriminationsfähigkeit der Vpn bewiesen. Diskriminationsfähigkeit und höhere Akzeptanz für Verbindungen zwischen entfernten Tonarten lassen sich beide auf größere Hörerfahrung mit komplexer Musik zurückzuführen.

Zunächst unerklärlich sind die besseren Werte der Novizen für die selten in Kompositionen auftretenden Akkordtypen 5 (großer Durseptakkord), 9 (großer übermäßiger Septakkord) und 10 (großer Mollseptakkord). Auch hier bietet die Korrelation mit den Werten in der Variablen ABWEICH einen Erklärungsansatz: Die Werte dieser Akkordbeurteilungen korrelieren fast durchweg signifikant negativ mit den Werten in ABWEICH. Je mehr Fehler die Vpn im ersten Experiment in bezug auf die Veränderungen in den Akkordpaaren gemacht haben, desto eher haben sie einen dieser komplizierten Akkorde als sinnvolle Fortsetzung der einfachen Kadenz anerkannt. Möglicherweise war die Diskriminationsfähigkeit dieser Vpn nicht

Experiment 2

groß genug, um die große Septime in den drei Akkordtypen zu hören. Dadurch wurde der Septakkord gewissermaßen als Dreiklang gehört, der durch einen weiteren Ton etwas verschmutzt klang.

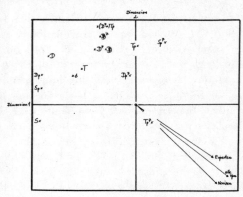

Abb. 9.16: Skalierung der Korrelationen von Novizen, Experten und allen Vpn bei 14 ausgewählten Akkorden mit dem Programm INDSCAL. Die Abbildung zeigt die Projektion auf die Ebene der Dimensionen 1 und 2 (wie in Abb. 9.13). Die Vektoren im 4. Quadranten zeigen die Gewichtung der Vpn für die Dimensionen der Skalierung an. Die Vektoren werden vom Programm INDSCAL üblicherweise in einer gesonderten Konfiguration ausgegeben.

Leicht zu verdeutlichen ist diese Erklärungshypothese am Beispiel des großen Durseptakkord: Auf der ersten Stufe ist lediglich der Ton der Stufe 7 zum Tonika-Dreiklang hinzugefügt. In Abb. 9.17 sind alle Akkorde der Akkordtypen 9 und 10 herausgeschrieben, die von den Novizen einen relativ guten Wert bekommen haben (vgl. Tab. 9.1). Die Noten, die aus subjektive "Verschmutzung" in Frage kommen, sind schwarz ausgefüllt. Die nicht ausgefüllten Noten stellen einen Dreiklang dar, der innerhalb des Experiment 2 ebenfalls zu bewerten war. In Tabelle 9.7 sind die Namen für einen Teil dieser Rest-Dreiklänge aufgeführt. Ein Vergleich der Rating-Mittelwerte in Tabelle 9.1 zeigt, daß diese Rest-Dreiklänge dort eher zu den als sinnvolle Fortsetzung anerkannten Akkorden gehören.

Beim Vergleich der Rating-Mittelwerte ergaben sich, wie oben darstellt wurde, verschiedene signifikante Unterschiede zwischen den Experimentalgruppen. Um herauszufinden, ob sich sich um andere Urteilsstrukturen oder lediglich ein anderes Rating-Niveau handelt, wurden die Korrelationen zwischen den Ratings als Urteilsübereinstimmung berechnet und mittels MDS dargestellt. Der Vergleich der Konfigurationen von 60 und später 14 ausgewählten Akkorden zeigte, daß das Urteilsverhalten der Novizen und Experten vergleichbar ist. Die Dimensionen der Darstellungen wurden in

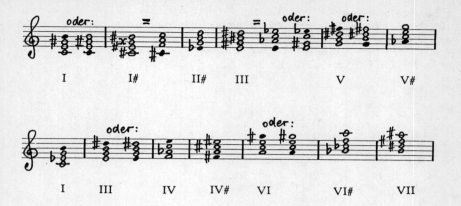

Abb. 9.17: Die Akkorde der Akkordtypen 9 und 10, die von Novizen ein relativ gutes Rating in bezug auf die sinnvolle Fortsetzung der Ankerreiz-Kadenz bekommen haben. Oben: großer übermäßiger Septakkord, unten: großer Mollseptakkord. Die ausgefüllten Noten bezeichnen die möglichen "Schmutztöne" (s.a. Tab. 9.7, nächste Seite).

gleicher Weise gewichtet. Außerdem konnte gezeigt werden, daß die Konfigurationen von Novizen und Experten mit der Darstellung der theoretischen Struktur der 14 wichtigsten Akkorde übereinstimmt. Novizen und Experten beurteilen die grundlegenden Propositionen der westlich-europäischen Harmonielehre also in ähnlicher Weise.

Experiment 2

Tab. 9.7: Die sogenannten "Rest-Dreiklänge" – die Dreiklänge, die übrigbleiben, wenn die in Abb. 9.14 (a) und (b) ausgefüllten Noten bei den Septakkorden nicht gespielt oder gehört werden (vgl. die Notendarstellung auf der vorigen Seite).

gr. überm. Septakkord (Akkordtyp 9)

Stufe	Rest-Dreiklang	Stufe	mögliche Funktion
I	übermäßiger Dreiklang	I	T (alteriert)
	Dur-Dreiklang	III	$(D^7)\ T_p$
#I	Dur-Dreiklang	IV	S
#II	Dur-Dreiklang	V	D
III	übemäßiger Dreiklang	III	T (alteriert)
	Dur-Dreiklang	#V	D (alteriert)
V	übermäßiger Dreiklang	V	D (alteriert)
	Dur-Dreiklang	V	D (alteriert)
#V	Dur-Dreiklang	I	T

großer Mollseptakkord (Akkordtyp 10)

Stufe	Rest-Dreiklang	Stufe	mögliche Funktion
I	Moll-Dreiklang	I	t
III	Moll-Dreiklang	III	D_p
	übermäßiger Dreiklang	V	D (alteriert)
IV	Moll-Dreiklang	IV	s
#IV	übermäßiger Dreiklang	VI	(D) T_p
VI	Moll-Dreiklang	VI	T_p
	übermäßiger Dreiklang	I	T (alteriert)

10. Kapitel:

AUSWERTUNG DER DATEN AUS EXPERIMENT 3

10.1 Verwendung der Tastatur für die Akkorde

Die Tastatur wurde von den Vpn sehr unterschiedlich benutzt. Wenige Vpn spielten im Verlauf des Experiment 3 alle 60 Akkorde, die ihnen auf der Tastatur zur Verfügung gestanden hätten. Die meisten Vpn, auch die Experten, beschränkten sich auf die 30 Akkorde, die durch das Drücken einer einzigen Taste gespielt werden konnten, und ließen die Akkorde, die mit der alt-Taste zum Klingen gebracht werden mußten, unbenutzt oder verwendeten sie nur sehr wenig. Die Ergebnisse spiegeln sich in den relativen Häufigkeiten in Abb. 10.1 wider.

Auch die Bereiche der Tastatur wurden unterschiedlich benutzt: Die Tasten am Rand des verwendbaren Feldes wurden weniger benutzt als die Tasten in der Mitte des Feldes. Extrem selten wurden die Taste "Punkt" und "Komma" benutzt. Besonders oft wurden die Tasten E, H, K, L und M verwendet.

Die für jede Vp neu vorgenommene Randomisierung in der Zuordnung der Akkorde zur Schreibmaschinen-Tastatur des Computers erweist sich somit im nachhinein als außerordentlich notwendig. Die Unterschiede in der Verwendung der Tasten sind auf dem 0.5 % - Niveau signifikant (chi^2 - Test).

10.2 Verwendete und abgelehnte Akkorde

Insgesamt wurden von den Vpn 7143 Akkorde zu Akkordreihen zusammengefügt − von den Novizen 3954 und von den Experten 3189. Jede Vp verwendete im Mittel 127.56 Akkorde, mindestens 32, höchstens 622. Die Varianzen der beiden Experimentalgruppen bzgl. der verwendeten Akkorde unterschieden sich signifikant (F = 2.58, alpha = .016), die Mittelwerte jedoch nicht (t = .86, FG = 45.17, alpha = .40). Auch wenn man die

Experiment 3

Tab. 10.1: Abgelehnte Akkorde, Mittelwerte für die Experimentalgruppen und Signifikanzniveau.

	t-Wert	FG	alpha
Akkordtyp 1 (Dur)	-2.63	54	.011
Akkordtyp 2 (Moll)	-2.27	45.92 *	.028
Akkordtyp 6 (kl. Mollsept.)	-1.98	54	.052
Akkordtyp 7 (Dom. Septakk.)	-3.48	46.69 *	.001
Akkordtyp 11 (verm. Septakk.)	-2.89	43.97 *	.006

* t-Test für Stichproben mit unterschiedlicher Varianz

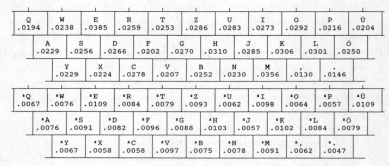

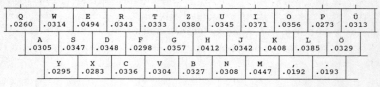

Abb. 10.1: Benutzung der Tastatur, relative Häufigkeiten. Oben: getrennt für die Tastendrücke mit und ohne alt-Taste, unten: zusammengefaßt. Die Unterschiede in den Häufigkeiten der Tastenanschläge sind nach dem chi^2-Test auf dem 0.5 % - Niveau signifikant.

fünf Akkordtypen einzeln betrachtet, ergeben sich zwischen den Experimentalgruppen keine signifikanten Mittelwertsunterschiede.

Abgelehnt wurden 22264 Akkorde, von den Novizen 8589 und von den Experten 13675. Das sind im Mittel 397.58 je Vpn. Minimum an

Ablehnungen waren 13 Akkorde (ein Novize), Maximum 1300 Akkorde (ein Experte). Die Novizen lehnten signifikant weniger Akkorde ab als die Experten (t = -2.85, FG = 54, alpha = .006). Betrachtet man die Akkordtypen getrennt, so bleibt die Signifikanz für die Akkordtypen 1 (Dur) 2 (Moll), 7 (Dominantseptakkord) und 11 (verminderter Septakkord) erhalten (s. Tab. 10.1). Nicht signifikant ist lediglich der Mittelwertsunterschied beim Akkordtyp 6, dem kleinen Mollseptakkord, der von Novizen und Experten in gleichem Ausmaß verwendet bzw. abgelehnt wurde.

10.3 Unterschiede in der Arbeitsweise

Für die ersten zehn Akkordreihen war die Arbeitsweise durch die Versuchsanweisung weitgehend festgelegt: Der vorgegebene Akkord zwang die Vpn zu einem schrittweisen Hinzufügen der weiteren Akkorde. Ab der elften Akkordreihe war das Vorgehen nicht mehr festgelegt und wurde vom Versuchsleiter auch nicht mehr kontrolliert oder beeinflußt. Die ersten zehn Akkordreihen wurden von den Vpn im allgemeinen in ungefähr 15 Minuten hergestellt. Der zweite Abschnitt des Experiments 3, als "freie Kompositionsphase" angekündigt, dauerte somit für die meisten Vpn ungefähr 45 Minuten. Der erste Abschnitt erbrachte interessanterweise in Relation zur Arbeitszeit gesehen mehr Akkordverbindungen als der zweite Abschnitt.

Im zweiten, freien Kompositionsabschnitt gingen Novizen und Experten unterschiedlich bei der Zusammenstellung der Akkordreihen vor. Insgesamt gesehen war dieser Abschnitt durch häufigeres Ausprobieren und gelegentlich durch Herumspielen gekennzeichnet.

Signifikante Unterschiede zwischen Novizen und Experten zeigen sich in der Verwendung der "Lösch"-Taste bei Löschen eines Akkordes am Schluß der jeweils bearbeiteten Reihe. Experten verwendeten die "Lösch"-Taste signifikant häufiger als Novizen (t = -3.44, FG = 54, alpha = .001). Dagegen deuten die Mittelwerte darauf hin, daß Novizen eher einen Akkord aus der Mitte einer bearbeiteten Reihe herauslöschen oder eine Anzahl von Akkorden von einer bestimmten Stelle bis zum Schluß weglöschen (Taste F3, nicht signifikant). In der Verwendung der Taste F1 (ganze Akkordreihen löschen) entsprechen sich die beiden Experimentalgruppen.

Weitere Ergebnisse zur Arbeitsweise von Novizen und Experten zeigen sich in den Korrelationen der Tastenverwendungen mit den Variablen URTEIL und ABWEICH (Tab. 10.2).

Je größer der Wert in der Variablen ABWEICH, je geringer also das Diskriminationsvermögen der Vpn, desto mehr Akkorde wurden zu Akkord-

Experiment 3

Tab. 10.2: Korrelationen der Tastenverwendungen mit den Variablen URTEIL und ABWEICH.

	URTEIL	ABWEICH
Anzahl akzeptierter Akkorde	.00	.33
Anzahl abgelehnter Akkorde	-.24 *	-.41 ***
Verwendung der Taste F3	.01	-.14
mit F3 gelöschte Akkorde	.02	-.16
Verwendung der Taste F1	-.16	-.46 ***
mit F1 gelöschte Akkorde	-.05	-.33 **
vom Ende weggelöschte Akkorde	-.26 *	-.26
aus der Mitte gelöschte Akkorde	.21	.06

   * alpha $\leq$ .05
  ** alpha $\leq$ .01
 *** alpha $\leq$ .001

reihen zusammengefügt. Die Variable URTEIL (Beeinflußbarkeit durch die Auflösungstendenz) hatte keinen Einfluß auf die Zahl der verwendeten Akkorde. Die Anzahl abgelehnter Akkorde zeigt einen signifikanten Zusammenhang mit beiden Variablen. Je größer Diskriminationsfähigkeit (ABWEICH) und Unabhängigkeit von der Auflösungstendenz (URTEIL), desto mehr Akkorde wurden abgelehnt.

Die Verwendung der Taste F3 (Löschen eines Teils des Akkordfolge) zeigt nur ein geringe Beziehung zu den beiden Variablen. Die Verwendung der Taste F1 (Löschen ganzer Akkordreihen) zeigt eine hochsignifikante Beziehung zur VAriablen ABWEICH: Je geringer das Differenzierungsvermögen, desto häufiger wurden ganze Akkordreihen weggelöscht. Im Unterschied dazu die Beziehung zur Anzahl der vom Ende der Folge weggelöschten Akkorde: Je größer Differenzierungsvermögen und Unabhängigkeit von der Auflösungstendenz, desto eher wurden Akkorde einzeln vom Ende der Folge weggelöscht.

Varianzanalysen mit der Gruppenzugehörigkeit, ABWEICH und URTEIL als unabhängigen Variablen und der Anzahl der verwendeten Akkorde bzw. Akkordtypen brachten keine Erkenntnisse. Eine gelegentliche Tendenz (Signifikanzniveau zwischen 5 % und 10 %) zu Haupteffekten durch die Variable ABWEICH war zu verzeichnen.

10.4 Verbindungen von je zwei Akkorden

In den jetzt folgenden Abbildungen 10.2 bis 10.6 sind die Beziehungen zwischen je zwei Akkorden dargestellt. Jeweils von einem Ausgangsakkord gerechnet, wurden mittels eines Auswertungsprogramms alle Akkordpaare gezählt und in relative Häufigkeiten umgewandelt. Zur übersichtlichen Darstellung wurden die Akkordfolgen so transponiert, daß der erste Akkord die Tonhöhe 1 (= Stufe I) bekam. Die *relativen Häufigkeiten* erlauben somit Vergleiche darüber, ob bei Folgen von je zwei Akkordtypen bestimmte Stufen bevorzugt wurden. Die absoluten Häufigkeiten erlauben Vergleiche zwischen den Kombinationen von Akkordtypen.

Aus den Tabellen ist zu sehen, daß sich die absoluten Häufigkeiten für die Verbindung von je zwei Akkordtypen nicht sehr unterscheiden. Ein Signifikanztest wurde hier nicht durchgeführt. Die relativen Häufigkeiten innerhalb jeder Akkordtyp-Kombination verdeutlichen jedoch klare Präferenzen der Vpn *für bestimmte Stufen*. Für jede Akkordkombination wird in den Abbildungen 10.2 bis 10.6 das Signifikanzniveau für die Zufälligkeit der Verteilung aller absoluter Häufigkeiten ausgegeben. Bei den Novizen sind 19 von 25 Kombinationen signifikant, bei den Experten 16. Ein meist ungünstigeres Signifikanzniveau haben Akkordverbindungen, die einen verminderten Septakkord beinhalten.

In den Legenden zu jeder der folgenden Abbildungen soll die mögliche Interpretation der bevorzugten Kombinationen als propositionales Schema von zwei Akkorden versucht werden. Die Interpretation bezieht sich jeweils auf die Ziffer hinter der relativen Häufigkeit für alle Vpn.

<small>Um die Interpretation übersichtlicher zu machen, wird in den Propositions-Bezeichnungen auf die Akkorde der Akkordtypen in einer Weise bezug genommen, als ob der erste Akkord ein Akkord auf C wäre: Das heißt, ein mit *G-Dur* bezeichneter Akkord war nicht tatsächlich der verwendete G-Dur-Dreiklang, sondern jeder Dur-Akkord, der fünf Stufen vom vorgehenden oder folgenden entfernt lag.</small>

Auf die gesonderte Interpretation der Kombination von zwei identischen Akkorden auf derselben Stufe wird verzichtet. Es handelt sich um die Identitätsrelation: Alle fünf möglichen Identitätsrelationen zeigen eine hohe relative Häufigkeit. Für die Erklärung der Relationstypen und der Funktionsbezeichnungen wird auf Kapitel 4 verwiesen. Die folgenden Symbole werden zusätzlich verwendet:

$F\text{-Dom}^7$ – Dominantseptakkord mit Grundton F
$f\text{-Moll}^7$ – kleiner Mollseptakkord mit Grundton F

Experiment 3

```
                                    Novizen      Experten     alle Vpn
DUR ─────────────── DUR ─────── I   .1383 ─────── .2719 ─────── .2140
                            ─── #I  .0395 ─────── .0483 ─────── .0445
                            ─── II  .0949 ─────── .0574 ─────── .0736
                            ─── #II .0356 ─────── .0483 ─────── .0428
                            ─── III .0474 ─────── .0665 ─────── .0582
                            ─── IV  .1383 ─────── .1692 ─────── .1558 ─ <1>
                            ─── #IV .0949 ─────── .0363 ─────── .0616
                            ─── V   .1225 ─────── .1027 ─────── .1113 ─ <2>
                            ─── #V  .0474 ─────── .0665 ─────── .0582
                            ─── VI  .1304 ─────── .0514 ─────── .0856
                            ─── #VI .0593 ─────── .0423 ─────── .0497
                            ─── VII .0514 ─────── .0393 ─────── .0445
   Nov: (H°: α ≤ .001; chi² =  98.41; N = 253)
       Exp: (H°: α ≤ .001; chi² = 491.74; N = 331)
           all: (H°: α ≤ .001; chi² = 873.72; N = 584)

                   ─── MOLL ─────── I   .0962 ─────── .0479 ─────── .0747
                            ─── #I  .0240 ─────── .0240 ─────── .0240
                            ─── II  .1683 ─────── .1377 ─────── .1547 ─ <3>
                            ─── #II .0913 ─────── .0299 ─────── .0640
                            ─── III .0913 ─────── .1138 ─────── .1013 ─ <4>
                            ─── IV  .1346 ─────── .2096 ─────── .1680 ─ <5>
                            ─── #IV .0481 ─────── .0359 ─────── .0427
                            ─── V   .0385 ─────── .1437 ─────── .0853
                            ─── #V  .0817 ─────── .0838 ─────── .0827
                            ─── VI  .1106 ─────── .1138 ─────── .1120 ─ <6>
                            ─── #VI .0385 ─────── .0299 ─────── .0347
                            ─── VII .0769 ─────── .0299 ─────── .0560
   Nov: (H°: α ≤ .001; chi² =  71.06; N = 208)
       Exp: (H°: α ≤ .001; chi² =  92.91; N = 167)
           all: (H°: α ≤ .001; chi² = 259.52; N = 375)

                   ─── MOLL + DUR ─── I   .0679 ─────── .0769 ─────── .0714
                            ─── #I  .1049 ─────── .1154 ─────── .1090 ─ <7>
                            ─── II  .1358 ─────── .1250 ─────── .1316 ─ <8>
                            ─── #II .0679 ─────── .0096 ─────── .0451
                            ─── III .0864 ─────── .0962 ─────── .0902
                            ─── IV  .0802 ─────── .1250 ─────── .0977
                            ─── #IV .0864 ─────── .0769 ─────── .0827
```

Kapitel 10

```
                          ┌──V   .0556   ┌── .1250   ┌── .0827
                          ├─#V   .0370   ├── .0481   ├── .0414
                          ├──VI  .1728   ├── .0673   ├── .1316 - <9>
                          ├─#VI  .0741   ├── .0865   ├── .0789
                          └──VII .0309   └── .0481   └── .0376
Nov: (H°: α ≤ .001; chi² = 38.25; N = 162)
     Exp: (H°: α > .05; chi² = 13.22; N = 104)
          all: (H°: α ≤ .001; chi² = 65.14; N = 266)

       ┌──DUR + VERM ──────┬──I    .1104 ──┬── .1304 ──┬── .1204 - <10>
       │                   ├─#I    .0368   ├── .0248   ├── .0309
       │                   ├──II   .0675   ├── .1056   ├── .0864
       │                   ├─#II   .0552   ├── .0497   ├── .0525
       │                   ├──III  .0798   ├── .0932   ├── .0864
       │                   ├──IV   .1166   ├── .1242   ├── .1204 - <11>
       │                   ├─#IV   .0307   ├── .0497   ├── .0401
       │                   ├──V    .1656   ├── .0932   ├── .1296 - <12>
       │                   ├─#V    .1227   ├── .1304   ├── .1265 - <13>
       │                   ├──VI   .0429   ├── .0994   ├── .0710
       │                   ├─#VI   .0982   ├── .0559   ├── .0772
       │                   └──VII  .0736   └── .0435   └── .0586
Nov: (H°: α ≤ .001; chi² = 40.08; N = 163)
     Exp: (H°: α ≤ .01; chi² = 32.58; N = 161)
          all: (H°: α ≤ .001; chi² = 115.00; N = 324)

       └──VERM SEPTAKK ────┬──I    .1111 ──┬── .1183 ──┬── .1146
                           ├─#I    .0404   ├── .1183   ├── .0781
                           ├──II   .1818   ├── .0323   ├── .1094
                           ├─#II   .1515   ├── .0645   ├── .1094
                           ├──III  .0707   ├── .0645   ├── .0677
                           ├──IV   .0505   ├── .1183   ├── .0833
                           ├─#IV   .0606   ├── .0968   ├── .0781
                           ├──V    .0505   ├── .1183   ├── .0833
                           ├─#V    .0707   ├── .0645   ├── .0677
                           ├──VI   .0505   ├── .0860   ├── .0677
                           ├─#VI   .1010   ├── .0645   ├── .0833
                           └──VII  .0606   └── .0538   └── .0573
Nov: (H°: α > .05; chi² = 17.85; N = 99)
     Exp: (H°: α > .05; chi² = 7.19; N = 93)
          all: (H°: α > .05; chi² = 11.67; N = 192)
```

Abb. 10.2: Ausgangsakkord Dur-Dreiklang.

Experiment 3

```
                                    Novizen      Experten     alle Vpn
       MOLL─────────────DUR─────────I  .1368──────── .0719───────.1082
                                  ─#I  .0519──────── .0599───────.0554
                                  ─II  .0660──────── .0898───────.0765
                                 ─#II  .0613──────── .0838───────.0712
                                 ─III  .0802──────── .0778───────.0792
                                  ─IV  .0708──────── .1198───────.0923
                                 ─#IV  .0472──────── .0479───────.0475
                                   ─V  .1368──────── .1437───────.1398  - <14
                                  ─#V  .0943──────── .1377───────.1135  - <1
                                  ─VI  .0991──────── .0599───────.0818
                                 ─#VI  .0943──────── .0719───────.0844
                                 ─VII  .0613──────── .0359───────.0501
Nov: (H°: α ≤ .001; chi² = 37.22; N = 212)
     Exp: (H°: α ≤ .01; chi² = 29.91; N = 167)
         all: (H°: α ≤ .001; chi² = 97.91; N = 379)

                       ─────MOLL─────────I  .2102──────── .3043───────.2637
                                       ─#I  .0318──────── .0290───────.0302
                                       ─II  .1401──────── .0773───────.1044  - <1
                                      ─#II  .0446──────── .0386───────.0412
                                      ─III  .1338──────── .0435───────.0824
                                       ─IV  .0573──────── .1256───────.0962
                                      ─#IV  .0828──────── .0338───────.0549
                                        ─V  .0955──────── .1353───────.1181  - <1
                                       ─#V  .0573──────── .0773───────.0687
                                       ─VI  .0573──────── .0338───────.0440
                                      ─#VI  .0764──────── .0725───────.0742
                                      ─VII  .0127──────── .0290───────.0220
Nov: (H°: α ≤ .001; chi² = 68.24; N = 157)
     Exp: (H°: α ≤ .001; chi² = 242.52; N = 207)
         all: (H°: α ≤ .001; chi² = 501.06; N = 364)

           ───────MOLL + DUR ─────────I  .1667──────── .1013───────.1435  - <1
                                    ─#I  .0833──────── .0380───────.0673
                                    ─II  .0625──────── .1013───────.0762
                                   ─#II  .0556──────── .0506───────.0538
                                   ─III  .0556──────── .0633───────.0583
                                    ─IV  .1250──────── .1519───────.1345  - <1
                                   ─#IV  .0486──────── .0380───────.0448
```

```
                                    ┌─V    .0694 ┌─── .1392 ┌─── .0942
                                    ├─#V   .1111 ├─── .0886 ├─── .1031
                                    ├─VI   .0694 ├─── .0506 ├─── .0628
                                    ├─#VI  .0694 ├─── .0886 ├─── .0762
                                    └─VII  .0833 └─── .0886 └─── .0852
Nov: (H°: α ≤ .05; chi² =   22.83; N = 144)
     Exp: (H°: α > .05; chi² =    7.91; N = 79)
          all: (H°: α ≤ .001; chi² =   43.58; N = 223)

          ┌─────DUR + VERM ─────┬─I    .0853 ┌─── .0859 ┌─── .0856
                                ├─#I   .0233 ├─── .0491 ├─── .0377
                                ├─II   .1085 ├─── .0982 ├─── .1027 - <20>
                                ├─#II  .1163 ├─── .0675 ├─── .0890
                                ├─III  .1085 ├─── .0736 ├─── .0890
                                ├─IV   .0853 ├─── .1718 ├─── .1336 - <21>
                                ├─#IV  .0543 ├─── .0245 ├─── .0377
                                ├─V    .0775 ├─── .0920 ├─── .0856
                                ├─#V   .1318 ├─── .0982 ├─── .1130 - <22>
                                ├─VI   .0233 ├─── .0736 ├─── .0514
                                ├─#VI  .0930 ├─── .1104 ├─── .1027 - <23>
                                └─VII  .0930 └─── .0552 └─── .0719
Nov: (H°: α > .05; chi² =   18.02; N = 129)
     Exp: (H°: α ≤ .001; chi² =   33.08; N = 163)
          all: (H°: α ≤ .001; chi² =   67.89; N = 292)

          └─────VERM SEPTAKK ───┬─I    .0714 ┌─── .0725 ┌─── .0718
                                ├─#I   .0929 ├─── .1159 ├─── .1005
                                ├─II   .1000 ├─── .0580 ├─── .0861
                                ├─#II  .0714 ├─── .0870 ├─── .0766
                                ├─III  .0643 ├─── .1594 ├─── .0957
                                ├─IV   .0357 ├─── .0290 ├─── .0335
                                ├─#IV  .1143 ├─── .1159 ├─── .1148
                                ├─V    .0929 ├─── .0580 ├─── .0813
                                ├─#V   .0143 ├─── .0435 ├─── .0239
                                ├─VI   .1714 ├─── .1304 ├─── .1579
                                ├─#VI  .0571 ├─── .0435 ├─── .0526
                                └─VII  .1143 └─── .0870 └─── .1053
Nov: (H°: α ≤ .01; chi² =   30.22; N = 140)
     Exp: (H°: α > .05; chi² =    7.02; N = 69)
          all: (H°: α ≤ .001; chi² =   53.24; N = 209)
```

Abb. 10.3: Ausgangsakkord Moll-Dreiklang.

Experiment 3

```
                                    Novizen      Experten     alle Vpn
MOLL + DUR ───────────── DUR ─────I  .0909─────── .0467─────── .0742
                              ├──#I  .0739─────── .0280─────── .0565
                              ├──II  .0625─────── .1308─────── .0883
                              ├─#II  .1080─────── .0748─────── .0954
                              ├─III  .0398─────── .0467─────── .0424
                              ├──IV  .0739─────── .2056─────── .1237 ─ <24>
                              ├─#IV  .0682─────── .0561─────── .0636
                              ├───V  .0739─────── .0841─────── .0777
                              ├──#V  .1307─────── .0935─────── .1166 ─ <25>
                              ├──VI  .0966─────── .0841─────── .0919
                              ├─#VI  .0795─────── .0748─────── .0777
                              └─VII  .1023─────── .0748─────── .0919
    Nov: (H°: α > .05; chi² =  16.22; N = 176)
        Exp: (H°: α ≤ .05; chi² =  22.91; N = 107)
            all: (H°: α ≤ .001; chi² =  39.91; N = 283)

                        ─────MOLL ─────I  .0909─────── .0851─────── .0888
                              ├──#I  .0242─────── .0106─────── .0193
                              ├──II  .0848─────── .1383─────── .1042
                              ├─#II  .1758─────── .0532─────── .1313 ─ <26>
                              ├─III  .0788─────── .0638─────── .0734
                              ├──IV  .0970─────── .2021─────── .1351
                              ├─#IV  .0364─────── .0426─────── .0386
                              ├───V  .1515─────── .1383─────── .1467 ─ <27>
                              ├──#V  .0788─────── .1170─────── .0927
                              ├──VI  .0545─────── .0745─────── .0618
                              ├─#VI  .0970─────── .0213─────── .0695
                              └─VII  .0303─────── .0532─────── .0386
    Nov: (H°: α ≤ .001; chi² =  52.19; N = 165)
        Exp: (H°: α ≤ .05; chi² =  25.31; N = 94)
            all: (H°: α ≤ .001; chi² = 102.91; N = 259)

                   ─────MOLL + DUR ─────I  .3025─────── .3014─────── .3019
                              ├──#I  .0679─────── .0342─────── .0519
                              ├──II  .0494─────── .0822─────── .0649
                              ├─#II  .0741─────── .0548─────── .0649
                              ├─III  .0679─────── .0411─────── .0552
                              ├──IV  .0741─────── .1027─────── .0877 ─ <28>
                              └─#IV  .0247─────── .0685─────── .0455
```

Kapitel 10

```
                              ├──V    .0741  ├── .0959   ├── .0844 - <29>
                              ├──#V   .0432  ├── .0342   ├── .0390
                              ├──VI   .0432  ├── .0753   ├── .0584
                              ├──#VI  .0617  ├── .0685   ├── .0649
                              └──VII  .1173  └── .0411   └── .0812
Nov: (H°: α ≤ .001; chi² = 127.25; N = 162)
     Exp: (H°: α ≤ .001; chi² = 102.64; N = 146)
          all: (H°: α ≤ .001; chi² = 431.89; N = 308)

         ──DUR + VERM ──────┬──I    .0947 ┬── .0455   ┬── .0753
                            ├──#I   .0533 ├── .1000   ├── .0717
                            ├──II   .0533 ├── .0545   ├── .0538
                            ├──#II  .0769 ├── .1364   ├── .1004 - <30>
                            ├──III  .0237 ├── .0636   ├── .0394
                            ├──IV   .0710 ├── .1364   ├── .0968 - <31>
                            ├──#IV  .1716 ├── .0545   ├── .1254
                            ├──V    .1716 ├── .0636   ├── .1290
                            ├──#V   .1065 ├── .1182   ├── .1111 - <32>
                            ├──VI   .0414 ├── .0545   ├── .0466
                            ├──#VI  .0828 ├── .1000   ├── .0896 - <33>
                            └──VII  .0533 └── .0727   └── .0609
Nov: (H°: α ≤ .001; chi² =  58.24; N = 169)
     Exp: (H°: α > .05;  chi² =  12.31; N = 110)
          all: (H°: α ≤ .001; chi² =  64.85; N = 279)

         ──VERM SEPTAKK ────┬──I    .1217 ┬── .0685   ┬── .1011
                            ├──#I   .1826 ├── .0685   ├── .1383
                            ├──II   .0261 ├── .0822   ├── .0479
                            ├──#II  .0783 ├── .0274   ├── .0585
                            ├──III  .1043 ├── .1233   ├── .1117
                            ├──IV   .0435 ├── .0822   ├── .0585
                            ├──#IV  .0696 ├── .0411   ├── .0585
                            ├──V    .0957 ├── .0685   ├── .0851
                            ├──#V   .1391 ├── .0274   ├── .0957
                            ├──VI   .0435 ├── .0822   ├── .0585
                            ├──#VI  .0435 ├── .0685   ├── .0532
                            └──VII  .0522 └── .2603   └── .1330
Nov: (H°: α ≤ .01;  chi² =  26.74; N = 115)
     Exp: (H°: α > .05;  chi² =  18.58; N =  73)
          all: (H°: α ≤ .001; chi² =  33.56; N = 188)
```

Abb. 10.4: Ausgangsakkord kleiner Moll-Septakkord.

Experiment 3

Legende zu Abb. 10.2: Ausgangsakkord Dur-Dreiklang.

(1) $\dot{S}$ (S, T);   S = F-Dur,   T = C-Dur
    oder $\dot{D}$ (D, T);   D = C-Dur,   T = F-Dur
(2) $\dot{D}$ (D, T);   D = G-Dur,   T = C-Dur
    oder $\dot{S}$ (S, T);   S = C-Dur,   T = G-Dur
(3) $\dot{S}$ (S_p, T); S_p = d-Moll,   T = C-Dur
(4) $\dot{D}$ (D_p, T); D_p = e-Moll,   T = C-Dur
(5) $\dot{S}$ (s, T);   s = f-Moll,   T = C-Dur
(6) $\dot{T}$ (T_p, T); T_p = a-Moll,   T = C-Dur
(7) $\dot{S}$ (S_p^7, T_G); S_p^7 = des-Moll^7, T_G = C-Dur
(8) $\dot{S}$ (S_p^7, T); S_p^7 = d-Moll^7,   T = C-Dur
(9) $\dot{T}$ (T_p^7, T); T_p^7 = a-Moll^7,   T = C-Dur
(10) $\dot{V}$ (D^7, D); D^7 = C-Dom^7,   D = C-Dur
(11) $\dot{D}$ ($\dot{D}$ (D, T^1), T^2);
                                            D = C-Dur, T^1 = F-Dur,
    (Doppeldominante)   (T^2 = B-Dur)
(12) $\dot{D}$ (D^7, T); D^7 = G-Dom^7,   T = C-Dur
(13) $\dot{D}$ ($\dot{D}$ ($\mathcal{D}$, T^1), T^2);
                                            $\mathcal{D}$ = As-Dom^7, T^1 = G-Dur,
    (Doppeldominante, alteriert)   (T^2 = C-Dur)

Legende zu Abb. 10.3: Ausgangsakkord Moll-Dreiklang.

(14) $\dot{D}$ (D, t);   D = G-Dur,   t = c-Moll
(15) $\dot{T}$ (t_G, t); t_G = As-Dur,   t = c-Moll
(16) $\dot{S}$ (S_p, T) + $\dot{D}$ (D_p, T) in B-Dur;
                                            S_p = c-Moll, D_p = d-Moll
(17) $\dot{S}$ (s, t);   s = c-Moll,   t = g-moll
(18) $\dot{V}$ (S_p^7, S_p) in B-Dur;
                                            S_p^7 = c-Moll^7, S_p = c-Moll
(19) $\dot{S}$ (s^7, t); s^7 = f-Moll^7,   t = c-Moll
(20) $\dot{S}$ (s, t) + $\dot{D}$ (D^7, t) in g-Moll;
                                            s = c-Moll, D^7 = D-Dom^7
(21) $\dot{S}$ (S_p, T) + $\dot{D}$ (D^7, T) in B-Dur;
                                            S_p = c-Moll, D^7 = F-Dom^7
(22) nur als Modulation erklärbar;
(23) $\dot{D}$ (D^7, T_p) in Es-Dur;
                                            D^7 = B-Dom^7, T_p = c-Moll

Legende zu Abb. 10.4: Ausgangsakkord kleiner Moll-Septakkord.

(24) $\dot{S}$ (S_p^7, T) + $\dot{D}$ (D, T) in B-Dur;

	D_p^7 = c-Moll^7,	D = F-Dur
(25) $\dot{D}$ (D_p^7, T);	D_p^7 = c-Moll^7,	T = As-Dur
(26) $\dot{D}$ (D_p^7, T_p);	D_p^7 = c-Moll^7,	T_p = f-Moll
(27) $\dot{S}$ (s^7, t);	s^7 = c-Moll^7,	t = g-Moll
(28) $\dot{D}$ (D_p^7, T_p^7);	D_p^7 = c-Moll^7,	T_p^7 = f-Moll^7

(29) $\dot{S}$ (S_p^7, T_p^7) in B-Dur;

	S_p^7 = c-Moll^7,	T_p^7 = g-Moll^7
(30) $\dot{V}$ (D_p^7, D^7);	D_p^7 = c-Moll^7,	D^7 = Es-Dom^7

(31) $\dot{S}$ (S_p^7, T) + $\dot{D}$ (D^7, T) in B-Dur;

	S_p^7 = c-Moll^7,	D^7 = F-Dom^7
(32) nur als Modulation erklärbar;		
(33) $\dot{D}$ (D^7, T_p^7);	T_p^7 = c-Moll^7,	D^7 = B-Dom^7

Legende zu Abb. 10.5: Ausgangsakkord Dominantseptakkord.

(34) $\dot{D}$ (D^7, T);	D^7 = C-Dom^7,	T = F-Dur
(35) $\dot{D}$ (D^7, T_p);	D^7 = C-Dom^7,	T_p = d-Moll
(36) nur als Modulation oder als Vorhalt erklärbar;		
(37) $\dot{D}$ (D^7, t);	D^7 = C-Dom^7,	t = f-Moll
(38) nicht erklärbar;		
(39) $\dot{D}$ (D^7, t^7);	D^7 = C-Dom^7,	t^7 = f-Moll^7
(40) $\dot{V}$ (D^7, D_p^7);	D^7 = C-Dom^7,	D_p^7 = a-Moll^7
(41) nur als Modulation erklärbar;		
(42) $\dot{D}$ ($\dot{D}$ (D^7, T^1), T^2);		
(Doppeldominante)	D^7 = C-Dom^7,	T^1 = F-Dom^7,
		(T^2 = B-Dur)

(43) nur als Modulation erklärbar

Experiment 3

```
                                          Novizen       Experten      alle Vpn
DUR + VERM ─────────────── DUR ────────I  .0955 ─────── .0655 ─────── .0794
                                ├──── #I  .0653 ─────── .0655 ─────── .0654
                                ├─── II   .0905 ─────── .0742 ─────── .0818
                                ├── #II   .0754 ─────── .0175 ─────── .0444
                                ├── III   .0503 ─────── .1354 ─────── .0958
                                ├─── IV   .1859 ─────── .3231 ─────── .2593  - <34
                                ├── #IV   .0452 ─────── .0349 ─────── .0397
                                ├──── V   .1005 ─────── .0568 ─────── .0771
                                ├─── #V   .0804 ─────── .0524 ─────── .0654
                                ├─── VI   .0603 ─────── .0611 ─────── .0607
                                ├── #VI   .0955 ─────── .0437 ─────── .0678
                                └── VII   .0553 ─────── .0699 ─────── .0631
```

Nov: (H°: α ≤ .001; chi² = 50.91; N = 199)
Exp: (H°: α ≤ .001; chi² = 312.58; N = 229)
all: (H°: α ≤ .001; chi² = 555.89; N = 428)

```
                          MOLL ────────I   .1069 ─────── .0565 ─────── .0824
                                ├──── #I  .0534 ─────── .0726 ─────── .0627
                                ├─── II   .1374 ─────── .1048 ─────── .1216  - <35
                                ├── #II   .0229 ─────── .0645 ─────── .0431
                                ├── III   .1145 ─────── .1210 ─────── .1176  - <36
                                ├─── IV   .1069 ─────── .2258 ─────── .1647  - <37
                                ├── #IV   .0992 ─────── .0645 ─────── .0824
                                ├──── V   .0687 ─────── .0484 ─────── .0588
                                ├─── #V   .0687 ─────── .0645 ─────── .0667
                                ├─── VI   .0534 ─────── .0726 ─────── .0627
                                ├── #VI   .1298 ─────── .0806 ─────── .1059  - <38
                                └── VII   .0382 ─────── .0242 ─────── .0314
```

Nov: (H°: α ≤ .05; chi² = 21.91; N = 131)
Exp: (H°: α ≤ .001; chi² = 37.06; N = 124)
all: (H°: α ≤ .001; chi² = 85.69; N = 255)

```
                   MOLL + DUR ────────I   .1166 ─────── .0762 ─────── .1007
                                ├──── #I  .0859 ─────── .0571 ─────── .0746
                                ├─── II   .0552 ─────── .1429 ─────── .0896
                                ├── #II   .0613 ─────── .0571 ─────── .0597
                                ├── III   .0982 ─────── .0476 ─────── .0784
                                ├─── IV   .1411 ─────── .1905 ─────── .1604  - <39
                                └── #IV   .1104 ─────── .0286 ─────── .0784
```

Kapitel 10

```
                            ├──V   .0736       ├──── .0952      ├──── .0821
                            ├──#V  .0307       ├──── .0667      ├──── .0448
                            ├──VI  .0859       ├──── .1238      ├──── .1007  - <40>
                            ├──#VI .0982       ├──── .0476      ├──── .0784
                            └──VII .0429       └──── .0667      └──── .0522
Nov: (H°: α ≤ .05; chi² =   25.24; N = 163)
     Exp: (H°: α ≤ .05; chi² =   22.35; N = 105)
          all: (H°: α ≤ .001; chi² =   58.39; N = 268)

         ──────DUR + VERM ──────┬──I    .1017──────┬──── .2235──────┬──── .1736
                                ├──#I   .0254      ├──── .0529      ├──── .0417
                                ├──II   .1102      ├──── .0882      ├──── .0972  - <41>
                                ├──#II  .0932      ├──── .0588      ├──── .0729
                                ├──III  .0339      ├──── .0824      ├──── .0625
                                ├──IV   .0932      ├──── .1235      ├──── .1111  - <42>
                                ├──#IV  .1102      ├──── .0471      ├──── .0729
                                ├──V    .0678      ├──── .0412      ├──── .0521
                                ├──#V   .0508      ├──── .0588      ├──── .0556
                                ├──VI   .1695      ├──── .1118      ├──── .1354  - <43>
                                ├──#VI  .0763      ├──── .0412      ├──── .0556
                                └──VII  .0678      └──── .0706      └──── .0694
Nov: (H°: α > .05; chi² =   19.47; N = 118)
     Exp: (H°: α ≤ .001; chi² =   70.47; N = 170)
          all: (H°: α ≤ .001; chi² = 117.00; N = 288)

         ──────VERM SEPTAKK ────┬──I    .0645──────┬──── .1549──────┬──── .0974
                                ├──#I   .1371      ├──── .0986      ├──── .1231
                                ├──II   .0484      ├──── .0423      ├──── .0462
                                ├──#II  .0565      ├──── .0704      ├──── .0615
                                ├──III  .1129      ├──── .1831      ├──── .1385
                                ├──IV   .0887      ├──── .0282      ├──── .0667
                                ├──#IV  .0565      ├──── .0845      ├──── .0667
                                ├──V    .1290      ├──── .0845      ├──── .1128
                                ├──#V   .0887      ├──── .0704      ├──── .0821
                                ├──VI   .0645      ├──── .0423      ├──── .0564
                                ├──#VI  .0806      ├──── .0563      ├──── .0718
                                └──VII  .0726      └──── .0845      └──── .0769
Nov: (H°: α > .05; chi² =   12.06; N = 124)
     Exp: (H°: α > .05; chi² =    9.58; N = 71)
          all: (H°: α ≤ .01; chi² =   28.52; N = 195)
```

Abb. 10.5: Ausgangsakkord Dominantseptakkord.

Experiment 3

```
                                       Novizen      Experten     alle Vpn
VERM SEPTAK─────────────DUR─────────I   .1074──────── .0619──────── .0878
                          │       ─#I   .1342──────── .1062──────── .1221
                          │       ─II   .0470──────── .0531──────── .0496
                          │       ─#II  .0537──────── .0796──────── .0649
                          │       ─III  .1275──────── .1947──────── .1565
                          │       ─IV   .0671──────── .0708──────── .0687
                          │       ─#IV  .0537──────── .0442──────── .0496
                          │       ─V    .0537──────── .0619──────── .0573
                          │       ─#V   .0872──────── .0531──────── .0725
                          │       ─VI   .1074──────── .0796──────── .0954
                          │       ─#VI  .1208──────── .1593──────── .1374
                          │       ─VII  .0403──────── .0354──────── .0382
        Nov: (H°: α ≤ .05; chi² =  24.41; N = 149)
             Exp: (H°: α ≤ .01; chi² =  27.08; N = 113)
                  all: (H°: α ≤ .001; chi² =  89.31; N = 262)

                          ────────MOLL────────I   .0523──────── .0125──────── .0386
                          │       ─#I   .1503──────── .1875──────── .1631
                          │       ─II   .0131──────── .0250──────── .0172
                          │       ─#II  .2026──────── .0750──────── .1588
                          │       ─III  .0588──────── .1125──────── .0773
                          │       ─IV   .0784──────── .0375──────── .0644
                          │       ─#IV  .0980──────── .0750──────── .0901
                          │       ─V    .0784──────── .1000──────── .0858
                          │       ─#V   .0850──────── .0750──────── .0815
                          │       ─VI   .0458──────── .0375──────── .0429
                          │       ─#VI  .0196──────── .2125──────── .0858
                          │       ─VII  .1176──────── .0500──────── .0944
        Nov: (H°: α ≤ .001; chi² =  62.69; N = 153)
             Exp: (H°: α ≤ .05; chi² =  22.72; N = 80)
                  all: (H°: α ≤ .001; chi² =  93.41; N = 233)

                          ────────MOLL + DUR ─────I   .0977──────── .0448──────── .0800
                                          ─#I   .0902──────── .3433──────── .1750
                                          ─II   .0977──────── .0597──────── .0850
                                          ─#II  .1053──────── .0448──────── .0850
                                          ─III  .0602──────── .0746──────── .0650
                                          ─IV   .0451──────── .0299──────── .0400
                                          ─#IV  .0827──────── .0597──────── .0750
```

Kapitel 10

```
                          ┌──V   .0752    ┌── .0597    ┌── .0700
                          ├──#V  .1128    ├── .0597    ├── .0950
                          ├──VI  .0902    ├── .0000    ├── .0600
                          ├──#VI .0602    ├── .0896    ├── .0700
                          └──VII .0827    └── .1343    └── .1000
Nov: (H°: α > .05; chi² =   6.58; N = 133)
     Exp: (H°: α ≤ .01; chi² =  31.91; N =  67)
         all: (H°: α ≤ .001; chi² =  40.06; N = 200)

         ┌──DUR + VERM ───┬──I   .0470    ┌── .0833    ┌── .0612
                          ├──#I  .0805    ├── .1458    ├── .1061
                          ├──II  .0671    ├── .0833    ├── .0735
                          ├──#II .0268    ├── .0833    ├── .0490
                          ├──III .0738    ├── .1042    ├── .0857
                          ├──IV  .1074    ├── .0938    ├── .1020
                          ├──#IV .0805    ├── .0625    ├── .0735
                          ├──V   .1477    ├── .0729    ├── .1184
                          ├──#V  .1611    ├── .0625    ├── .1224
                          ├──VI  .0738    ├── .0729    ├── .0735
                          ├──#VI .0336    ├── .0938    ├── .0571
                          └──VII .1007    └── .0417    └── .0776
Nov: (H°: α ≤ .001; chi² =  34.24; N = 149)
     Exp: (H°: α > .05; chi² =   5.67; N =  96)
         all: (H°: α ≤ .01; chi² =  31.58; N = 245)

         ┌──VERM SEPTAKK ─┬──I   .2995    ┌── .2308    ┌── .2817
                          ├──#I  .0321    ├── .1077    ├── .0516
                          ├──II  .0588    ├── .0923    ├── .0675
                          ├──#II .0749    ├── .0923    ├── .0794
                          ├──III .0695    ├── .0769    ├── .0714
                          ├──IV  .0374    ├── .0000    ├── .0278
                          ├──#IV .1390    ├── .0923    ├── .1270
                          ├──V   .0535    ├── .0308    ├── .0476
                          ├──#V  .1016    ├── .0923    ├── .0992
                          ├──VI  .0481    ├── .0615    ├── .0516
                          ├──#VI .0695    ├── .0769    ├── .0714
                          └──VII .0160    └── .0462    └── .0238
Nov: (H°: α ≤ .001; chi² = 182.41; N = 187)
     Exp: (H°: α > .05; chi² =  12.08; N =  65)
         all: (H°: α ≤ .001; chi² = 275.17; N = 252)
```

Abb. 10.6: Ausgangsakkord verminderter Septakkord. Keine Interpretation der Akkordkombinationen, siehe dazu Text und Teil- Interpretation am Schluß des Kapitels.

Experiment 3

Auf die Interpretation der Kombinationen mit dem verminderten Septakkord wurde verzichtet: Diese Akkorde ließen sich schlechter erklären, als anzunehmen war (siehe dazu die Teil-Interpretation zu Experiment 3).

10.5 Verbindungen von drei Akkorden

Aus den 7143 akzeptierten Akkorden konnten über ein weiteres Auswertungsprogramm 4585 Gruppen von je drei Akkorden (im folgenden *Akkord-Tripel* genannt) herausgezogen werden. Für diesen Auswahlvorgang wurden die nicht auswertbaren Verbindungen mit verminderten Septakkorden an der ersten und zweiten Stelle bereits aussortiert. Die verminderten Septakkorde an dritter Stelle wurden vorläufig in der Auswertung belassen. 338 weitere Akkord-Tripel wurden aussortiert, in denen entweder an erster und zweiter oder an zweiter und dritter Stelle zwei identische Akkorde standen. Diese Konstellation hätte die Akkord-Tripel auf reine Akkordpaare reduziert, die bereits im letzten Abschnitt analysiert wurden. Von den restlichen 4247 Akkord-Tripel kamen 2304 Akkord-Tripel aus Akkordreihen von Novizen und 1943 aus Akkordreihen von Experten.

Tab. 10.3: Anzahl der Akkord-Tripel, die einen Beitrag zur Erklärung der Kombinationen leisten, der größer als das angegebene Prozentniveau ist.

Prozent-niveau	Anzahl der Novizen	Akkord-Tripel Experten	insgesamt	erklärte Kombinationen
0.00	2304	1943	4247	3265
0.01	404	1943	2347	1655
0.056	79	513	592	225
0.12	28	147	175	42
0.17	5	54	59	11
0.23	2	26	28	4

Die Akkord-Tripel verteilten sich auf 3265 unterschiedliche Akkord-Kombinationen, 1940 für die Novizen und 1655 für die Experten. Es wurde also eine große Vielfalt von Akkord-Kombinationen hergestellt, die allerdings an der Zahl der grundsätzlich möglichen Kombinationen (4 x 4 x 12 x 5 x 12 = 11520) gemessen gering erscheinen muß. Der Anteil jeder Akkord-Kombination an der Aufklärung aller aufgetretenen Akkord-Tripel ist gering. Tab. 10.3 zeigt, daß selbst die am häufigsten auftretenden Akkord-Kombinationen nur einen Prozentanteil von 0.23 % haben. Viele Kombinationen wurden nur ein einziges Mal hergestellt. Wenn man durch ein Auswertungsprogramm alle Akkordfolgen aussortieren läßt, die einen geringeren Prozentanteil als 0.01 % an allen komponierten Folgen haben, so fallen bereits 1900 Akkordfolgen weg. Diese Erscheinung geht in erster Linie auf das Verhalten der Novizen zurück (Tab. 10.3).

Tab. 10.4 zeigt, wieviele Akkord-Kombinationen erklärt werden können, wenn jeweils alle Akkord-Kombinationen mit einer bestimmten Auftretenshäufigkeit herangezogen werden. Mit 512 unterschiedlichen Kombinationen können also 1272 Akkord-Tripel erklärt werden, mit 92 Kombinationen insgesamt 341 Akkord-Tripel und mit 20 sogar noch 102 (vgl. auch Tab. 10.7, übernächste Seite). In diesen Zahlen sind jeweils die schlecht interpretierbaren verminderten Septakkorde noch enthalten.

Einen deutlich höheren Anteil der Akkord-Tripel kann man erklären, wenn man verschiedene Akkord-Kombinationen zusammenfaßt. 564 Akkord-Tripel lassen sich mit sechs verschiedenen Akkord-Kombinationen erklären, wenn man übergeordnete Funktionszusammenhänge, also Propositionen betrachtet. In Tabelle 10.5 sind die sechs Akkord-Kombinationen verzeichnet. Mit V, IV und I sind jeweils alle Vertreter-Relationen erfaßt.

Tab. 10.4: Anzahl der erklärbaren Kombinationen, wenn lediglich Reihen mit einer bestimmten Häufigkeit der Verwendung (Akkord- Tripel je Zelle) betrachtet werden.

Akkord-Tripel je Zelle größer oder gleich	Gesamtzahl der unterschiedlichen Kombinationen	Gesamtzahl der erklärten Akkord-Tripel
0	11520	4247
1	3265	4247
2	512	1272
3	92	341
4	20	102
5	6	41
6	3	21
7	1	9

Experiment 3

Tab. 10.5: Zusammenfassung von Kombinationen durch Einbeziehung der Vertreterakkorde für die Funktionen. Mit sechs Makro- Kombinationen lassen sich 564 Akkord-Tripel (13.28 % aller Akkord-Tripel) erklären. Rechnet man die nicht auswertbaren Kombinationen ab, die mindestens einen verminderten Septakkord enthalten, so lassen sich sogar 15.33 % der Akkord-Tripel erklären (s. Text).

Funktion		H =	%-Wert		H =	%-Wert		kum. H
V – V – I	Novizen:	84	4.30 %	–	Experten: 116	6.74 %	200	5.43 %
I – V – I	Novizen:	84	4.30 %	–	Experten: 33	1.92 %	317	8.62 %
I – I – V	Novizen:	43	2.20 %	–	Experten: 49	2.84 %	409	11.12 %
IV – V – I	Novizen:	28	1.43 %	–	Experten: 43	2.49 %	480	13.05 %
I – IV – V	Novizen:	28	1.43 %	–	Experten: 15	0.87 %	523	14.22 %
II – V – I	Novizen:	21	1.07 %	–	Experten: 20	1.16 %	564	15.33 %

Tab. 10.6: Graphen der Kombinationen, die von mindestens einer der beiden Experimentalgruppen mehr als dreimal komponiert wurden. Mit 20 unterschiedlichen Kombinationen lassen sich insgesamt 102 Akkord-Tripel erklären.

1. Akkord	2. Akkord	Stufe	3. Akkord	Stufe	Nov	Exp	alle
Dur	Dur	IV	Dom.Sept.	V	2	5	7
Dur	Dur	V	Dur	I	0	6	6
Dur	Dur	VI	Moll	#IV	4	0	4
Dur	kl.Mollsept.	VI	Dur	I	4	1	5
Dur	Dom.Sept.	II	Dur	V	5	3	8
Dur	Dom.Sept.	V	Dur	I	1	4	5
Moll	Dur	#V	Moll	I	0	4	4
Moll	Dur	#VI	verm.Sept.	II	4	0	4
Moll	Moll	I	Moll	#I	5	0	5
Moll	Moll	II	Moll	I	2	4	6
Moll	Moll	III	Dom.Sept.	V	4	0	4
Moll	Dom.Sept.	IV	Dur	#VI	0	9	9
Moll	Dom.Sept.	V	Moll	I	0	6	6
Moll	Dom.Sept.	#VI	Moll	I	0	4	4
kl.Mollsept.	Dur	#II	kl.Mollsept.	I	4	0	4
kl.Mollsept.	kl.Mollsept.	#IV	Moll	II	0	4	4
kl.Mollsept.	Dom.Sept.	#II	Dur	#V	0	4	4
Dom.Sept.	Moll	II	Dom.Sept.	I	0	4	4
Dom.Sept.	kl.Mollsept.	VI	Dur	V	4	0	4
Dom.Sept.	kl.Mollsept.	VI	verm.Sept.	#II	4	1	5

Als Vertreter der Hauptfunktionen wurden folgende Akkorde einbezogen:

$$V = \{ D, d, D^7, D_p, D_p^7 \}$$
$$IV = \{ S, s, s^7, S_p, S_p^7 \}$$
$$I = \{ T, t, T_p, T_p, T_p^7, T_G \}$$

Tabelle 10.5 beschreibt somit Makro-Kombinationen von Akkorden, die mit *Makro-Propositionen* vergleichbar sind. Es handelt sich dabei lediglich um drei Typen von Propositionen: Der eine Typ definiert die Beziehung Tonika, Subdominante und Dominante und legt die Tonalität eindeutig fest (Funktionen 4., 5. und 6. in Tabelle 10.5). Der zweite Typ definiert lediglich Tonika und Dominante (Funktionen 2. und 3. in Tabelle 10.5). Der dritte Typ definiert die weitergehende Beziehung zwischen der Doppeldominante und der Tonika (1. Funktion in Tabelle 10.5). In Abbildung 10.7 sind diese Makro-Kombinationen graphisch in der Darstellungsweise aus Kapitel 4 veranschaulicht.

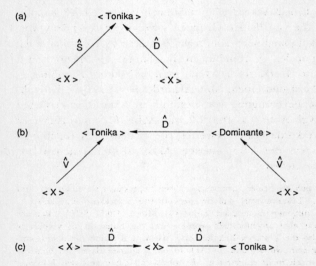

Abb. 10.7: Graphische Darstellung der beiden Propositionstypen, die sich in den sechs Makro-Kombinationen aus Tab. 10.5 zeigen. (a) legt die Tonalität fest, (b) nicht vollständig, (c) verläßt die Tonart (X als Zeichen für einen der Vertreter-Akkorde der Funktionsbeziehung, siehe Text).

Experiment 3

Bei der Bildung der Makro-Propositionen wurde auf die Verwendung des verminderten Septakkords wieder verzichtet, obwohl sich sicherlich eine Verbesserung des Ergebnisses daraus ergeben hätte. Der verminderte Septakkord kann in vielfältiger Weise als verkürzter Dominantseptnon-Akkord oder als alterierter Akkord interpretiert werden. Da im Nachhinein nicht mehr festzustellen ist, wie der Akkord verwendet werden sollte, hätte die Interpretationsvielfalt Fehldeutungen bewirken können.

10.6 Teil-Interpretation

Aus den 7143 Akkorden, die Novizen und Experten im Experiment 3 zu Akkordreihen zusammenfügten, lassen sich verschiedene sinnvolle Aussagen in bezug auf die Repräsentation von Harmonielehre ableiten. Die Kombinationen von je zwei Akkorden spiegeln die tonale Organisation, wie sie in der objektiven Struktur gegeben ist, ebenso deutlich wider wie in Experiment 2.

Das Verhalten der beiden Experimentalgruppen ist dabei sehr ähnlich. Aus insgesamt 300 möglichen Akkord-Kombinationen lassen sich 43 Kombinationen herausziehen, die von beiden Gruppen bevorzugt verwendete wurden. Diese 43 Akkordkombinationen sind sich bis auf sechs Kombinationen aus einfachen propositionalen Verbindungen im Sinne der theoretischen Überlegungen von Kapitel 4 erklärbar. Wenn man die Akkord-Kombinationen mit einem Dur-Akkord und einem Moll-Akkord an erster Stelle betrachtet, findet man dieselbe Bevorzugung von bestimmten Akkordfortsetzungen wie in Experiment 2 (vgl. Abb. 9.1 und 9.2 mit Abb. 10.2 und 10.3): In Experiment 2 werden Akkorde besser bewertet, die in denselben Relationen zur Ankerreiz-Kadenz wie die komponierten Akkord-Kombinationen aus Experiment 3 zueinander stehen.

Grundsätzlich erwies es sich als Fehler, den verminderten Septakkord als einen der fünf Akkordtypen zu verwenden. Bekannt war, daß der verminderte Septakkord eine außerordentlich große Zahl von Funktionen einnehmen kann (vgl. Motte, 1985, S.10). Bei der Planung des Experiments war aber angenommen worden, daß die Funktion als verkürzter Dominantseptnon-Akkord (also die Vertreter-Relation bzw. partitive Relation für den Dominantseptakkord) so eindeutig sein würde, daß die Akkordkombinationen daraufhin beurteilt werden könnten. Dies ist jedoch nicht eingetreten. Es gibt somit einen gewissen Informationsverlust: Die individuell variierende Deutung der verminderten Septakkorde ließ eine große Zahl von AkkordKombinationen entstehen, die nicht eindeutig der einen oder anderen Proposition zuzuordnen waren. Dieser Fehler kam bei der Interpretation der Dreier-Kombinationen (Akkord-Tripel) zum Tragen.

Die Novizen zeigten ein viel unterschiedlicheres Kompositionsverhalten als die Experten. Sehr viele Akkord-Kombinationen, die von den Novizen produziert wurden, traten jeweils nur ein einziges Mal auf. Aus den Experimenten 1 und 2 ließ sich jedoch die Erfahrung ableiten, daß Novizen möglicherweise zwar die Akkorde in ihrem Aufbau nicht genau identifizieren können, daß sie aber die Relation der Akkorde zu anderen trotzdem sehr wohl beurteilen können. Aus dem Grunde wurden Makro-Propositionen gebildet, in denen die Häufigkeiten der jeweiligen Vertreter-Akkorde zu den Hauptfunktionen hinzugezählt wurden. Es stellte sich heraus, daß mit sechs Makro-Kombinationen (0.18 % aller möglichen Akkord-Kombinationen) bereits 15.33 % aller hergestellten Akkordtripel zu erklären waren. Zudem ließen sich die sechs Makro-Kombination auf drei Propositionen zurückführen. Das kann zwar nicht als Beweis, jedoch als deutlicher Hinweis darauf gesehen werden, daß harmonische Zusammenhänge nach Art der in Kapitel 4 definierten Propositionen zielgerichtet verwendet wurden.

Zum Schluß soll noch auf Unterschiede zwischen Novizen und Experten in der Arbeitsweise im Experiment 3 eingegangen werden. Experten gingen gezielter vor: Die Verwendung der Lösch-Taste zeigte, daß sie die Anweisung aus der Einlernphase aufnahmen und eine Akkordreihe sequentiell jeweils um einen Akkord erweiterten. Novizen machten wesentlich öfter Gebrauch davon, ganze Akkordreihen zu löschen: ein Hinweis darauf, daß sie z.T. nach "trial and error" mehrere Tasten nacheinander gedrückt haben und diese dann alle wieder gelöscht mußten. Die Benutzung der Taste F1, mit der ganze Akkordreihen gelöscht wurden, korreliert hoch negativ mit der Variablen ABWEICH: Insbesondere die Vpn, die Akkorde schlecht unterscheiden konnte, gingen nach "trial and error" vor. Außerdem machten Novizen signifikant häufiger Gebrauch von der Möglichkeit, einen Akkord aus der Mitte einer Reihe herauszulöschen. Die Anzahl der aus der Mitte heraus gelöschten Akkorde korreliert interessanterweise mit der Beeinflußbarkeit durch funktionelle Abläufe ($r = .21$, n.s.).

11. Kapitel:

DISKUSSION DER ERGEBNISSE

11.1 Zu den Hypothesen

Im Kapitel 5 wurden vier Hypothesen formuliert, deren Bestätigung die Übereinstimmung zwischen der objektiven Struktur der Musik (definiert durch harmonische Zusammenhänge) und der subjektiven Struktur (Repräsentation der harmonischen Zusammenhänge) beweisen sollten. Den Hypothesen und ihrer möglichen Bestätigung soll im einzelnen nachgegangen werden:

(1) Diskriminationsfähigkeit:
Im großen und ganzen hat sich bestätigt, daß Mitglieder unseres Kulturkreises Schemata besitzen, die sie zu einem angemessenen Umgang mit musikalischen Akkorden befähigt.
Dennoch waren erhebliche Abweichungen von den Erwartungen festzustellen. Die Diskriminationsfähigkeit für ähnliche oder identische Akkorde war erstaunlicherweise nicht immer gegeben. Die Fehlerzahlen der meisten Vpn waren so hoch, daß man nicht mehr von zufallsbedingten Abweichungen sprechen kann. Einige Vpn waren nicht in der Lage, eindeutig zu entscheiden, ob es sich um identische oder nicht identische Akkorde handelte. Manchmal wurden recht unterschiedliche Akkorde als identisch angesehen, oder es wurden absolut identische Akkorde als ziemlich unterschiedlich eingestuft. Die Diskriminationsfähigkeit für physikalisch unterschiedliche musikalische Reize scheint also nicht selbstverständlich gegeben zu sein.
Es zeigt sich, daß die Beurteilung der physikalischen Unterschiede deutlich von der Reihenfolge abhängig ist, in der die beiden Akkorde eines Paares gespielt werden. In der Teil-Interpretation ist bereits argumentiert worden, daß es sich hier um die Beeinflussung durch eine Auflösungstendenz handeln könne. Auf die Unterschiede zwischen den Experimentalgruppen wird im Zusammenhang mit Hypothese 4 eingegangen. *Die Hypothese 1 muß zurückgewiesen werden.* Die banal erscheinende Forderung nach physikalischem Unterschiedungsvermögen war nicht erfüllt – subjektive und

Diskussion

objektive Struktur klaffen sowohl bei Experten als auch bei Laien auseinander.

(2) Differenzierungsfähigkeit:

Trotz der überraschenden Ergebnisse in Experiment 1 zeigten die Ratings aus Experiment 2, daß die Vpn die propositionalen Beziehungen zwischen einer Ankerreiz-Kadenz und einem weiteren Akkord sehr wohl im Sinne der objektiven Struktur bewertet haben. Experten und Novizen unterscheiden sich nicht signifikant voneinander. Die repräsentierten Strukturen, dargestellt durch MDS-Skalierungen, unterscheiden sich nicht signifikant von der Darstellung der objektiven Struktur. Die den Akkordfolgen zugrundeliegenden Funktionen wurden erkannt und differenziert beurteilt. *Die Hypothese 2 kann somit als angenommen gelten.*

Das Ergebnis aus Experiment 2 bekräftigt darüber hinaus die in der Teilinterpretation von Experiment 1 geäußerte Hypothese, daß die Vpn bereits bei der Beurteilung physikalischer Unterschiede durch einen relationalen Aspekt des objektiven Materials, genauer: durch propositionale Beziehungen, beeinflußt wurden.

(3) Handlungsstrukturen:

Die Komposition der Akkordreihen in Experiment 3 zeigt, daß die Vpn die vorgegebenen Akkorde sinnvoll (im Sinne der objektiven Struktur der Harmonielehre) zusammenstellen konnten. Fast alle der bevorzugten Zweierkombinationen lassen sich mit einfachen propositionalen Verbindungen erklären, die in Kapitel 4 als Beschreibungen der objektiven Strukturen eingeführt wurden.

Die Erklärung der Dreierkombinationen war schwieriger. Unter Einbeziehung der Vertreterrelation $\hat{V}$ lassen sich aber bereits mit drei Makro-Propositionen über 15 % aller Akkord-Tripel erklären. Modulierende Akkordkombinationen wurden nicht analysiert. Durch ihre Einbeziehung und durch die Analyse längerer Akkordreihen wären wahrscheinlich alle Kombinationen erklärbar gewesen (vgl. den langwierigen Aufbau eines Tonalitäts-Schemas in der 1. Sinfonie von Beethoven, Kapitel 4). *Die Hypothese 3 kann als angenommen gelten.*

(4) Qualität der Repräsentation:

Die Hypothese 4 lautete, daß im Umgang mit musikalischen Akkorden deklarativ repräsentiertes Wissen nicht notwendig ist, um im Sinne unserer Musikkultur sinnvolle Beurteilungen bzw. Handlungen vollziehen zu können. Die Bestätigung der Hypothese sollte sich aus der Übereinstimmung zwischen den Ergebnissen der Novizen und der Experten ergeben.

In *Experiment 1* zeigen sich jedoch hochsignifikante Unterschiede zwischen von Novizen und Experten: Experten machten weniger Fehler in der Beurteilung der Akkordpaare als Novizen. Dabei ergeben sich Unterschiede in der Art der Fehler: Der Abstand zwischen Novizen und Experten in der Variablen ABWEICH (Abweichungen vom objektiven Wert für die Veränderungen zwischen zwei Akkorden) war lange nicht so groß wie in der Variablen URTEIL (der Beeinflußbarkeit durch die Reihenfolge der Akkorde). Novizen sind offensichtlich wesentlich stärker beeinflußbar durch die propositionale Beziehung zwischen zwei Akkorden. Experten können sich von der propositionalen Beziehung eher lösen, obwohl es ihnen das bei manchen Akkorden auch schlecht gelingt. Sie hören also "absoluter" als Novizen.

Auch in *Experiment 2* sind Unterschiede zwischen den Experimentalgruppen festzustellen. Die meisten Unterschiede sind Niveauunterschiede: Manche Akkordtypen bekamen von Experten ein niedrigeres Rating, vermutlich, weil ihnen diese Akkorde geläufiger waren (verminderter Septakkord, Dominantseptakkord). Das Profil der Beurteilungsstrukturen für jeweils einen Akkordtyp bleibt dabei aber gleich. In zwei Fällen zeigen sich Strukturunterschiede: (a) Experten bewerteten Akkorde, die funktional gesehen in weiterer Entfernung von der Ankerreiz-Tonart lagen, besser als Novizen (z.B. Zwischendominanten, Doppeldominante); hier zeigt sich eine elaboriertere subjektive Struktur der Experten, die vermutlich auf größere Hörerfahrung mit einer diesbezüglichen objektiven Struktur zurückzuführen ist (zum Prinzip der Entfernung vgl. Kapitel 4). (b) Novizen bewerteten ungewöhnliche Septakkorde auf bestimmten Stufen besser als Experten; hier scheint sich das in Experiment 1 festgestellte mangelnde Diskriminationsvermögen der Novizen dahingehend auszuwirken, daß die komplexeren Septakkorde mit einfachen Akkordfunktionen in Dur oder Moll verwechselt werden.

In *Experiment 3* stimmten Novizen und Experten bei der Bevorzugung von Zweierkombinationen überein. Bei der Auswertung der Akkord-Tripel zeigt sich jedoch, daß Novizen wesentlich mehr verschiedene und individuellere Akkordkombinationen herstellten als die Experten. Durch Zusammenfassung mehrerer Gruppen von Vertreterakkorden konnte dann wieder ein hoher Grad an Aufklärung erreicht werden. Der individuell unterschiedliche Aufbau der Akkordfolgen ist also nicht auf fehlende Repräsentation von propositionalen Strukturen bei den Novizen, sondern auf ausgiebigere Ausnutzung der Vertreter-Relation zurückzuführen. *Die Hypothese 4 kann weder vollständig bestätigt noch vollständig zurückgewiesen werden.*

Diskussion

11.2 Interpretation

Das Ziel dieses Experiments, der Nachweis einer Isomorphie zwischen subjektiver und objektiver Struktur, konnte nicht erreicht werden. Bei der Beurteilung physikalischer Unterschiede zwischen zwei Akkorden (Experiment 1) stimmen subjektive und objektive Struktur nicht überein. Bei der Identifikation von propositionalen Zusammenhängen zwischen Akkorden (Experiment 2 und 3) jedoch zeigt sich diese Übereinstimmung. Diese Ergebnisse erscheinen zunächst nicht glaubhaft.

Es kann der Einwand erhoben werden, daß die Ergebnisse der Experimente lediglich Artefakte des Untersuchungsplanung seien. Die vorliegende Arbeit beschäftigt sich z.B. nur mit einem einzigen Aspekt musikalischer Wahrnehmung und Tätigkeit: mit der Verarbeitung von musikalischen Akkorden bzw. Harmoniefortschreitungen. Im Kapitel über die Analogie zwischen Musik und Sprache wurden fünf Parameter im Rahmen menschlicher Informationsverarbeitung angeführt: Melodie, Klang und Rhythmus sind ebenfalls Merkmale der objektiven Struktur von Musik, die genauso wie die Harmonie aufgenommen, verarbeitet und repräsentiert werden.

Ein wesentlicher Aspekt, der in den Experimenten unberücksichtigt blieb, ist der wichtige Bereich des Emotionalen in der Musik (vgl. Silbermann, 1979, S. 112). Es handelt sich hier um ein weites Gebiet, das bisher theoretisch und empirisch wenig bearbeitet wurde (vgl. jedoch Pekrun, 1988). Emotion und Kognition sind zwei komplementäre Aspekte menschlicher Informationsverarbeitung. Die Beschränkung auf den eher technischen Aspekt der Repräsentation von Tonalität wird musikalischer Wahrnehmung und Handlung auf die Dauer nicht gerecht. Dennoch konnte der Versuchsplan um den Aspekt der emotionalen Wirkung nicht erweitert werden, da sonst eine Interpretation der Ergebnisse nicht möglich gewesen wäre.

Ein weiterer Einwand könnte insbesondere die überraschenden Ergebnisse aus Experiment 1 betreffen. Es handelte sich bei den zu beurteilenden Klänge um Synthesizer-Klänge, die vor allem für Experten aus dem Bereich Ernste Musik ungewohnt sind. Außerdem war der Klang des Synthesizers für alle Experimente gezielt so programmiert worden, daß die Einzeltöne schwer herauszuhören waren: Das programmierte Obertonspektrum der Töne bewirkte ein enges Verschmelzen aller acht jeweils erklingenden Einzeltöne.

Den ersten beiden Aspekten der Kritik kann nichts entgegnet werden. Musik läßt sich hinreichend nur anhand aller fünf Parameter definieren. Emotionale Wirkungmechanismen könnten sich auf die Kognition ausgewirkt haben. Der Rahmen der vorliegenden Experimente ließ sich jedoch nicht weiter fassen, da es sich insgesamt gesehen um einen ersten Versuch handelt, im Bereich musikalischer Objekte propositionale Beziehungen zu definieren und nachzuweisen.

In bezug auf den letzten Kritikpunkt läßt sich erwidern, daß die Beurteilungen der relationalen Eigenschaften (Propositionen) in Experiment 2 und 3 außerordentlich deutlich ausfielen. Sowohl Experten als auch Novizen konnten mit den Akkorden umgehen, obwohl die Klänge für sie ungewöhnlich gewesen sein mögen.

Bringt man die unerwarteten Ergebnisse aus Experiment 1 in Verbindung mit den Ergebnissen aus Experiment 2 und 3, so läßt sich ableiten, daß es möglicherweise zwei Aspekte von Unterschieden zwischen subjektiver und objektiver Struktur gibt: (1) die Fähigkeit der Vpn, physikalische Unterschiede zu entdecken und (2) die Beziehungen zwischen den repräsentierten Objekten wahrzunehmen und zu beurteilen. Daß die mangelnde Verarbeitungsfähigkeit für dem physikalischen Aspekt der Unterschiede im informationstheoretischen Sinn etwas mit einem nicht genügend ausgebildeten Gedächtnis zu tun hat (Moles, 1971, S. 216), muß zurückgewiesen werden. Wahrscheinlich handelt es sich um ein Repräsentationsproblem (siehe Kapitel 5): Die Akkorde werden nicht so repräsentiert, wie sie physikalisch gegeben sind. Serafine (1983 a und b) warnte bereits davor, die aus der Musiktheorie entnommenen Konzepte kritiklos auf psychische Repräsentationen zu übertragen. Die Beziehungen zwischen den Akkorden scheinen in der Weise psychisch repräsentiert zu sein, wie sie in der Harmonielehre niedergelegt ist, obwohl die physikalische Struktur der Akkorde nicht psychisch repräsentiert ist. Es erscheint deshalb wahrscheinlich, daß die propositionalen Beziehungen aufgrund weniger konstituierender physikalischer Merkmale der Akkorde wahrgenommen und beurteilt werden können (vgl. Moles, 1971). Ein Dur-Dreiklang (z.B. C) und derselbe Dur-Dreiklang ergänzt durch die große Septime (C^7) unterscheiden sich nur geringfügig und erfüllen z.B. im Jazz dieselbe Funktion. Ebenso fallen möglicherweise eine Dur-Dreiklang (z.B. G) und der übermäßige Dreiklang auf derselben Stufe ($G^{5\#}$) in diese Funktionskategorie.

Menschliche Informationsverarbeitung funktioniert auch in anderen Bereichen in Form von Kategorisierungsvorgängen: Szagun (1983) berichtet über die konstituierenden Merkmale von Begriffen, die die physikalische Realität im Verlauf der frühen Sprachentwicklung nur unvollkommen widerspiegeln. Für den Bereich des absoluten Gehörs der Musik hat Heyde (1986) ein Modell entwickelt: Die Benennung von gehörten Tönen ohne technische Hilfsmittel funktioniert wahrscheinlich aufgrund von psychischen Kategorien, die bei Absoluthörern sehr fein differenziert repräsentiert sind. Wie die unterschiedliche Leistungsfähigkeit der Absoluthörer zeigt, sind diese Kategorien auch nur im Ausnahmefall mit physikalischen Realitäten identisch.

Nimmt man an, daß diese beiden Aspekte durch die Variablen ABWEICH (physikalische Unterschiede) und URTEIL (relationale Unterschiede) erfaßt werden, so scheinen sie weitgehend unabhängig voneinander zu sein (niedrige Korrelation, s. Kap. 8). Relationale Unterschiede können auch bei mangelndem physikalischen Unterscheidungsvermögens erkannt werden. Das physikalische Unterscheidungsvermögen scheint verbunden zu sein mit dem Expertentum, also deklarativem Wissen. Relationales Unterscheidungsvermögen könnte somit als prozedurales, nicht bewußtseinspflichtiges Wissen angesehen werden.

Das *Erkennen von relationalen Beziehungen*, bzw. das Unterscheidungsvermögen für Relationen ist für den Menschen bedeutsamer als das Erkennen physikalischer Unterschiede. Für den Bereich von Sprachverarbeitung ist dies besonders deutlich. Zur Identifikation von

Vokalen oder Konsonanten sind z.B. nicht die absoluten Frequenzen der Klänge wichtig, sondern die Relationen zwischen bestimmten Obertonbereichen (Formantbereichen; Moore, 1982, S. 234 f.). Zur Identifikation eines Wortes aus einem längeren Satz muß das Wort nicht physikalisch isoliert identifizierbar sein; das richtige Schema für einen Begriff wird aus der Beziehung zwischen mehreren Klangeinheiten (Phonemen) aktiviert. Für die Ableitung eines Sinns aus einem längeren Text sind nicht physikalisch festgelegte Aufeinanderfolgen von Klängen notwendig; die aus der Aufeinanderfolge von Wörter abgeleitete Relation zwischen diesen Wörtern muß die Aktivierung eines geeigneten Schemas ermöglichen.

Auch in anderen Bereichen sensorischer Wahrnehmungen lassen sich mühelos Beispiele für die Bedeutung von Relationen finden: Die Wahrnehmung von heiß/kalt oder schwer/leicht ist sehr stark von Relationen zwischen zu beurteilenden Objekten beeinflußt. Objekte werden visuell durch die Relationen der Lichtwellen zueinander identifiziert. Weitere Phänomene dessen, was die Gestaltpsychologen als Auswirkungen des Bezugssystems angesehen haben, finden sich z.B. beim Farbensehen (Beeinflussung der Farbwahrnehmung durch das Spektrum der allgemeinen Beleuchtung) oder bei Fragen der Größenkonstanz im Entfernungssehen (vgl. Metzger, 1966, 1975, 1976).

Diese Erscheinung erinnert an das Prinzip der Übersummenhaftigkeit in der Gestaltpsychologie: Das Ganze ist mehr als die Summe seiner Teile (Ehrenfels, 1890). Ein Akkordpaar in Experiment 1 bestand aus zwei physikalisch voneinander getrennten Objekten. Werden diese beiden Objekte als Ganzes wahrgenommen, so kann diese Gestalt andere Eigenschaften haben als die Einzelakkorde. Offensichtlich hat das Gestaltganze auf Novizen eine andere Wirkung als auf Experten (obwohl sich die Experten von der propositionalen Wirkung der Gestalt nicht unberührt gezeigt haben). Deklarative Strukturen ermöglichen es den Experten, von der relationalen Wirkung der Akkordpaare abzusehen und hauptsächlich die physikalischen Aspekte zu beurteilen. So ließe sich eine Teilbestätigung der Hypothese 4 herbeiführen: Novizen und Experten zeigen grundsätzlich die gleiche Struktur der Repräsentation von Akkordverbindungen. Experten können sich jedoch aufgrund deklarativer Wissensstrukturen von ganzheitlichen Wirkmechanismen lösen und Teilaspekte eines Gestaltganzen beurteilen.

Im Zusammenhang mit der Übereinstimmung von objektiver und subjektiver Struktur ist bereits von *Isomorphie* gesprochen worden (siehe Kapitel 2; vgl. z.B. Oerter, 1978). Oft wird Isomorphie lediglich als *Formgleichheit im Sinne geometrischer Überlegungen* ausgelegt. Ein geometrischer Isomorphismus besteht jedoch zwischen den physikalischen Sachverhalten, den Repräsentationen von Sachverhalten und den Mikroprozessen des Gehirns als Realisationen der Repräsentationen ebensowenig, wie ein geometrischer Isomorphismus zwischen einem realen Objekt und seinem holographischen Abbild besteht (Pribram, 1984, S. 331). Die informationsverarbeitenden Prozesse in den Rezeptoren und Nervenbahnen führen zu Transformationen der ursprünglichen Informationen. "... the microcortical process is algebraically isomorphic to the microretinal" (a.a.O.). In ähnlicher Weise ließe sich die Beziehung zwischen realem Sachverhalt und Rezeptortätigkeit beschreiben. Mit Sicherheit sind diese algebraischen Gleichungen jedoch nicht umkehrbar linear, wie es für geometrische Isomorphie vorausgesetzt werden muß.

Deutlich zeigt sich dies in den Ergebnissen der drei durchgeführten Ergebnisse. Formgleichheit im geometrischen Sinn würde bedingen, daß die physikalischen Aspekte von zwei Akkorden auch in der Repräsentation des Sachverhalts wieder aufscheinen. Es kann jedoch nur die Repräsentation der Beziehungen zwischen den Akkorden nachgewiesen werden. Die Repräsentation der physikalischen Unterschiede ist darüber hinaus von der Repräsentation der Beziehung systematisch beeinflußt. Die Isomorphie zwischen subjektiver und objektiver Struktur bezieht sich also nur auf die Relationen, in diesem Fall auf die propositionalen Schemata von Akkordzusammenhängen.

11.3 Ausblick

In den Experimenten wurde in Form einer Mikro-Analyse versucht, der Art der Verarbeitung von harmonischen Strukturen auf die Spur zu kommen. Die Mikro-Analyse von kognitiven Prozessen führt zu Detailergebnissen, die im Makro-Bereich zu theoretischen und praktischen Konsequenzen führen können (vgl. Klix, 1986, S. 131). Die hier aufgezeigte Strukturparallelität zwischen Harmoniefolgen westlich-europäischer Musik und sprachlichen Zusammenhängen könnte erklären, warum Mitglieder außereuropäischer Musikkulturen westliche Musik nicht nur verstehen, sondern darüber hinaus diese Musik so gut reproduzieren lernen, daß ihre Tätigkeit von professionellen Musikern des westlich-europäischen Kulturkreises als bedrohliche Konkurrenz angesehen wird (z.B. bei japanischen Pianisten, Dirigenten, Geigern, usw.). Obwohl die objektive Struktur westlich-europäischer Musik gesellschaftlich bedingt ist, scheinen Menschen anderer Kulturkreise allgemeinere intellektuelle Kapazitäten zu besitzen, die die Verarbeitung der für unsere Musik so bestimmenden harmonischen Struktur ermöglichen. In der Musik finden sich wie auch in der Sprache allgemeine Organisationsprinzipien mentaler Operationen wieder:

> Musik und Sprache werden zeitkomprimiert ganzheitlich repräsentiert. Musikalische Objekte (wie z.B. Akkorde) bzw. sprachliche Inhalte stehen in Beziehungen zueinander, die in Form von Propositionen ausgedrückt werden können. In der objektiven Struktur läßt sich die Analogie der propositionalen Strukturen von Musik auf Sprache nachweisen. Die Ergebnisse der Experimente legen nahe, daß die subjektive Struktur in bezug auf propositionale Verbindungen isomorph zur objektiven Struktur ist.

Diskussion

Propositionen bauen mentale Modelle von Musikstücken (Johnson-Laird, 1983). Diese Modelle sind aus der Realität abgeleitet, müssen der physikalischen Realität aber keineswegs vollständig entsprechen. Mentale Modelle sind prinzipiell begrenzt. Den Maßstab für die mentalen Modelle bildet jedoch die Frage, ob sie effektive Prozeduren für den Umgang mit der Welt bieten (ebda., S. 24 ff.).

Diese Erkenntnisse beginnen derzeit auch in der artificial-intelligence-Forschung Bedeutung zu gewinnen. Lischka (1987) formuliert z.B. einen alternativen Weg zur Konstruktion intelligenter Systeme. Dabei betont er die Aspekte des *in-der-Welt-seins* und der grundsätzlich notwendigen Sozialisierbarkeit von intelligenten Systemen (ebda., S. 18 f.).

Natürlich kann dieses Experiment nicht den endgültigen Nachweis für die ganzheitliche Repräsentation von harmonischen Strukturen und für die Isomorphie von objektiver und subjektiver Struktur liefern. Der Beweis für eine Strukturparallelität zwischen Musik und Sprache ist höchstens für westlich-europäische Musik gelungen. Der nächste Schritt müßte zu interkulturellen Untersuchungen führen: Finden sich propositionale Strukturen auch in der Musik anderer Kulturbereiche? Deckt sich die objektive Struktur der westlich-europäischen Musik auch mit der subjektiven Struktur bei Mitgliedern anderer Kulturkreise, die sekundär (gewissermaßen als "Zweitsprache") mit unserer Musik in Berührung kamen? Weitere Untersuchungen müßten entwicklungspsychologisch vorgehen: Wie entwickelt sich die Wahrnehmung und Verarbeitung propositionaler Beziehungen? Gibt es eine Entwicklungsfolge, die auf eine zunehmende Verfeinerung der Beurteilungskategorien hinweist? Ergebnisse würden zu Konsequenzen in der Musikdidaktik führen müssen (vgl. Bruhn, 1988 b).

Auf keinen Fall sollen die Ergebnisse dieser Untersuchung jedoch einer Richtung im Musikleben Vorschub leisten, die derzeit grundsätzlich die Rückkehr traditioneller Ernster Musik zur Dur-Moll-Tonalität sehen möchte (vgl. z.B. Umbach, 1987). Es ist festzustellen, daß die sogenannte "Neue Musik" nach Jahrzehnten tonalitätsfreier und improvisatorischer Experimente zunehmend wieder nach genau auskomponierten Notenvorlagen aufgeführt wird. Harmonische Abläufe werden wieder gezielt einbezogen. 1967 beklagte Adorno, daß die Tonalität uneingeschränkt ihre Herrschaft ausüben würde, während die Entwicklung der musikalischen Produktivkräfte längst die Tonalität gesprengt hätte (Adorno, 1970, S. 18), und setzte sich vehement dafür ein, atonale Musik zu fördern. Zu ungefähr demselben Zeitpunkt stellte der bedeutendste deutsche Komponist Hans Werner Henze bereits fest, daß die Wiederentdeckung des Melodischen/Tonalitätsgebundenen für ihn eine starke Bereicherung seiner Ausdrucksmittel bedeutet (s. Henze, 1984, S. 186).

Kapitel 11

Recht hatte Adorno, wenn er das Festhalten an Tonalität aus Tradition bekämpft: "Schlecht ist Tradition, sobald sie sich auf die Macht des nun einmal Bestehenden gründet. Als geistiges Deckbild bloßer Herrschaft verkommt sie unweigerlich zu ... Schlamperei" (Adorno, 1982, S. 125). Tonalität als objektive Struktur scheint jedoch in subjektiver Struktur repräsentiert zu sein. Das verschafft *sowohl* tonal gebundener *als auch* nicht tonal gebundener Musik ihre Existenzberechtigung: Wenn tonal gebunde Musik den Rationalismus des westlich-europäischen Kulturkreises widerspiegelt (s. Weber, 1921), so schafft das Widersprechen der Tonalität den Kontrast und die Spannung, aus der heraus Interesse, Engagiertheit und neue Entwicklungen entstehen.

ANHANG

(1) In Experiment 2 verwendete Akkorde:

(2) Kadenzformeln für Experiment 2:

Anhang

(3) In Experiment 3 verwendete Akkorde:

1. Dur

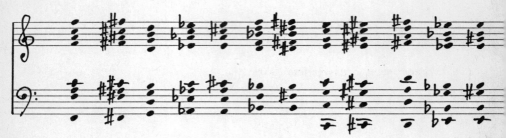

2. Moll

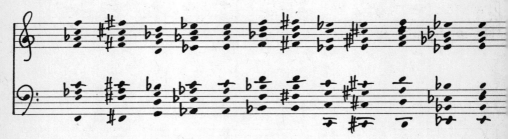

6. Kleiner Moll-Septakkord

Anhang

. Dominantseptakkord

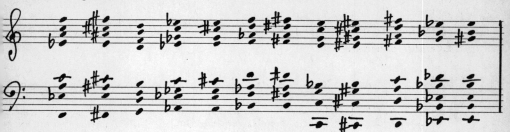

1. Verminderter Septakkord

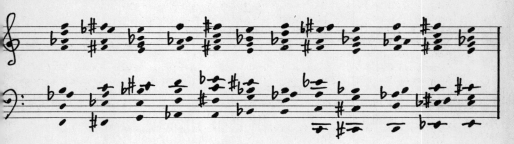

Literaturverzeichnis

Adorno, T.W. (1962). *Einleitung in die Musiksoziologie.* Frankfurt: Suhrkamp (2. erw. Aufl. bei Rowohlt, 1968).
Adorno, T.W. (1968). Reflexionen über Musikkritik. In Kaufmann, H. (Hrsg.), *Symposium für Musikkritik – Studien zur Wertungsforschung* (Bd. 1, S. 7-21). Graz: Institut für Wertungsforschung.
Adorno, T.W. (1970). *Impromptus.* Frankfurt: Suhrkamp.
Adorno, T.W. (1982). *Dissonanzen. Musik in der verwalteten Welt.* Göttingen: Vandenhoeck & Ruprecht.
Aebli, H. (1969). *Die geistige Entwicklung als Funktion von Anlage, Reifung, Umwelt- und Erziehungsbedingungen.* Stuttgart: Klett.
Aebli, H. (1980). *Denken: Das Ordnen des Tuns* (Bd. 1). Stuttgart: Klett.
Aebli, H. (1981). *Denken: Das Ordnen des Tuns* (Bd. 2). Stuttgart: Klett.
Aicher, R. (1986). *Da steckt Musik drin!.* München: Heyne.
Alphonce, B.H. (1980). Music analysis by computer – a field for theory formation. *Computer Music Journal, 4,* 26-35.
Anderson, J.R. (1982). Acquisition of cognitive skill. *Psychological Review, 89,* 369-406.
Anderson, J.R. (1983). *The architecture of cognition.* Cambridge, MA.: Harvard University Press.
Anderson, J.R. (1984). Spreading activation. In Anderson, J.R. & Kosslyn, S.M. (Hrsg.), *Essays on learning and memory.* New York: Freeman.
Anderson, J.R. & Bower, G.H. (1973). *Human associative memory.* Washington, D.C.: Winston.
Anderson, J.R., Greeno, J.G., Kline, P.J. & Neves, D.M. (1981). Acquisition of problem-solving skills. In Anderson, J.R. (Hrsg.), *Cognitive skills and their acquisition.* Hillsdale, NJ.: Erlbaum.
Andres, K. (1985). *Stand in der Erforschung des absoluten Gehörs – Die Funktion eines Langzeitgedächtnisses für Tonhöhen in der Musikwahrnehmung.* (phil. Diss.). Bern: Institut für Psychologie.

Babich, F.R., Jacobson, A.L., Bubash, S. & Jacobson, A. (1965). Transfer of a response to naive rats by injection of ribonucleic acid extracted from trained rats. *Science, 149,* 656-657.
Baker, B.O., Hardyck, C.D. & Petrinovich, L.F. (1966). Weak measurement vs. strong statistics: An empirical critique of S.S. Stevens proscriptions on statistics. *Educational Psychological Measurement, 26,* 291-309.
Ballard, D.H. (1986). Cortical connections and parallel processing: structure and function. *Behavioral and Brain Science, 9,* 67-120.
Ballstaedt, S.P., Mandl, H., Schnotz, W. & Tergan, S.O. (1981). *Texte verstehen, Texte gestalten.* München: Urban & Schwarzenberg.
Balzano, G.J. & Liesch, B.W. (1982). The role of chroma and scalestep in the recognition of musical intervals in and out of context. *Psychomusicology, 2,* 3-31.
Bartlett, D.L. (1980). Tonal and musical memory. In Hodges, D.A. (Hrsg.), *Handbook of music psychology* (S. 225-234). Lawrence, Ks.: National Association for Music Therapy.
Bartlett, F.C. (1932). *Remembering: A study in experimental and social psychology.* Cambridge: Cambridge University Press.

Bastian, H.G. (1982). Das musikalische Urteil als Gegenstand empirischer Forschung. *Musica*, *36*, 229-235.
Beach, D. (1985). The current state of Schenkerian research. *Acta Musicologica*, *57*, 275-307.
Beaugrande, R. de (1980). *Text, discourse, and process. Toward an multidisciplinary science of texts*. Norwood, N.J.: Ablex.
Behne, K.E. (1986). *Hörertypologie. Zur Psychologie des jugendlichen Musikgeschmacks*. Regensburg: Bosse.
Bernstein, L. (1976). *The unanswered question: Six talks at Harvard*. Cambridge: Harvard University Press.
Besseler, H. (1983). Ars antiqua. In Blume, F. (Hrsg.), *Epochen der Musikgeschichte in Einzeldarstellungen (Nachdruck der MGG-Artikel)* (S. 17-41). München/Kassel: dtv/Bärenreiter.
Bharucha, J.J. (1984). Anchoring effects in music: The resolution of dissonance. *Cognitive Psychology*, *16*, 485-518.
Bharucha, J.J. (1985). Kognitive Musikpsychologie. In Bruhn, H., Oerter, R. & Rösing, H. (Hrsg.), *Musikpsychologie – Ein Handbuch in Schlüsselbegriffen* (S. 123-132). München: Urban & Schwarzenberg.
Bharucha, J.J. & Krumhansl, C.L. (1983). The representation of harmonic structure in music: Hierarchies of stability as a function of context. *Cognition*, *13*, 63-102.
Bimberg, S. (1985). Musikhörer und Gesellschaft. In Bruhn, H., Oerter, R. & Rösing, H. (Hrsg.), *Musikpsychologie – Ein Handbuch in Schlüsselbegriffen* (S. 302-307). München: Urban & Schwarzenberg.
Black, J.B. & Bower, G.H. (1979). Episodes as chunks in narrative memory. *Journal of Learning and Verbal Behavior*, *18*, 308-318.
Blaukopf, K. (1970). Tonsysteme und ihre gesellschaftliche Geltung in Max Webers Musiksoziologie. *International Review of the Aesthetics and Sociology of Music*, *1*, 159-167.
Blume, F. (1974). Barock. In Blume, F. (Hrsg.), *Epochen der Musikgeschichte in Einzeldarstellungen* (S. 168-232). München/Kassel: dtv/Bärenreiter.
Blume, F. (1974a) Renaissance. In Blume, F. (Hrsg.), *Epochen der Musikgeschichte in Einzeldarstellungen* (S. 104-167). München/Kassel: dtv/Bärenreiter.
Boesch, E.E. (1980). *Kultur und Handlung: Einführung in die Kulturpsychologie*. Bern: Huber.
Borg, I. (1981). *Anwendungsorientierte multidimensionale Skalierung*. Berlin, Heidelberg: Springer.
Borg, I. & Leutner, D. (1985). Measuring the similarity of MDS configurations. *Multivariate Behavioral Research*, *20*, 325-334.
Bortz, J. (1977). *Lehrbuch der Statistik für Sozialwissenschaftler*. Berlin, Heidelberg: Springer.
Bortz, J. (1984). *Lehrbuch der empirischen Forschung für Sozialwissenschaftler*. Berlin, Heidelberg: Springer.
Bower, G.H. (1981). Mood and memory. *American Psychologist*, *36*, 129-148.
Bradshaw, J.L. (1985). Funktionsteilung im Gehirn. In Bruhn, H., Oerter, R. & Rösing, H. (Hrsg.), *Musikpsychologie – Ein Handbuch in Schlüsselbegriffen* (S. 70-78). München: Urban & Schwarzenberg.
Bradshaw, J.L. & Nettleton, N.C. (1983). *Human cerebral asymmetry*. Englewood Cliffs: Prentice Hall.
Brainerd, C.J. & Kingma, J. (1985). On the independence of short-term memory and working memory in cognitive development. *Cognitive Psychology*, *17*, 210-247.
Bransford, J.D., Barclay, J.R. & Franks, J.J. (1972). Sentence memory: A constructive versus interpretive approach. *Cognitive Psychology*, *3*, 193-209.
Brewer, W.F. (1979). The story schema: universal and culturespecific properties. In Glaser, R. (Hrsg.), *Advances in the psychology* (Bd. 2, S. 167-193). Hillsdale, N.J.: Erlbaum.

Literatur

Brix, L. (1976). Auch Du "verstehst Musik" – Zum Kommunikationsfetisch in der Musikpädagogik. *Musik und Bildung, 8,* 445-450.
Bronfenbrenner, U. (1981). *Die kologie der menschlichen Entwicklung.* Stuttgart: Klett.
Bruhn, H. (1985a). Psychomotorik. In Bruhn, H., Oerter, R. & Rösing, H. (Hrsg.), *Musikpsychologie – Ein Handbuch in Schlüsselbegriffen* (S. 156-168). München: Urban & Schwarzenberg.
Bruhn, H. (1985b). Traditionelle Methoden der Musikbeschreibung. In Bruhn, H., Oerter, R. & Rösing, H. (Hrsg.), *Musikpsychologie – Ein Handbuch in Schlüsselbegriffen* (S. 494-501). München: Urban & Schwarzenberg.
Bruhn, H. (1987). *MDSGOOD – ein Programm zur Berechnung von Gütemassen und zur graphischen Darstellung von mehrdimensionalen Ähnlichkeitsskalierungen* (unveröffentlichtes Programm). München: Institut für Psychologie.
Bruhn, H. (1988a). *Musik, Emotion und Sprache: unterschiedliche Aspekte der neuronalen Verarbeitung im Gehirn?* (Saarbrücker Arbeiten zur Musikpsychologie). Universität des Saarlandes: Collegium Musicum, *1.*
Bruhn, H. (1988b). Wahrnehmung dur-moll-tonaler Beziehungen zwischen Akkorden – zur Relevanz einer Harmonielehredidaktik in der Musikpädagogik. *Jahrbuch des Arbeitskreises Musikpädagogische Forschung (AMPF), 9,* im Druck.
Bruhn, H. & Gigerenzer, G. (1987). Multidimensionale Ähnlichkeitsstrukturanalyse (MDS) in der Musikpädagogik. *Jahrbuch des Arbeitskreises für Musikpädagogische Forschung (AMPF), 8,* 235-250.
Bruhn, H., Oerter, R. & Rösing, R. (1985). Musik und Psychologie – Musikpsychologie. In Bruhn, H., Oerter, R. & Rösing, R. (Hrsg.), *Musikpsychologie – Ein Handbuch in Schlüsselbegriffen* (S. 3-11). München: Urban & Schwarzenberg.
Bruhn, H. & Pekrun, R. (1987). Die Münchner Musikwahrnehmungs-Skalen (MMWS): Konstruktion und erste Erfahrungen. *Musiktherapeutische Umschau, 8,* 268-273.
Bruner, J.S. (1971). Über kognitive Entwicklung. In Bruner, J.S., Olver, R.R. & Greenfield, P.M. (Hrsg.), *Studien zur kognitiven Entwicklung* (S. 21-96). Stuttgart: Klett.
Burdach, K.J. (1975). *Musikpsychologie und Musiksimulation* (phil. Diss.). Universität Hamburg: Institut für Psychologie.
Burns, E.M. & Ward, W.D. (1982). Intervals, scales, and tuning. In Deutsch, D. (Hrsg.), *The psychology of music* (S. 241-269). New York: Academic Press.
Butler, D. & Brown, H. (1984). Tonal structure versus function: Studies of the recognition of harmonic motion. *Music Perception, 2,* 6-24.

Carroll, J.D. (1983). Modelle und Methoden für multidimensionale Analysen von Präferenzwahl- (oder andere Dominanz-) Daten. In Feger, H. & Bredenkamp, J. (Hrsg.), *Messen und Testen. Enzyklopädie der Psychologie Band B I 3* (S. 201-256). Göttingen: Hogrefe.
Carroll, J.D. & Chang, J.J. (1970). *A "quasi-nonmetric" version of INDSCAL, a procedure for individual differences in multidimensional scaling.* In Psychometric Society (Hrsg.), Stanford, Ca.: Stanford University.
Carroll, J.D. & Chang, J.J. (1975). *INDSCAL – Edinburgh version.* Murray Hill: Bell Telephone Laboratories.
Castellano, M.A., Bharucha, J.J. & Krumhansl, C.L. (1984). Tonal hierarchies in the music of North India. *Journal of Experimental Psychology: General, 113,* 394-412.
Chandler, B.G. (1975). *Rameau's "Noveau systeme de musique theorique": An annotated translation with commentary* (phil. Diss.). Indiana University: Thesis.
Chang, P.W. & Holoyak, K.L. (1985). Pragmatic reasoning schemas. *Cognitive Psychology, 17,* 391-416.
Charniak, E. & McDermott, D. (1985). *Introduction to artificial intelligence.* Reading, MA: Addison-Wesley.

Chase, W.G. & Simon, H.A. (1973a). The mind's eye in chess. In Chase, W.G. (Hrsg.), *Visual information processing*. New York: Academic Press.
Chase, W.G. & Simon, H.A. (1973b). Perception in chess. *Cognitive Psychology*, 4, 55-81.
Chi, M.T.H., Feltovich, P.J. & Glaser, R. (1981). Categorization and representation of physics problems by experts and novices. *Cognitive Science*, 5, 121-152.
Chi, T.H., Glaser, R., Rees, E. (1982). Expertise in problem solving. In Sternberg, R.J. (Hrsg.), *Advances in the psychology of human intelligence* (Bd. 1, S. 7-75).
Chomsky, N. (1957). *Syntactic structures*. Den Haag: Mouton.
Chomsky, N. (1970a). *Aspekte der Syntax-Theorie*. Frankfurt: Suhrkamp (orig. 1969, 2. Aufl. 1973).
Chomsky, N. (1970b). *Sprache und Geist*. Frankfurt: Suhrkamp.
Chomsky, N. (1972). *Language and mind*. New York: Pantheon.
Chomsky, N. (1975). *Reflections on language*. New York: Pantheon.
Clarke, D.D. (1983). *Language and action: A structural model of behavior*. Oxford: Pergamon.
Collins, A.M. & Quillian, M.R. (1969). Retrieval time from semantic memory. *Journal of Verbal Learning and Verbal Behavior*, 8, 240-247.
Cooper, R. (1977). Abstract structure and the Indian raga system. *Journal of Ethnomusicology*, 21, 1-32.
Cranach, M. v., Kalbermatten, U. Indermühle, K. & Gugler, B. (1980). *Zielgerichtetes Handeln*. Bern: Huber.
Creutzfeld, O.D. (1983). *Cortex cerebri*. Berlin, Heidelberg: Springer.
Cross, D.V. (1965). Metric properties of multidimensional stimulus generalisation. In Mostofsky, D.J. (Hrsg.), *Stimulus Generalisation* (S. 72-93). Stanford: University press.
Cross, I., Howell, P. & West, R. (1983). Preferences for scale structure in melodic sequences. *Journal of Experimental Psychology: Human Perception and Performance*, 9, 444-460.
Cuddy, L.L., Cohen, A.J. & Mewhort, D.J.K. (1981). Perception of structure in short melodic sequences. *Journal of Experimental Psychology: Human Perception and Performance*, 7, 869-883.

Dahlhaus, C. (1966). Harmonie und Harmonietypen. *Studium Generale*, 19, 51-58.
Dahlhaus, C. (1986). Ist Rameaus "Traité de l'harmonie" eine Harmonielehre? *Musiktheorie*, 1, 123-127.
Dahlhaus, C. & Eggebrecht, H.H. (1985). *Was ist Musik?* Wilhelmshaven: Heinrichshofen.
Danielou, A. (1968). *The Raga-s of the Northern Indian music*. London: Barrie & Rockliff the Cresset.
Danielou, A. (1975). *Einführung in die indische Musik*. Wilhelmshaven: Heinrichshofen.
De Kleer, J. (1977). Multiple representations of knowledge in a mechanics problem solver. *Proceedings of the 5th International Joint Conference on Artificial Intelligence*. Cambridge, Ms., 299-304.
Deshpande, M.M. (1979). *Sociolinguistic attitudes in India: An historical reconstruction*. Ann Arbor: Kamora Publishers.
Deutsch, D. & Feroe, J. (1981). The internal representation of pitch sequences in tonal music. *Psychological Review*, 88, 503-522.
Dörner, D. (1979). *Problemlösen als Informationsverarbeitung*. Stuttgart: Kohlhammer.
Dollase, R., Rüsenberg, M. & Stollenwerk, H.J. (1986). *Demoskopie im Konzertsaal*. Mainz: Schott.
Dowling, W.J. (1978). Scale and contour: Two components of a theory of memory for melodies. *Psychological Review*, 85, 341-354.

Literatur

Dowling, W.J. (1985). Entwicklung von Melodie-Erkennen und Melodie-Produktion. In Bruhn, H., Oerter, R. & Rösing, H. (Hrsg.), *Musikpsychologie – Ein Handbuch in Schlüsselbegriffen* (S. 216-222). München: Urban & Schwarzenberg.
Dowling, W.J. & Harwood, D.L. (1986). *Music cognition*. New York: Academic Press.
Droge, U. & Bien, W. (1985). Prüfung von Konfigurationsähnlichkeiten. Eine Replik auf Leutner & Borg. *Diagnostica, 31*, 179.
Dudel, J. (1979). Erregung von Nerv und Muskel. In Schmidt, R.F. (Hrsg.), *Grundriss der Neurophysiologie* (S. 20-71). Berlin, Heidelberg: Springer.

Easter, S.S., Purves, D., Rakic, P. & Spitzer N.C. (1985). The changing view of neural specificity. *Science, 230*, 507-511.
Eggebrecht, H.H. (1984). Die Mehrstimmigkeitslehre von ihren Anfängen bis zum 12. Jahrhundert. In Eggebrecht, H.H., Gallo, F.A., Haas, M. & Sachs, K.-J. (Hrsg.), *Die mittelalterliche Lehre von der Mehrstimmigkeit. Geschichte der Musiktheorie* (Bd. 5, S. 9-87). Darmstadt: Wissenschaftliche Buchgesellschaft.
Eggebrecht, H.H. (1984). Was ist Musik. In Dahlhaus, C. & Eggebrecht, H.H. (Hrsg.), *Was ist Musik* (S. 187-208). Wilhelmshaven: Heinrichshofen.
Eggebrecht, H.H. (1987). Schlechte Musik? *kontrapunkt, 1, 1*, 8-9.
Ehrenfels, Chr. v. (1960). Über "Gestaltqualitäten" (Nachdruck von 1890). In Weinhandl, F. (Hrsg.), *Gestalthaftes Sehen* (S. 11-43). Darmstadt: Wissenschaftliche Buchgesellschaft.

Faltin, P. (1979). *Phänomenologie der musikalischen Form* (Beiheft zum Archiv für Musikwissenschaft). Wiesbaden: Steiner, *18*.
Farley, J. (1985). Cellular mechanisms for learning, memory, and information storage. *Annual Review of Psychology, 36*, 419-494.
Fiske, S.T. & Linville, P.W. (1980). What does the schema concept buy us? *Personality and Social Psychology Bulletin, 6*, 543-557.
Fodor, J.A. (1983). *Modularity of mind*. Cambridge, MA.: Bradford Books.
Födermayr, F. & Graf, W. (Hrsg.) (1980). *Vergleichende Musikwissenschaft, ausgewählte Aufsätze*. Wien: Stiglmayr.
Forbeck, K. & Wiesand, A.J. (1982). *Musik, Statistik, Kulturpolitik. Daten und Argumente zum Musikerleben in der Bundesrepublik Deutschland*. Köln: DuMont.
Forte, A. (1964). A theory of set complexes for music. *Journal of Music Theory, 18,2*, 136-193.
Fox, G.C. & Messina, P.C. (1987). Fortschrittliche Rechnerarchitekturen. *Spektrum der Wissenschaft, 12*, 54-62.
Frey, D. (1983). Kognitive Theorien. In Frey, D. & Greif, S. (Hrsg.), *Sozialpsychologie* (S. 50-67). München: Urban & Schwarzenberg.

Gabor, D. (1949). Microscopy by reconstructed wave fronts, I. *Proceedings of the Royal Society, A197*, 454-487.
Gabor, D. (1951). Microscopy by reconstructed wave fronts, II. *Proceedings of the Royal Society, B64*, 449-469.
Gacek, R.R. (1972). Neuroanatomy of the auditory system. In Tobias, J.V. (Hrsg.), *Foundations of modern auditory theory* (Bd. 2, S. 241-261). New York: Academic Press.
Gazzaniga, M.S. (1986a). *Brain modularity: Towards a philosophy of conscious experience*. New York: Cornell University Medical College.
Gazzaniga, M.S. (1986b). *Wahrheit der Gehirnasymmetrie*. Darmstadt: Symposium "Symmetrie in Kunst, Natur und Wissenschaft".
Gazzaniga, M.S. & LeDoux, J.E. (1983). *Neuropsychologische Integration kognitiver Prozesse*. Stuttgart: Enke.

Gelernter, D. (1987). Das Programmieren modernster Computer. *Spektrum der Wissenschaft*, *12*, 74-96.
Gembris, H. (1987). Musikalische Fähigkeiten und ihre Entwicklung. In Motte-Haber, H. de la (Hrsg.), *Psychologische Grundlagen des Musiklernens* (S. 116-185). Kassel: Bärenreiter.
Gentner, D. & Grudin, J. (1985). The evolution of mental metaphor in psychology: a 90-year retrospective. *American Psychologist*, *40*, 181-192.
Georgiades, T. (1974). *Musik und Sprache. Das Werden der abendländischen Musik*. Berlin, Heidelberg: Springer.
Gibson, J.J. (1979). *The ecological approach to visual perception*. Boston: Hougthon Mifflin.
Gibson, J.J. (1982). *Wahrnehmung und Umwelt*. München: Urban & Schwarzenberg.
Gigerenzer, G. (1977a). Nichtmetrische Dimensionsanalyse. In Strube, G. (Hrsg.), *Psychologie des 20. Jahrhunderts: Binet und die Folgen* (Bd. V, S. 713-737). München: Kindler.
Gigerenzer, G. (1977b). Mathematische Methoden zur Klassifizierung von Personen. In Strube, G. (Hrsg.), *Psychologie des 20. Jahrhunderts: Binet und die Folgen* (Bd. V, S. 738-759). München: Kindler.
Gigerenzer, G. (1981). *Messung und Modellbildung in der Psychologie*. München: Reinhardt.
Gigerenzer, G. (1985). Messung und Modellbildung. In Bruhn, H., Oerter, R. & Rösing, H. (Hrsg.), *Musikpsychologie – Ein Handbuch in Schlüsselbegriffen* (S. 485-494). München: Urban & Schwarzenberg.
Gordon, E. (1986). *Musikalische Begabung*. Mainz: Schott.
Grabner, H. (1921). *Die Funktionstheorie Hugo Riemanns und ihre Bedeutung für die praktische Analyse*. München: Halbzeiter.
Grabner, H. (1977). *Handbuch der funktionellen Harmonielehre*. Regensburg: Gustav Bosse.
Graesser, A.C. (1981). *Prose comprehension beyond the world*. New York: Springer.
Greeno, J.G. (1973). The structure of memory and the process of solving problems. In Solso, R.L. (Hrsg.), *Contemporary issues in cognitive psychology* (S. 103-133). Washington:.
Grimm, C.W. (1902). *An essay on the key-extension of modern harmony*. Cincinnati: Willis Music Co.
Grimm, H. (1977). *Psychologie der Sprachentwicklung* (Bd. 2). Stuttgart: Kohlhammer.
Grimm, H. (1982). Sprachentwicklung: Voraussetzungen, Phasen und theoretische Interpretationen. In Oerter, R. & Montada, L. (Hrsg.), *Entwicklungspsychologie* (S. 506-566). München: Urban & Schwarzenberg.
Groeben, N. (1982). *Leserpsychologie: Textverständnis – Textverständlichkeit*. Münster: Aschendorff.

Hacker, W. (1978). *Allgemeine Arbeits- und Ingenieurspsychologie*. Berlin/DDR: Deutscher Verlag der Wissenschaften, 2.Auflage.
Harbinson, W.G. (1982). *Beethoven and Schubert: A comperative analysis of the structural subdominant in selected sonata-form movements* (phil. Diss.). Miami: Florida State University.
Harrison, J.M. & Howe, H.E. (1974). Anatomy of the descending auditory system (mammalian). In Keidel, W.D. & Neff, W.D. (Hrsg.), *Handbook of auditory physiology* (Bd. V/I, S. 363-388). Berlin, Heidelberg: Springer.
Hauptmann, M. (1888). *The nature of harmony and meter* (übersetzt von W.E. Heathcote). London: Swan Sonnenschen.
Hayes, J.R. & Simon, H.A. (1976). The understanding process: Problem isomorphs. *Cognitive Psychology*, *8*, 165-190.
Hebb, D.O. (1949). *The organization of behavior. A neuropsychological theory*. New York: Wiley.
Heckhausen, H. (1980). *Motivation und Handeln: Lehrbuch der Motivationspsychologie*. Berlin/Heidelberg: Springer.

Literatur

Heerden, P.J. van (1968). *The foundation of empirical knowledge*. Uitgeverij Wistik: Wassenaar.

Heiss, W.D., Herholz, K., Pawlik, G., Wagner, R. & Wienhard, K. (1986). Positron emission tomography in neuropsychology. *Neuropsychologia, 24*, 141-149.

Heller, K.A. (1986). *Formen der Hochbegabung bei Kinder und Jugendlichen: Identifikation, Entwicklungs- und Leistungsanalyse (2. Zwischenbericht)* (Forschungsprojekt des Bundesministeriums für Bildung und Wissenschaften, BMBW). Universität München: Institut für Empirische Pädagogik und Pädagogische Psychologie.

Heller, K.A. & Feldhusen, J.F. (1986). *Identifying and nurturing the gifted. An international perspective*. Toronto, Stuttgart: Huber.

Hempel, C. (1986). Einführung in die Jazz-Harmonielehre. *Üben und Musizieren, 3*, 344-350.

Henze, H.W. (1984). *Musik und Politik*. München: dtv.

Herrmann, C.J., Chaffin, R., Daniel, M.P. & Wool, R.S. (1986). The role of elements of relation definition in autonym and synonym comprehension. *Zeitschrift für Psychologie, 194*, 133-154.

Heuer, H. & Prinz, W. (1986). *Initiierung und Steuerung von Handlungen und Bewegungen* (erschienen im Bericht über den 35. Kongreß der Deutschen Gesellschaft für Psychologie, 1987). Bielefeld: Zentrum für interdisziplinäre Forschung (ZIF), *136*.

Heyde, E. (1987). *Das absolute Gehör*. München: Profil.

Hindemith, P. (1940). *Unterweisung im Tonsatz I, theoretischer Teil* (2. Aufl.). Mainz: Schott.

Hörmann, H. (1977). *Psychologie der Sprache* (2. Aufl.). Berlin, Heidelberg: Springer (1. Aufl. 1967).

Hoffmann, J. (1986). *Die Welt der Begriffe. Psychologische Untersuchung zur Organisation des menschlichen Wissens* (Lizenzausgabe des VEB Deutscher Verlag der Wissenschaften, Berlin). München, Weinheim: Psychologie Verlags Union.

Hofstadter, D.R. (1985). *Gödel, Escher, Bach. Ein endlos geflochtenes Band*. Stuttgart: Klett-Cotta.

Holender, D. (1986). Semantic activation without conscious identification in dichotic listenig, parafoveal vision, and visual masking: a survey and appraisal. *Behavioral and Brain Sciences, 9*, 1-66.

Holtzman, S.R. (1981). Using generative grammars for music composition. *Computer Music Journal, 5,1*, 51-64.

Hoppe-Graff, S. (1985). Verstehen als kognitiver Prozess. Psychologische Ansätze und Beiträge zum Textverstehen. *Zeitschrift für Literaturwissenschaft und Linguistik, 15*, 11-37.

Hoppe-Graff, S. & Schöler, H. (1981). Was sollen und was können Geschichtengrammatiken leisten;. In Mandl, H. (Hrsg.), *Zur Psychologie der Textverarbeitung* (S. 307-333). München: Urban & Schwarzenberg.

Horton, D.L. & Mills, C.B. (1984). Human learning and memory. *Annual Review of Psychology, 35*, 361-394.

Howell, P., Cross, I. & West, R. (1985). *Musical structure and cognition*. London: Academic Press.

Hubel, D.H. & Wiesel, T.N. (1965). Receptive fields and functional architecture in two nonstriate visual areas (18 and 19) of the cat. *Journal of Neurophysiology, 28*, 229-289.

Hubel, D.H. & Wiesel, T.N. (1979). Die Verarbeitung visueller Informationen. *Spektrum der Wissenschaft, 11*, 106-117.

Husserl, E. (1977). *Cartesianische Meditationen*. Hamburg: Felix Meiner Verlag.

Ingenkamp, K. (1981). Testkritik ohne Alternative. eine kritische Darstellung der Argumentation radikaler Schultestkritik in der deutschen Fachliteratur. In Jäger, R.S., Ingenkamp, K. & Stark, G. (Hrsg.), *Tests und Trends 1981* (S. 71-140). Weinheim: Beltz.

Jacobson, A.L., Babich, F.R., Bubash, S. & Jacobson, A. (1965). Differential-approach tendencies by injection of RNS from trained rats. *Science*, *150*, 363-637.
Johnson-Laird, P.N. (1983). *Mental models: towards a cognitive science of language, inference, and consciousness*. Cambridge, Mass.: Harvard University Press.
Johnson-Laird, P.N., Herrmann, D.J. & Chaffin, R. (1984). Only connections: A critique of semantic networks. *Psychological Bulletin*, *96*, 292-315.

Kaden, C. (1985). *Musiksoziologie* (2. Aufl.). Wilhelmshaven: Heinrichshofen (orig. Berlin: Verlag Neue Musik, 1984).
Katovsky, K., Hayes, J.R. & Simon, H.A. (1985). Why are some problems hard? Evidence from tower of Hanoi. *Cognitive Psychology*, *17*, 248-294.
Keiler, A.R. (1978). Bernstein's "The unanswered question" and the problem of Musical competence. *Musical Quarterly*, *64*, 195-222.
Keiler, A.R. (1981). Two views of musical semiotics. In Steiner, W. (Hrsg.), *The sign in music and literature* (S. 138-168). Austin: University of Texas Press.
Kerlinger, F.N. (1973). *Foundations of behavioral research*. London: Holt, Rinehart & Winston.
Kimura, D. (1982). Left hemisphere control of oral and brachial movements and their relation to communication. *Philosophical Transactions of the Royal Society of London*, *298*, 135-149.
Kintsch, W. (1982). *Gedächtnis und Kognition*. Berlin, Heidelberg: Springer (orig. 1977).
Kintsch, W. & van Dijk, T.A. (1978). Toward a model of text comprehension and production. *Psychological Review*, *85*, 363-394.
Kirchner, R. (1985). Von der Geige zur Gitarre. Zur Musizierpraxis von Jugendlichen. In Fischer, A., Fuchs, W. & Zinnecker, J. (Hrsg.), *Freizeit und Jugendkultur* (Bd. 2, S. 127-141). Opladen: Leske & Budrich.
Kleitner, G.D. (1986). Solving analogies by building propositions. In Klix, F. & Hagendorf, H. (Hrsg.), *Human memory and cognitive capabilities. Mechanisms and performances* (Bd. 2, S. 977-986). North-Holland: Elsevier.
Klix, F. (1985). Über die Nachbildung von Denkanforderungen, die Wahrnehmungseigenschaften, Gedächtnisstruktur und Entscheidungsoperationen einschliessen. *Zeitschrift für Psychologie*, *193*, 175-210.
Klix, F. (1986). Methodologische Bemerkungen zur Mikroanalyse kognitiver Strukturen und Funktionen. *Zeitschrift für Psychologie*, *194*, 131-132.
Kluck, M.L. (1978). Einige Probleme bei der Messung von "Integration". In Mandl, H. & Huber, G.L. (Hrsg.), *Kognitive Komplexität* (S. 249-262). Göttingen: Hogrefe.
Kneiff, T. (1975). *Musiksoziologie* (2. Aufl.). Laaber: Laaber.
Kneiff, T. (1977). *Politische Musik*. Wien: Doblinger.
Kötter, E. (1985). Musikpräferenzen. In Bruhn, H., Oerter, R. & Rösing, H. (Hrsg.), *Musikpsychologie – Ein Handbuch in Schlüsselbegriffen* (S. 323-331). München: Urban & Schwarzenberg.
Kolodner, J.L. (1983). Towards an understanding of the role of experience in the evolution from novice to expert. *International Journal of Man-Machine Studies*, *19*, 497-518.
Kotovsky, K., Hayes, J.R. & Simon, H.A. (1985). Why are some problems hard? Evidence from tower of Hanoi. *Cognitive Psychology*, *17*, 248-294.
Kramarz, V. (1983). *Harmonieanalyse der Rockmusik. Von Folk und Blues zu Rock und New Wave*. Mainz: Schott.
Krech, D., Rosenzweig, M. & Bennet, E.L. (1960). Effects of environmental complexity and training on brain chemistry. *Journal of Comparative Physiological Psychology*, *53*, 509-519.
Krech, D., Rosenzweig, M. & Bennet, E.L. (1962). Relations between brain chemistry and problem-solving among rats raised in enriched and impoverished environments. *Journal of Comparative Physiological Psychology*, *55*, 801-807.

Literatur

Krech, D., Rosenzweig, M. & Bennet, E.L. (1966). Enviroment impoverishment, social isolation and changes in brain chemistry and anatomy. *Physiology and Behavior, 1,* 99-104.

Krohne, H.W. & Laucht, M. (1978). Zur Operationalisierung des Konstrukts der kognitiven Strukturiertheit. In Mandl, H. & Huber, G.L. (Hrsg.), *Kognitive Komplexität* (S. 193-217). Göttingen: Hogrefe.

Krumhansl, C.L. (1979). The psychological representation of musical pitch in a tonal context. *Cognitive Psychology, 11,* 346-374.

Krumhansl, C.L. (1983). Perceptual structure for tonal music. *Music Perception, 1,* 28-62.

Krumhansl, C.L., Bharucha, J.J. & Castellano, M.A. (1982). Key distance effects on percieved harmonic structure in music. *Perception & Psychophysics, 32,* 96-108.

Krumhansl, C.L., Bharucha, J.J. & Kessler, E.J. (1982). Percieved harmonic structure of chords in three related musical keys. *Journal of Experimental Psychology. Human Perception and Performance, 8,* 24-36.

Krumhansl, C.L. & Kessler, E.J. (1982). Tracing the dynamic changes in percieved tonal organisation in a spatial representation of musical key. *Psychological Review, 89,* 334-368.

Krumhansl, C.L. & Shepard, R.N. (1979). Quantification of the hierarchy of tonal functions within a diatonic context. *Journal of Experimental Psychology: Human Perception & Performance, 5,* 579-594.

Kruskal, J.B., Young, F.W. & Seery, J.B. (1978). *How to use KYST, a very flexible programm to do multidimensional scaling and unfolding.* Murray Hill, N.J.: Bell Telephone Laboratories.

Kuckertz, J. (1980). *Außereuropäische Musik in Einzeldarstellungen (Edition MGG).* München/Kassel: dtv/Bärenreiter.

Kuhl, J. (1983). *Motivation, Konflikt und Handlungskontrolle.* Berlin, Heidelberg: Springer.

Larkin, J.H. (1977). *Problem solving in physics* (technical report). Berkeley: University of California.

Lashley, K.S. (1929). *Brain mechanismus and intelligence: a quantitative study of injuries of the brain.* Chicago: Chicago University Press.

Laske, O.E. & Drummand, S. (1980). Toward an explicit cognitive theory of musical listening. *Computer Music Journal, 4,2,* 73-83.

Leontjev, A.A. (1971). *Sprache – Sprechen – Sprechtätigkeit.* Stuttgart: Kohlhammer (orig. 1969).

Leontjew, A.N. (1982). *Tätigkeit, Bewußtsein, Persönlichkeit.* Köln: Pahl-Rugenstein (orig. 1977).

Lerdahl, F. & Jackendoff, R. (1977). Toward a formal theory of tonal music. *Journal of Music Theorie, 21,* 14-71.

Lerdahl, F. & Jackendoff, R. (1981). On the theory of grouping and meter. *The Musical Quarterly, 67,* 479-506.

Lerdahl, F. & Jackendoff, R. (1983). *A generative theory of tonal music.* Cambridge, MA.: MIT Press.

Lerner, R.M. (1982). Children and adolescents as producer of their own development. *Developmental Review, 2,* 342-370.

Leutner, D. & Borg, I. (1983). Zufallskritische Beurteilung der Übereinstimmung von Faktor- und MDS-Konfigurationen. *Diagnostica, 29,* 320-335.

Leutner, D. & Borg, I. (1985). Zur Messung der Übereinstimmung von multidimensionalen Konfigurationen mit Indizes. *Zeitschrift für Sozialpsychologie, 16,* 29-35.

Lewandowski, T. (1975). *Linguistisches Wörterbuch* (Stichwort Proposition). Heidelberg: Quelle & Meyer, *2,* 524-526.

Lewis, M.W. & Anderson, J.R. (1985). Discrimination of operator schemata in problem solving: Learning from examples. *Cognitive Psychology, 17,* 26-85.

Leyton, M. (1986). A theory of information structure. I. General principles. *Journal of Mathematical Psychology, 30,* 103-160.

Lingoes, J.C. & Borg, I. (1983). A quasi-statistical model for choosing between alternative configurations derived from ordinally constrained data. *British Journal of Mathematical and Statistical Psychology, 36,* 36-53.

Lingoes, J.C. & Roskam, E.E. (1973). A mathematical and empirical study of two multidimensional scaling algorithms. *Psychometrica, Monograph 19, 38,4.*

Lischka, C. (1987). Über die Blindheit des Wissensingenieus, die Geworfenheit kognitiver Systeme und anderes ... *Künstliche Intelligenz, 4,* 15-19.

Lissitz, R.W. & Green, S.B. (1975). Effect of number of scale points on reliability: A Monte Carlo approach. *Journal of Applied Psychology, 60,* 10-13.

MacKay, D.G. (1982). The problem of flexibility, fluency and speed accuracy trade-off in skilled behavior. *Psychological Review, 89,* 483-506.

MacKay, D.G. (1986). *The assymetrical relationship between speech perception and production* (Research Group on Perception and Action). Bielefeld: Zentrum für interdisziplinäre Forschung (ZIF), *8.*

MacKay, D.G. (1987a). *Constraints on theories of sequencing and timing in the perception and production of speech and other complex skills* (Research Group in Perception and Action). Bielefeld: Zentrum für interdisziplinäre Forschung (ZIF), *88.*

MacKay, D.G. (1987b). *Aspects of the theory of action, attention, and awareness* (Research Group in Perception and Action). Bielefeld: Zentrum für interdisziplinäre Forschung (ZIF), *120.*

Maler, W. (1967). *Beitrag zur durmolltonalen Harmonielehre* (Bd. 1). München: Leuckart.

Mandl, H., Friedrich, H.F., Hron, A. (1986). Psychologie des Wissenserwerbs. In Weidenmann, B., Krapp, A. u.a. (Hrsg.), *Pädagogische Psychologie. Ein Lehrbuch* (S. 143-218). München, Weinheim: Psychologie Verlags Union.

Mandler, J.M. (1984). *Stories, scripts, and scenes: aspects of schema theory.* Hillsdale, N.J.: Erlbaum.

Mandler, J.M. & Johnson, N.S. (1977). Remembrance of things parsed: story structure and recall. *Cognitive Psychology, 9,* 111-151.

Marr, D.B. (1982). *Vision.* San Francisco: Freeman.

Marx, W. (1984). Das Konzept der assoziativen Bedeutung. In Eye, A.v. & Marx, W. (Hrsg.), *Semantische Dimensionen. Verhaltenstheoretische Konzepte einer psychologischen Semantik* (S. 73-81). Göttingen: Hogrefe.

Marx, W. (1985). Freie Assoziation und Ähnlichkeitsberechnungen. In Bruhn, H., Oerter, R. & Rösing, H. (Hrsg.), *Musikpsychologie – Ein Handbuch in Schlüsselbegriffen* (S. 513-516). München: Urban & Schwarzenberg.

Massaro, D.W. (1986). The computer as a metaphor for psychological inquiry: considerations and recommendations. *Behavior Research Methods, Instruments & Computers, 18,* 73-92.

Matsumura, M. & Woody, C.D. (1982). Exitable chance of facial motoneurons of cats related to conditioned and unconditiones facial motor responses. In Woody, C.D: (Hrsg.), *Conditioning: representation of involved neural functions* (S. 451-458). New York: Plenum.

Mazziotta, J.C., Phelps, M.E., Carson, R.E. & Kuhl, D.E. (1982). Tomographic mapping of human cerebral metabolism: Auditory stimulation. *Neurology, 32,* 111-120.

McCulloch, W.S. & Pitts, W.H. (1943). A logical calculus of ideas immanent in nervous activity. *Bulletin of Mathematical Psychology, 5,* 45-133.

Meehan, J.R. (1980). An artifical intelligence approach to tonal music theory. *Computer Music Journal, 4,2,* 60-71.

Meredith, M.A. & Stein, B.E. (1985). Descending efferents from the superior colliculus. Relay integrated multisensory information. *Science, 227,* 657-659.

Metzger, W. (1966). Sehen. *Handbuch der Psychologie.* Göttingen: Hogrefe.

Metzger, W. (1975). *Psychologie* (5. Aufl.). Darmstadt: Steinkopff.
Metzger, W. (1976). *Gesetze des Sehens*. Frankfurt: Kramer.
Meyer, L.B. (1956). *Emotion and meaning in music*. Chicago: University of Chicago Press.
Miller, G.A. (1956). The magic number seven, plus minus two. Some limits on our capacity for processing information. *Psychological Review, 63*, 81-97.
Miller, G.A., Galanter, E. & Pribram, K.H. (1973). *Strategien des Handelns*. Stuttgart: Klett (orig. 1960).
Minsky, M. (1975). A framework for representing knowledge. In Winston, P. (Hrsg.), *The psychology of computer vision* (S. 211-277). New York: McGraw Hill.
Möbus, C. & Nagel, W. (1983). Messung, Analyse und Prognose von Veränderungen. In Bredenkamp, J. & Feger, H. (Hrsg.), *Hypothesenprüfung. Enzyklopädie der Psychologie, B I 5* (S. 239-470). Göttingen: Hogrefe.
Moles, A.A. (1971). *Informationstheorie und ästhetische Wahrnehmung* (orig. 1968). Köln: DuMont.
Moog, B., Powell, R. & Anderton, C. (1985). *Synthesizers and computers*. Cupertino, Cal.: GPI Publications.
Moore, B.C.J. (1982). *An introduction to the psychology of hearing*. London: Academic Press.
Motte, D. de la (1985). *Harmonielehre*. München/Kassel: dtv/Bärenreiter.
Motte-Haber, H. de la (1976). *Psychologie und Musiktheorie*. Stuttgart: Diesterweg.

Nattiez, J.J. (1975). *Fondements d'une semiologie de la musique*. Paris: Union Generale d'Edition.
Neisser, U. (1979). *Kognition und Wirklichkeit*. Stuttgart: Klett-Cotta (orig. 1976).
Nettl, B. (1985). *The western impact on world music. Change, adaptation, and survival*. New York: Schirmer.
Neumann, O. (1986). *A note on the distinction between automatic and controlled processing* (Research Group in Perception and Action). Bielefeld: Zentrum für interdisziplinäre Forschung (ZIF), *107*.
Newell, A. (1972). A note on the process-structure distinct in developmental psychology. In Farnham-Diggory, S. (Hrsg.), *Information processing in children* (S. 125-139). New York: Academic Press.
Newell, A. & Simon, H.A. (1972). *Human problem solving*. Englewood Cliffs, N.J.: Prentice-Hall.
Nickel, H. (1979). *Entwicklungspsychologie des Kindes- und Jugendalters, Bd. 1* (3. Aufl.). Bern: Huber.
Norman, D.A. & Rumelhart, D.E. (1978). *Strukturen des Wissens: Wege der Kognitionsforschung*. Stuttgart: Klett-Cotta (orig. 1975).

Oerter, R. (1978). Informationsverarbeitung im Rahmen eines Modells kognitiver Sozialisation. In Mandl, H. & Huber, G.L. (Hrsg.), *Kognitive Komplexität* (S. 141-217). Göttingen: Hogrefe.
Oerter, R. (1979a). Ein ökologisches Modell kognitiver Sozialisation. In Walter, H. & Oerter, R. (Hrsg.), *kologie und Entwicklung* (S. 58-70). Donauwörth: Auer.
Oerter, R. (1979b). Welche Realität erfasst die Unterrichtsforschung? *Unterrichtswissenschaft, 7*, 24-43.
Oerter, R. (1982). Interaktion als Individuum-Umwelt-Bezug. In Lantermann, E.D. (Hrsg.), *Wechselwirkungen. Psychologische Analysen der Mensch-Umwelt-Beziehung* (S. 101-127). Göttingen: Hogrefe.
Oerter, R. (1983). Emotion als Komponente des Gegenstandsbezugs. In Mandl, H. & Huber, G.L. (Hrsg.), *Emotion und Kognition* (S. 282-315). München: Urban & Schwarzenberg.

Oerter, R. (1985). Handlungstheoretische Ansätze in der Musikpsychologie. In Bruhn, H., Oerter, R. & Rösing, H. (Hrsg.), *Musikpsychologie – Ein Handbuch in Schlüsselbegriffen* (S. 149-156). München: Urban & Schwarzenberg.

Oerter, R. (1986). Developmental task through the life span: A new approach to an old concept. In Baltes, P.B., Featheman, D.L. & Lerner, R.M. (Hrsg.), *Life-span development and behavior* (Bd. 7, S. 233-269). Hillsdale, N.J.: Erlbaum.

Oesch, H. (1984). *Außereuropäische Musik, Teil 1* (Neues Handbuch der Musikwissenschaft, Bd. 8). Laaber: Laaber.

Orlov, H. (1981). Toward a semiotics of music. In Steiner, W. (Hrsg.), *The sign in music and literature* (S. 131-137). Austin: University of Texas Press.

Panksepp, J. (1986). The neurochemistry of behavior. *Annual Review of Psychology*, 37, 77-107.

Pekrun, R. (1984). *Expectancies, valences and personality traits in human motivation* (Forschungsberichte aus dem Institutsbereich Persönlichkeitspsychologie und Psychodiagnostik). Universität München: Institut für Psychologie, 1.

Pekrun, R. (1985). Musik und Emotion. In Bruhn, H., Oerter, R. & Rösing, H. (Hrsg.), *Musikpsychologie – Ein Handbuch in Schlüsselbegriffen* (S. 180-188). München: Urban & Schwarzenberg.

Pekrun, R. (1988). *Emotion, Motivation und Persönlichkeit*. München, Weinheim: Psychologie Verlags Union.

Pekrun, R. & Bruhn, H. (1986). *Emotion und Kognition: Einflüsse der Stimmungslage auf das Musikerleben* (Forschungsberichte aus dem Institutsbereich Persönlichkeitspsychologie und Psychodiagnostik). Universität München: Institut für Psychologie, 6.

Perfetti, C.A. & Hogaboam, T. (1975). The relation between single word decoding and reading comprehension skill. *Journal of Educational Psychology*, 67,4, 461-469.

Perlman, A.M. & Greenblatt, D. (1981). Miles Davis meets Noam Chomsky: Some observations on Jazz improvisation and language structure. In Steiner, W. (Hrsg.), *The sign in music and literature* (S. 169-183). Austin: University of Texas Press.

Petri, H. (1966). Form- und Strukturparallelen in Literatur und Musik. *Studium Generale*, 19, 72-84.

Petzold, R.G. (1966). *Auditory perception of musical sounds by children in the first six grades* (Bd. 1051). University of Wisconsin: Cooperative Research Project.

Phelps, M.E., Mazziotta, J.C. & Huang, S.C. (1982). Study of cerebral function with positron computed tomography. *Journal of Cerebral Blood Flow and Metabolism*, 2, 113-162.

Philipp, S. (1984). *MIDI-Kompendium 1*. Wiesbaden: Kapehl & Philipp.

Philipp, S. (1986). *MIDI-Kompendium 2*. Wiesbaden: Kapehl & Philipp.

Piaget, J. (1932). *The moral judgement of the child*. London: Kegan Paul, Trench & Trubner.

Piaget, J. (1947). *La psychologie de l'intelligence*. Paris: Colin.

Piaget, J. (1975). *Das Erwachen der Intelligenz beim Kinde* (2. Aufl.). Stuttgart: Klett (orig. 1936).

Piaget, J. (1976). *Die Äquilibration der kognitiven Strukturen*. Stuttgart: Klett.

Piaget, J., Inhelder, B. & Szeminska, A. (1971). *Die natürliche Geometrie des Kindes*. Stuttgart: Klett (orig. 1948).

Piesbergen, C. (1986). Induzierte kognitive Strategien und Übungseffekt bei Mehrfachaufgaben. *Zeitschrift für experimentelle und angewandte Psychologie*, 33, 475-488.

Plattig, K.H. (1985). Psychophysiologie des Gehörs. In Bruhn, H., Oerter, R. & Rösing, H. (Hrsg.), *Musikpsychologie – Ein Handbuch in Schlüsselbegriffen* (S. 31-58). München: Urban & Schwarzenberg.

Popper, K.R. & Eccles, J.C. (1987). *Das Ich und sein Gehirn* (7. Aufl.). München: Piper (orig. 1977).

Powers, H.S. (1980). Language models and musical analysis. *Ethnomusicology*, 24, 1-61.

Pratt, G. (1985). Traditional harmony reassessed. *British Journal of Music Education*, 2, 2, 119-132.
Pribram, K.H. (1977). *Languages of the brain – experimental paradoxes and principles in neuropsychology*. Monterey, California: Brooks/Cole.
Pribram, K.H. (1984). What is iso and what is morphic in isomorphic. *Psychological Research*, 46, 329-332.
Pribram, K.H. (1986). The cognitive revolution and mind/brain issues. *American Psychologist*, 41, 507-520.

Radocy, R.E. (1978). Some unanswered questions in musical perception. *Psychology of Music*, 6,1, 47-53.
Rameau, J.P. (1722). *Traité de l'harmonie. Reduite a sés principes naturels*. Paris: Ballards.
Ratner, L.G. (1970). Key definition – a structural issue in Beethoven's music. *Journal of The American Musicological Society*, 23, 472-483.
Rauhe, H., Reinecke, H.P. & Ribke, W. (1975). *Hören und Verstehen. Theorie und Praxis handlungsorientierten Musikunterrichts*. München: Kösel.
Revesz, G. (1926). Zur Geschichte der Zweikomponentenlehre. *Zeitschrift für Psychologie*, 99.
Rieger, E. (1981). *Frau, Musik und Männerherrschaft. Zum Ausschluss der Frau aus der deutschen Musikpädagogik, Musikwissenschaft und Musikausübung*. Frankfurt: Ullstein.
Rieger, E. (1987). Feministische Musikpädagogik – sektiererischer Irrweg oder Chance zu einer Neuorientierung. *Jahrbuch des Arbeitskreises Musikpädagogische Forschung (AMPF)*, 8, 123-132.
Riemann, H. (1873). *Musikalische Logik. Hauptzüge der physiologischen und psychologischen begründung unseres Musiksystems* (als Dissertation unter dem Titel "Über das musikalische Hören"). Leipzig: Kahnt.
Riemann, H. (1880). *Skizze einer Methode der Harmonielehre*. Leipzig: Breitkopf & Härtel.
Riemann, H. (1882). Die Natur der Harmonik. In Waldersee, P. (Hrsg.), *Sammlung musikalischer Vorträge* (S. 159-190). Leipzig: Breitkopf & Härtel.
Riemann, H. (1893). *Vereinfachte Harmonielehre oder: Die Lehre von den tonalen Funktionen der Akkorde* (2. Aufl.). London: Augener & Co.
Roads, C. (1979). Grammars as representations for music. *Computer Music Journal*, 3,1, 48-55.
Roads, C. (1980). Artificial intelligence and music. *Computer Music Journal*, 4,2, 13-25.
Roe, A. (1953). A psychological study of eminent psychologists and anthropologists, and a comparison with biological and physical scientists. *Psychological Monographs: General and Applied*, 67, 1-55.
Roederer, J.C. (1979). *Introduction to the physics and psychophysics of music* (2. Aufl.). New York: Springer.
Roederer, J.C. (1987). Neuropsychological processes relevant to the perception of music – an introduction. In Spintge, R. & Droh, R. (Hrsg.), *Musik in der Medizin – music in medicine* (S. 81-106). Berlin, Heidelberg: Springer.
Rösing, H. (1985). Musikalische Ausdrucksmodelle. In Bruhn, H., Oerter, R., & Rösing, H. (Hrsg.), *Musikpsychologie – Ein Handbuch in Schlüsselbegriffen* (S. 174-179). München: Urban & Schwarzenberg.
Rösing, H. & Bruhn, H. (1985). Geschichte der Musikpsychologie. In Bruhn, H., Oerter, R. & Rösing, H. (Hrsg.), *Musikpsychologie – Ein Handbuch in Schlüsselbegriffen* (S. 12-22). München: Urban & Schwarzenberg.
Rösing, H. & Bruhn, H. (1988). Angewandte Musikpsychologie. In Hoyos, G.v., Frey, D. & Stahlberg (Hrsg.), *Angewandte Psychologie*. München, Weinheim: Psychologie Verlags Union, im Druck.

Rösing, H. & Roederer, J.C. (1985). Musik in der Entwicklung der Menschheit. In Bruhn, H., Oerter, R. & Rösing, H. (Hrsg.), *Musikpsychologie – Ein Handbuch in Schlüsselbegriffen* (S. 351-359). München: Urban & Schwarzenberg.
Rohrmann, B. (1978). Empirische Studien zur Entwicklung von Antwortskalen für die sozialwissenschaftliche Forschung. *Zeitschrift für Sozialpsychologie, 9,* 222-245.
Rosen, C. (1980). *Sonata forms.* New York: Norton.
Rosen, C. (1983). *Der klassische Stil.* München/Kassel: dtv/Bärenreiter.
Rosenzweig, M. (1984). Experience, memory, and the brain. *American Psychologist, 39,* 365-376.
Roskam, E.E. (1969). A comparison of principles for algorithm construction in nonmetric scaling. *Michigan Mathematical Psychological Program, Technical Report 69-2.*
Roskam, E.E. & Lingoes, J.C. (1975). *MINISSA – Edinburgh version.* Nijmegen, Niederlande: Universität.
Rothgeb, J. (1980). Simulating musical skills by digital computer. *Computer Music Journal, 4,2,* 36-40.
Ruwet, N. (1975). Theorie et methode dans les etudes musicales: Quelques remarque retrospectives et preliminaires. *Musique en Jeu, 17,* 11-36.

Schank, R.C. (1982). *Dynamic memory. A theory of reminding and learning in computers and people.* Cambridge: Cambridge University Press.
Schank, R.C. & Abelson, R.P. (1977). *Scripts, plans, goals, and understanding* (2. Aufl.). Hillsdale, N.J.: Erlbaum (orig. 1972).
Scheibel, A.B. (1980). Neuronal organization by dendritic bundling – in guess of general principles. In Routtenberg, A. (Hrsg.), *Biology of reinforcement: facets of brain-stimulated reward* (S. 133-145). New York: Academic Press.
Schenker, H. (1954). *Harmony.* Chicago: University of Chicago Press.
Schenker, H. (1956). *Der freie Satz* (2. Aufl.). Wien: Universal Edition (orig. 1935).
Schenker, H. (1979). *Free composition.* New York: Longman.
Schmidt, R.F. (1979a). Der Aufbau des Nervensystems. In Schmidt, R.F. (Hrsg.), *Grundriss der Neurophysiologie* (S. 1-19). Berlin, Heidelberg: Springer.
Schmidt, R.F. (1979b). Integrative Funktionen des Zentralnervensystems. In Schmidt, R.F. (Hrsg.), *Grundriss der Neurophysiologie* (S. 278-320). Berlin, Heidelberg: Springer.
Schmidt, R.F. (1980). Somato-viscerale Sensibilität. In Schmidt, R.F. (Hrsg.), *Grundriss der Sinnesphysiologie* (S. 95-150). Berlin, Heidelberg: Springer.
Schmidt, R.F. (1982). *Motor control and learning – a behavioral emphasis.* Champaign, Ill.: Human Kinetics Publishers.
Schneider, M. (1969). *Die Geschichte der Mehrstimmigkeit* (ursprünglich 2 Bände, 1. Aufl. 1934/35). Tutzing: Schneider.
Schneider, W. (1985). Developmental trends in the meta-memory – memory behavior relationship: An integrative review. In Forrest-Pressley, D.L., MacKinnon, G.E. & Waller, T.G. (Hrsg.), *Cognition, meta-cognition, and human performance* (Bd. 1, S. 57-109). New York: Academic Press.
Schneider, W., Körkel, J. & Weinert, F.E. (1987). *Knowledge base and memory performance: A comparison of academically successful and unsuccessful learners.* (Paper presented at the annual meetings of the American Educational Research Association). Washington, DC.: University of Columbia.
Schönemann, P.H. & Borg, I. (1983). Grundlagen der mehrdimensionalen metrischen Skaliermethoden. In Feger, H. & Bredenkamp, J. (Hrsg.), *Messen und Testen* (S. 257-345). Göttingen: Hogrefe.
Schönpflug, U. (1977). *Psychologie des Erst- und Zweitspracherwerbs: Eine Einführung.* Stuttgart: Kohlhammer.

Literatur

Schroder, H.M., Driver, M.J. & Streufert, S. (1975). *Menschliche Informationsverarbeitung*. Weinheim: Beltz.
Seiler, T.B. & Wannenmacher, W. (1987). Begriffs- und Bedeutungsentwicklung. In Oerter, R. & Montada, L. (Hrsg.), *Entwicklungspsychologie* (S. 463-505). München, Weinheim: Psychologie Verlags Union.
Serafine, M.L. (1983a). Cognition in music. *Cognition, 14*, 119-183.
Serafine, M.L. (1983b). Cognitive processes in music: Discoveries vs. definitions. *Bulletin of the Council for Research in Music Education, 73*, 1-14.
Serafine, M.L. (1986). Music. In Dillon, R.F. & Sternberg, R.J. (Hrsg.), *Cognition and Instruction* (S. 299-341). New York: Academic Press.
Shepard, R.N. (1962). The analysis of proximity: Multidimensional scaling with an unknown distance function. *Psychometrica, 27*, 125-139.
Shepard, R.N. (1982). Structural representations of musical pitch. In Deutsch, D. (Hrsg.), *The psychology of music* (S. 344-390). New York: Academic Press.
Shuter, R. (1968). *The psychology of musical ability*. London: Methuen.
Shuter-Dyson, R. (1985). Musikalische Sozialisation durch Elternhaus und Schule. In Bruhn, H., Oerter, R. & Rösing, H. (Hrsg.), *Musikpsychologie – Ein Handbuch in Schlüsselbegriffen* (S. 195-204). München: Urban & Schwarzenberg.
Siegel, S. (1985). *Nicht-parametrische statistische Methoden* (2. Aufl.). Frankfurt: Fachbuchhandlung für Psychologie.
Silbermann, A. (1979). Max Weber (1864-1920). In Silbermann, A. (Hrsg.), *Klassiker der Kunstsoziologie* (S. 85-113). München: Beck.
Simon, D.P. & Simon, H.A. (1978). Individual differences in solving physics problems. In Siegler, R. (Hrsg.), *Children's thinking: What develops?*. Hillsdale, N.J.: Erlbaum.
Simonton, D.K. (1984). Melodic structure and note transition probabilities. A content analysis of 15618 classical themes. *Psychology of Music, 12*, 3-16.
Sloboda, J.A. (1977). Phrase units as determinants of visual processing in music reading. *British Journal of Psychology, 68*, 117-124.
Sloboda, J.A. (1984). Experimental studies of music reading: A review. *Music Perception, 2*, 222-236.
Sloboda, J.A. (1985). *The musical mind*. Oxford. Clarendon Press.
Sloboda, J.A. & Gregory, A.H. (1980). The psychological reality of musical segments. *Canadian Journal of Psychology, 34*, 274-280.
Smoliar, S.W. (1980). A computer aid for Schenkerian analysis. *Computer Music Journal, 4,2*, 41-52.
Sommer, H.D. (1982). Max Webers musiksoziologische Studie. *Archiv für Musikwissenschaft, 39,2*, 79-99.
Sperling, G.A. (1960). The information available in brief visual presentations. *Psychological Monographs. Whole No. 498*.
Squire, L.R. & Butters, N. (1984). *Neuropsychology of memory*. New York: Guilford Press.
Stabler, E.P. (1984). Berwick und Weinberg on linguistics and computational psychology. *Cognition, 17*, 155-179.
Steedman, M.J. (1984). A generative grammar for jazz chord sequences. *Music Perception, 2,1*, 52-77.
Stein, N.L. & Glenn, C.G. (1979). An analysis of story comprehension in elementary school children. In Freedle, R. (Hrsg.), *New directions in discourse processing* (Bd. 2). Norwood, N.J.: Ablex.
Stein, N.L. & Trabasso, T. (1979). What's in a story: An approach to comprehension and instruction. In Glaser, R. (Hrsg.), *Advances in the psychology* (Bd. 2, S. 213-267). Hillsdale, N.J.: Erlbaum.
Stevens, S.S. (1959). Measurement, psychophysics, and utility. In Churchman, C.W. & Ratoosh, P. (Hrsg.), *Measurement: definitions and theories*. New York: Wiley.

Stoffer, T.H. (1981). *Wahrnehmung und Repräsentation musikalischer Strukturen. Funktionale und strukturelle Aspekte eines kognitiven Modells des Musikhörens* (phil. Diss.). Universität Bochum: Institut für Psychologie.

Stoffer, T.H. (1985). Representation of phrase structure in the perception of music. *Music Perception*, 3, 191-220.

Strube, G. (1984). *Assoziation – Der Prozess des Erinnerns und die Struktur des Gedächtnisses*. Berlin, Heidelberg: Springer.

Stumpf, C. & Hornbostel, E. (1911). Über die Bedeutung ethnologischer Untersuchungen für die Psychologie und Ästhetik der Tonkunst. *Bericht über den IV. Kongreß der experimentellen Psychologie*, 256-269.

Sulz, K.D. (1980). *Dimensionale Analyse kognitiver Konzepte – Eine Untersuchung zur Struktur psychiatrischer Diagnosekonzepte* (phil. Diss.). München: Institut für Psychologie.

Sundberg, J. & Lindbloom, B. (1976). Generative theories in language and music descriptions. *Cognition*, 4, 99-122.

Szagun, G. (1983). *Bedeutungsentwicklung beim Kind*. München: Urban & Schwarzenberg.

Tan, N., Aiello, R. & Bever, T.G. (1981). Harmonic structure as a determinant of melodic organization. *Memory & Cognition*, 9, 533-539.

Terman, L.M. (1954). The discovery and encouragement of exceptional talent. *American Psychologist*, 9, 221-230.

Toch, E. (1948). *The shaping forces in music: An inquiry into the nature of harmony, melody, counterpoint, form* (3. Aufl. New York: Dover Publ. 1977). New York: Criterion Music.

Trabasso, T. & Nicholas, D.W. (1980). Memory and inferences in the comprehension of narratives. In Wilkening, F., Becker, J. & Trabasso, T. (Hrsg.), *Information integration by children* (S. 215-242). Hillsdale, N.J.: Erlbaum.

Tulving, E. (1972). Eposodic and semantic memory. In Tulving, E. & Donaldson, W. (Hrsg.), *Organisation of memory* (S. 382-403). New York: Academic Press.

Tulving, E. (1985). How many memory systems are there? (1984 APA Award Adresses). *American Psychologist*, 40, 385-398.

Tulving, E. (1986). What kind of a hypothesis is the distinction between episodic and semantic memory? *Journal of Experimental Psychology: Learning, Motivation, and Cognition*, 12, 307-311.

Tunley, D. (1984). *Harmony in action. A practical course in tonal harmony*. London: Faber.

Turner, A. & Greene E. (1977). *Construction and use of a propositional text base. Technical Report No.63*. University of Colorado: Institute for the Study of Intellectual Behavior.

Umbach, K. (1987). Mit Gloria und Glykol in den Rückwärtsgang. *Der Spiegel*, 41, 2, 142-146.

Velten, K. (1976). Möglichkeiten und Grenzen der didaktischen Auswertung einer informationstheoretisch orientierten Ästhetik. *Musik und Bildung*, 8, 1976.

Vygotsky, L.S. (1964). *Denken und Sprechen*. Stuttgart: Fischer.

Waldmann, M.R. (1987). *Schema und Gedächtnis. Der Einfluß von Szenen- und Ereignisschemata auf das Gedächtnis für natürliche Situationen* (phil. Diss., bisher unveröffentlicht). München: Max-Planck-Institut für Psychologie.

Weber, M. (1972). *Die rationalen und soziologischen Grundlagen der Musik* (5. Aufl.). München: Drei Masken Verlag (orig. 1921).

Weinert, F.E. & Strube, G. (1986). *Computer als Modelle menschlicher Informationsverarbeitung: I. Wirkungen, II. Rückwirkungen*. Baden-Baden: IBM-Hochschulkongress.

Literatur

Weinert, F.E. & Waldmann, M.R. (1985). Das Denken Hochbegabter. Intellektuelle Fähigkeiten und kognitive Prozesse. *Vortrag auf der 6. World Conference on Gifted and Talented Children*. Hamburg.

Wellek, A. (1938). *Das absolute Gehör und seine Typen* (Neuauflage 1970). Leipzig: Barth.

Wellek, A. (1963). *Musikpsychologie und Musikästhetik*. Frankfurt: Akademische Verlagsgesellschaft.

Wender, K. (1971). Die Metrik der multidimensionalen Skalierung als Funktion der Urteilsschwierigkeit. *Zeitschrift für experimentelle und angewandte Psychologie, 18*, 166-187.

Werbik, H. (1971). *Informationsgehalt und emotionale Wirkung von Musik*. Mainz: Schott.

West, R., Cross, I. & Howell, P. (1987). Modelling music as input-output and as process. *Psychology of Music, 15*, 7-29.

Winograd, T. (1968). Linguistics and computer analysis of tonal harmony. *Journal of Music Theory, 12*, 2-49.

Winston, P.H. (1984). *Artificial intelligence* (2. Aufl.). Reading, MA.: Addison-Wesley.

Wörner, K.H. (1972). *Geschichte der Musik* (5. Aufl.). Göttingen: Vandenhoeck & Ruprecht.

Woody, C.D. (1982). *Conditioning: representation of involved neural functions*. New York: Plenum.

Woody, C.D. (1984). Studies of Pavlovian eyeblink conditioning in awake cats. In Lynch, G., McGaugh, J.L. & Weinberger, N.M. (Hrsg.), *Neurobiology of learning and memory* (S. 181-196). New York: Guilford.

Woody, C.D. (1986). Understanding the cellular basis of memory and learning. *Annual Review of Psychology, 37*, 433-493.

Wooldridge, D.E. (1979). *Sensory processing in the brain: an exercise in neuroconnective modelling*. New York: Wiley.

Wundt, W. (1902). *Physiologische Psychologie, Bd. 2* (2. Aufl.). Leipzig: Engelmann.

Zarlino, G. (1573). *Le istituzioni harmoniche*. Venedig: o.V. (Erstausgabe vermutlich 1558).

Zelman, A., Jacobson, R. & McConell, J.V. (1963). Transfer of training through injection of "conditioned" RNA into untrained worms. *The Worm Runners' Digest, 5*, 14-21.

Zenner, H.P. (1986). Aktive Bewegungen von Haarzellen: Ein neuer Mechanismus beim Hörvorgang. *Hals-Nasen-Ohren, 34*, 133-138.

Zenner, H.P. (1986). Motile responses in outer hair cells. *Hearing Research, 22*, 83-90.

Zwislocki, J.J. (1978). Masking: Experimental and theoretical aspects of simultaneous, forward, backward, and central masking. In Carterette, E.C. & Friedman, M.P. (Hrsg.), *Handbook of perception. Hearing* (Bd. IV, S. 283-336). New York: Academic Press.

Personenregister

Abelson, R.P. 35, 37, 45, 116
Adorno, T.W. 21, 212 f.
Aebli, H. 19 f.,35 ff., 41, 45
Aicher, R. 120
Aiello, R. 77, 83
Alphonce, B.H. 16
Anderson, J.R. 35, 42, 45, 46, 73, 113
Anderton, C. 120
Andres, K. 151

Babich, F.R. 53
Baker, B.O. 128
Ballard, D.H. 64
Ballstaedt, S.P. 24, 36f., 41, 46
Balzano, G.J. 24
Barclay, J.R. 104
Bartlett, D.L. 23
Bartlett, F.C. 35, 36, 104
Bastian, H.G. 18
Beach, D. 11
Beaugrande, R.d. 63
Beethoven, L.v. 87 ff., 96 ff.
Behne, K.E. 147
Bennet, E.L. 53
Bernstein, L. 18
Besseler, H. 21
Bever, T.G. 77, 83
Bharucha, J.J. 3, 23, 29 ff.
Bien, W. 144
Bimberg, S. 21
Black, J.B. 104
Blaukopf, K. 2 ff.
Blume, F. 7, 9, 77
Boesch, E.E. 39, 40
Borg, I. 133, 136 ff., 140 ff., 144, 174
Bortz, J. 125, 127, 128, 149, 150
Bower, G.H. 39, 40, 42, 104
Bradshaw, J.L. 51, 58, 69
Brainerd, C.J. 64
Bransford, J.D. 104
Brewer, W.F. 103
Brix, L. 65
Bronfenbrenner, U. 2, 128

Brown, H. 27, 82, 122
Bruhn, H. 3, 9, 55, 57 f., 60, 123, 127 f., 133, 135, 139, 143
Bruner, J.S. 10
Bubash, S. 53, 113
Burdach, K.J. 16
Burns, E.M. 23
Butler, D. 27, 82, 122
Butters, N. 53

Carroll, J.D. 131, 143
Carson, R.E. 60
Castellano, M.A. 31, 32
Chaffin, R. 37
Chandler, B.G. 78
Chang, J.J. 143
Chang, P.W. 35, 41
Charniak, E. 46
Chase, W.G. 115, 116
Chi, M.T.H. 115 ff.
Chomsky, N. 1, 9 ff., 10 f., 18, 19
Clarke, D.D. 103
Cohen, A.J. 28
Collins, A.M. 45
Cooper, R. 7
Cranach, M.v. 20
Creutzfeld, O.D. 51
Cross, D.V. 133
Cross, I. 2, 26, 65, 80, 85
Cuddy, L.L. 28

Dahlhaus, C. 76, 79
Danielou, A. 7, 22
De Kleer, J. 115
Deshpande, M.M. 9
Deutsch, D. 28, 33
Dörner, D. 72
Dollase, R. 147
Dowling, W.J. 2, 20, 23, 28
Driver, M.J. 40
Droge, U. 144
Drummand, S. 16
Dudel, J. 50

Personenregister

Easter, S.S. 53
Eccles 50, 58, 65
Eggebrecht, H.H. 1 f., 7, 76
Ehrenfels, Chr.v. 210

Faltin, P. 16
Farley, J. 51
Feroe, J. 28, 33
Feldhusen, J.F. 115
Feltovich, P.J. 116 f.
Fiske, S.T. 37
Fodor, J.A. 58
Födermayr, F. 3
Forte, A. 81
Fox, G.C. 51, 58
Franks, J.J. 104
Frey, D. 36, 37
Friedrich, H.F. 113

Gabor, D. 52
Gacek, R.R. 58 f.
Galanter, E. 57
Gazzaniga, M.S. 58, 61, 64, 69
Gelernter, D. 51, 58
Gembris, H. 2
Gentner, D. 47, 65
Georgiades, T. 7
Gibson, J.J. 20, 36, 39, 62, 107
Gigerenzer 125 ff., 132 ff., 139 ff., 143, 171
Glaser, R. 115 ff.
Glenn, C.G. 105
Gordon, E. 75
Grabner, H. 77, 79, 82, 112
Graesser, A.C. 104
Graf, W. 3
Green, S.B. 124
Greenblatt, D. 14 f.
Greene E. 41, 63
Greeno, J.G. 113, 116
Gregory, A.H. 33
Grimm, C.W. 78
Grimm, H. 19
Groeben, N. 39, 41
Grudin, J. 47, 65
Gugler, B. 20

Hacker, W. 62
Harbinson, W.G. 77, 78, 88

Hardyck, C.D. 128
Harrison, J.M. 57
Harwood, D.L. 2
Hauptmann, M. 77
Haydn, J. 88 ff., 96 f.
Hayes, J.R. 116, 117
Hebb, D.O. 52
Heckhausen, H. 39
Heerden, P.J.v. 52, 65
Heiss, W.D. 60
Heller, K.A. 115, 123
Hempel, C. 79
Henze, H.W. 212
Herholz, K. 60
Herrmann, D.J. 37
Heyde, E. 209
Hindemith, P. 82
Hörmann, H. 1
Hoffmann, J. 37
Hofstadter, D.R. 82, 87
Hogaboam, T. 115
Holender, D. 55
Holoyak, K.L. 35, 41
Holtzman, S.R. 16
Hoppe-Graff, S. 19, 103
Hornbostel, E. 22, 76
Horton, D.L. 35
Howe, H.E. 57
Howell, P. 2, 26, 65, 80, 85
Hron, A. 113
Huang, S.C. 60
Hubel, D.H. 50, 53
Husserl, E. 65

Indermühle, K. 20
Ingenkamp, K. 127, 128
Inhelder, B. 36

Jackendoff, R. 10, 12
Jacobson, A. 53
Jacobson, A.L. 53, 113
Jacobson, R. 53
Johnson, N.S. 104, 105
Johnson-Laird, P.N. 37, 46 ff., 212

Kaden, C. 2
Kalbermatten, U. 20
Keiler, A.R. 9, 10, 15 ff., 17 f., 122
Kerlinger, F.N. 128
Kessler, E.J. 28 ff.
Kimura, D. 58, 69

Personenregister

Kingma, J. 64
Kintsch, W. 35 ff., 41, 46, 56, 63, 71 f., 85, 116
Kirchner, R. 145
Kleitner, G.D. 41
Kline, P.J. 113
Klix, F. 37, 58, 211
Kluck, M.L. 133
Kneiff, T. 1
Körkel, J. 113, 116
Kötter, E. 3
Kolodner, J.L. 117
Kotovsky, K. 116, 117
Kramarz, V. 79
Krech, D. 53
Krohne, H.W. 47
Krumhansl, C.L. 3, 24, 27 ff., 47, 109
Kruskal, J.B. 136, 140
Kuckertz, J. 1
Kuhl, D.E. 60
Kuhl, J. 39

Larkin, J.H. 115, 118
Laske, O.E. 16
Laucht, M. 47
LeDoux, J.E. 58, 61, 64
Leontjev, A.A. 2
Leontjew, A.N. 19, 37, 65, 69, 75
Lerdahl, F. 10, 12
Leutner, D. 141, 142, 144, 174
Lewandowski, T. 40
Lewis, M.W. 35
Liesch, B.W. 24
Lindbloom, B. 12, 14
Lingoes, J.C. 141, 142
Linville, P.W. 37
Lischka, C. 211
Lissitz, R.W. 124

MacKay, D.G. 44, 54, 55, 61, 63, 69
Maler, W. 19, 79
Mandl, H. 24, 36f., 41, 46, 113
Mandler, J.M. 104, 105
Marr, D.B. 36, 46 ff.
Marx, W. 45, 143
Massaro, D.W. 47
Matsumura, M. 53
Mazziotta, J.C. 60
McConell, J.V. 53
McCulloch, W.S. 50

McDermott, D. 46
Meehan, J.R. 16
Meredith, M.A. 71
Messina, P.C. 51, 58
Metzger, W. 65, 82, 83, 210
Mewhort, D.J.K. 28
Meyer, L.B. 82
Miller, G.A. 23, 57
Mills, C.B. 35
Minsky, M. 37
Möbus, C. 94
Moles, A.A. 9, 209
Moog, B. 120
Moore, B.C.J. 210
Motte, D. de la 19, 79, 82, 112
Motte-Haber, H. de la 94
Mozart, W.A. 86 ff., 96 ff.

Nagel, W. 94
Nattiez, J.J. 9
Neisser, U. 20, 35 f., 44, 57
Nettl, B. 2
Nettleton, N.C. 51, 69
Neumann, O. 57, 69
Neves, D.M. 113
Newell, A. 71, 116, 118
Nickel, H. 59
Nicholas, D.W. 105
Norman, D.A. 41, 42, 45, 63

Oerter, R. 3, 19 ff., 39 ff., 62, 75, 126, 128, 210
Oesch, H. 1, 22
Orlov, H. 7, 9

Panksepp, J. 53
Pawlik, G. 60
Pekrun, R. 40, 44, 123, 208
Perfetti, C.A. 115
Perlman, A.M. 15 f.
Petri, H. 7
Petrinovich, L.F. 128
Petzold, R.G. 148
Phelps, M.E. 60
Philipp, S. 120
Piaget, J. 19, 35f., 40, 104, 120
Piesbergen, C. 69
Pitts, W.H. 50
Plattig, K.H. 57, 59, 60, 129
Popper, K.R. 50, 58, 65

237

Personenregister

Powell, R. 120
Powers, H.S. 9
Pratt, G. 21
Pribram, K.H. 50 ff., 57, 58, 210
Purves, D. 53

Quillian, M.R. 45

Radocy, R.E. 1
Rakic, P. 53
Rameau, J.P. 77
Rauhe, H. 9
Rees, E. 115, 118
Reinecke, H.P. 9
Revesz, G. 24
Ribke, W. 9
Rieger, E. 147
Riemann, H. 4, 19, 79
Roads, C. 1, 16
Roe, A. 116
Roederer, J.C. 1, 57, 59, 63, 64
Rösing, H. 1, 3, 7, 9
Rohrmann, B. 124, 128
Rosen, C. 2, 11 f., 21, 78, 82, 89, 95
Rosenzweig, M. 53
Roskam, E.E. 142
Rothgeb, J. 16
Rüsenberg, M. 147
Rumelhart, D.E. 41, 42, 45, 63
Ruwet, N. 9

Schank, R.C. 35, 37, 40, 45, 116
Scheibel, A.B. 59
Schenker, H. 11
Schmidt, R.F. 35, 50, 57 f., 69
Schneider, M. 76
Schneider, W. 104, 113, 116
Schnotz, W. 24, 36f., 41, 46
Schöler, H. 19, 103
Schönemann, P.H. 133, 138
Schönpflug, U. 10, 18, 20
Schroder, H.M. 40
Seiler, T.B. 45
Serafine, M.L. 1, 78, 209
Shepard, R.N. 23 ff., 109, 131, 137 ff., 174
Shuter, R. (Shuter-Dyson, R.) 21, 120, 147
Siegel, S. 156
Silbermann, A. 208

Simon, D.P. 115, 118
Simon, H.A. 115 ff.
Simonton, D.K. 94
Sloboda, J.A. 32, 33
Smoliar, S.W. 16
Sommer, H.D. 3 f.
Sperling, G.A. 56
Spitzer N.C. 53
Squire, L.R. 53
Stabler, E.P. 19
Steedman, M.J. 15, 122
Stein, B.E. 71
Stein, N.L. 105
Stoffer, T.H. 10, 13, 14, 32, 103
Stollenwerk, H.J. 147
Streufert, S. 40
Strube, G. 37, 45, 47, 64, 69
Stumpf, C. 22, 76
Sulz, K.D. 133
Sundberg, J. 12, 14
Szeminska, A. 36

Tan, N. 77, 83
Tergan, S.O. 24, 36f., 41, 46
Terman, L.M. 116
Toch, E. 82
Trabasso, T. 105
Tulving, E. 60
Tunley, D. 12
Turner, A. 41, 63

Umbach, K. 211

van Dijk, T.A. 72, 116
Velten, K. 65
Vygotsky, L.S. 39, 18

Wagner, R. 60
Waldmann, M.R. 105, 115
Wannenmacher, W. 45
Ward, W.D. 23
Weber, M. 3 f., 213
West, R. 2, 26, 80
Weinert, F.E. 47, 113, 115, 116
Wellek, A. 3, 82
Wender, K. 133
Werbik, H. 3
West, R. 65, 85
Wienhard, K. 60
Wiesel, T.N. 50, 53

238

Winograd, T. 16
Winston, P.H. 46
Wörner, K.H. 2, 21
Woody, C.D. 53
Wooldridge, D.E. 50
Wundt, W. 3

Zarlino, G. 77
Zelman, A. 53
Zenner, H.P. 57
Zwislocki, J.J. 61

Sachregister

Absichten 69
absolutes Gehör 150, 151, 209
ABWEICH (*mittlerer Fehler*) 108 f.
Affektenlehre 7
Ähnlichkeitsbeurteilung 132 ff.
AI *artificial intelligence/künstliche Intelligenz* 16 f., 35, 58, 212
anchoring (*Verankerung*) 27 f.
Aneignung 42
Angrenzungsproblem 125 f.
Anworttendenzen 123
Argument 40, 41, 45 ff.
Aussagenlogik 41
automatisiert s. Handlung, Wissen

Bewußtheit 64 ff.
bewußtseinspflichtig 57, 73
Bezugssystem 82 ff.
Blues 14 f.
bottom-up 117

chunks 57 f., 116
Cluster, hierarchisch 27
computation 47
Computer 62 f., 73, 87, 120 ff.
Computermodell 58

deklarativ s. Wissen
Differenzierungsfähigkeit 108, 206
Diskriminationsfähigkeit 108, 205

Emotion 44, 208
Erwartungs-Wert-Theorie 44
Experten 26, 110, 113 ff.
Expertenhörer 21

Form 23 ff.

Ganzheitlichkeit 49, 51, 63, 71 f., 75 ff., 104, 108, 210
Gedächtnis 71 f.
 und Texte 104 f.
 Kurzzeitspeicher 72
 Langzeitgedächtnis 72 f.
 sensorischer Speicher 56, 72
 -Engramm
generative Grammatik 10 ff.
Geschichtengrammatiken 103 f.
Geschlechtsunterschiede 147 ff.

Handlung 75, 104
Handlungs-
 -absicht 20
 -kompetenz 19 f.
 -schema 61 f.
 -schemata, automatisiert 57, 67
 -steuerung 68 ff.
 -struktur 39 f., 108, 206
Harmonie 23 ff., 27 f.
Harmonielehre 34, 81 ff.
 und Grammatik 76 ff.
harmonische Funktion 16 f.
harmonische Struktur 15 f.
Hemisphärenlateralisierung 58
hierarchisch 37, 55 f.
Hochbegabtenforschung 115 f.
holistisch s. Ganzheitlichkeit
Holographie 51 ff., 63, 64, 65, 71, 72, 74
homunculus 73
Hörerwartung 21, 82 f., 94 ff.

Improvisation 15
Inferenzen 104 f.
Informationsabfrage 71
Informationsextraktion 36, 39

Sachregister

Informationsverarbeitung 71
  Bereiche 54
  Ebenen 57
  Ebenen der 43 f.
  Ebenen der 67 f., 70 f.
  Knoten/nodes 55
  menschliche 35 ff., 38 ff., 43, 46 ff., 73
  sequentielle und ganzheitliche 71 f.
Informationsverwaltung 71
Intentionalität 65
Isomorphie 75, 208, 210 f.
Jazz 14 f.

Kadenz 77 ff.
kognitive
  Prozesse 18 ff.
  Struktur 32
  Struktur des Hörers 20
Kompetenz, Sprache 11 f., 19
Konstituentenstrukturbaum 13 f., 17, 21
konstruktive Sichtweise 104
Kontrolle 64 ff.
Kontur 28 f.
Kulturbereich 114, 120, 211, 212 f.

language acquisition device (LAD) 10 ff., 18
Laser 52
licks 14 f.

Makroproposition 86 f., 103, 199, 200, 201
Markoff-Modell 94 f.
McCulloch-Pitts-Neuronen 50
MDS (mehrdimensionale Ähnlichkeitsstrukturanalyse) 128, 131 ff.
  INDSCAL 24, 26 f., 143
  KYST 30, 136
  MDSCAL 31
  MINISSA 142
  Probleme 143 f.
Mehrfachtätigkeit 64
Mehrstimmigkeit 7 f., 76 f.
Melodie 28 f.
Meßmodell 125 f.
Metrik 139 f.
MIDI 120 f.
MMWS Münchner Musikwahrnehmungs-Skalen 123
Modulation 96, 102
Musik und

Computer 16 f., 23 f.
Ganzheitlichkeit 75 ff.
generative Theorie 14 f., 10 f.
Gesellschaft 3 f., 23, 212 f.
Holographie 63, 64
Kosmos 2, 4
Kulturvergleich 1 ff., 7 ff., 22 f., 32
Lernen 21
Menschheit 1
Parameter der 7 ff., 23 ff., 75 ff., 208
  s. Sachverhalte
Sprache 1 ff., 7 ff., 18 ff., 103 ff., 208
subjektive und objektive Struktur 75 f., 107 ff., 175 ff., 208 ff.
Vererbung 2, 18
musikalische Laien s. Novizen
musikalische Muttersprache 122
musikalisches Objekt, musikalischer Wahrnehmungsgegenstand 3, 110 ff.
Musikkultur 1, 211
Musikpsychologie, Geschichte 3 f.

Netzwerk 37 f., 74, 116
Neue Musik 212 f.
Neuronen 43, 49 ff.
  Aufgabenspezifität 53 ff.
Notationssysteme 7
Novizen 110, 113 ff.

Oberflächenstruktur 10 ff.
Objektivation, Objektivierung 1, 19, 40, 42

probe tone method 27, 109
Problemlösen 116 ff.
Proposition 40 ff., 42, 45 ff., 63, 74, 79 ff., 84 ff., 88 f., 103 f., 108, 208, 211 f.
propositionales Schema 85 ff.
prozedural s. Wissen
Psycholinguistik 41

Rationalismus 213
Realisation 43 ff.
Reflexe 57, 67 ff.
rekursiv 76, 90, 95 ff., 105
Relation 40 ff., 45 ff., 84 f., 208, 209
Relationstypen 84 f.
Repräsentation 36, 38 ff., 43 f., 47, 113, 211
  – Qualität der 108, 206 f.
Repräsentationsproblem 125, 127

Retrospektion 95
retrospektive Umdeutung 95 ff., 105
Rhythmus 26 f.

Sachverhalt 72, 210
  musikalisch 55
  real 210 f.
  real und potentiell 38 ff., 48, 52 f., 66, 75
Schema 29, 35 ff., 43, 45 ff., 55, 79 ff., 103 ff., 108, 116
  Aktivierung von 59 ff., 87 ff., 104
  und Handlung 35 ff.
  und Lernen 57
  Sub-Schema 102
sequencing 69
setting 36
Shepard-Diagramm 135 ff., 138, 139
Signifikanz 140 ff.
Skalenniveau, Probleme 127 f.
Skript 104
source-code 73
Spannung 82 f.
Sprache
  Formantbereiche 210
  und Musik 1 ff., 7 ff., 18 ff., 103 ff., 208
Stress 137 f.
Struktur
  epistemisch und heuristisch 72
  objektiv und subjektiv 18 ff., 33, 75
struktureller Zusammenhang 40
Subjektivation, Subjektivierung 39 f., 42, 105
Subjektivität 1

Tiefenstruktur 10 ff., 19, 104
timing 69
tonales Zentrum 78, 83 f.
Tonalität 23 ff., 79 ff., 212 f.
Tonhöhenspirale 24
Tonsysteme 2, 22 f.
top-down 117
Transformationsgrammatik 10 ff.

Übergangswahrscheinlichkeit 95
Übersummenhaftigkeit 210
Ursatz 11
URTEIL (= relative Asymmetrie) 108 f.

Valenz 20 ff., 33 f.
  abstrakte 21 f.
  objektive 20 ff.
  subjektive 20 ff.
Validität 128
Verankerung 27 f.
Verarbeitungskapazitäten 2
Vom-Blatt-Lesen 33

Wahrnehmungsantizipation s. Hörerwartung
Wahrnehmungserwartung 82 f.
Wahrnehmungskompetenz 20
Widerspiegelung 2, 75
Wissen,
  Anwendung von 117 ff.
  Aufnahme von 115 f.
  automatisiert 113 f.
  deklarativ 108, 110, 113 ff., 117 f., 209
  prozedural 113 f., 117 f.
  Repräsentation von 116
Wissensstrukturen 113 ff.

Zielgerichtetheit 20

Dieses Buch ist die überarbeitete Fassung der Dissertation, die 1987 unter dem Titel "Ganzheitliche Verarbeitung akustischer Stimuli: Musikalische Akkordfolgen als propositionale Schemata" an der Ludwig-Maximilians-Universität München zur Promotion zum Dr. phil. angenommen wurde.

Gutachter: Prof. Dr. Rolf Oerter; Prof. Dr. Kurt Müller; Prof. Dr. Eckhard Nolte

Lebenslauf

Herbert Bruhn, 1948 in Hamburg geboren. Erstes Studium Dirigieren und Klavier bei Wilhelm Brückner – Rüggeberg, Hans Swarowsky und Sergiu Celibidache. Tätigkeit als Pianist und Dirigent an verschiedenen Musiktheatern in der Bundesrepublik (Hamburg, Bielefeld, Bayreuther Festspiele, Stuttgart, Kaiserslautern, Bremerhaven, München). Zweites Studium Psychologie, Musikwissenschaft und Musikpädagogik in München, mit dem Diplom und der Promotion in Psychologie abgeschlossen. Ab 1988 Musikdirektor an der Universität des Saarlandes (Saarbrücken), Leitung von Orchester und Chor des Collegium Musicum, Dozent für Musiktheorie und Musikpsychologie.